U0463368

退役运动员转型
体育教师的路径研究

汪 洋/著

天津社会科学院出版社

图书在版编目（CIP）数据

退役运动员转型体育教师的路径研究 / 汪洋著.
天津 ： 天津社会科学院出版社，2025. 6. -- ISBN 978
-7-5563-1091-3

Ⅰ. G807

中国国家版本馆 CIP 数据核字第 2025Z7J710 号

退役运动员转型体育教师的路径研究
TUIYI YUNDONGYUAN ZHUANXING TIYU JIAOSHI DE LUJING YANJIU

责任编辑：柳　晔
装帧设计：高馨月
出版发行：天津社会科学院出版社
地　　址：天津市南开区迎水道 7 号
邮　　编：300191
电　　话：（022）23360165
印　　刷：天津市宏博盛达印刷有限公司
开　　本：787×1092　　1/16
印　　张：14
字　　数：250 千字
版　　次：2025 年 6 月第 1 版　　2025 年 6 月第 1 次印刷
定　　价：88.00 元

前　言

2022 年 10 月,习近平总书记在党的二十大报告中指出,要"加快建设体育强国"。运动员作为竞技体育事业的主体,对推进体育强国建设做出巨大贡献,推动我国竞技体育的可持续发展。退役运动员是我国竞技体育举国体制下出现的"特殊群体",每年有近四千名运动员退役,而各省市退役运动员的平均安置率不到 50%。长期以来,党和国家高度重视退役运动员安置工作,围绕退役运动员就业、升学、医疗、保险等多方面推行了一系列政策,为我国规范合理解决好退役运动员转型提供了良好的制度保障。

2020 年 8 月,经国务院同意,国家体育总局联合教育部联合印发的《关于深化体教融合 促进青少年健康发展的意见》中提出,要"大力培养体育教师和教练员队伍"。同年 10 月,中共中央办公厅、国务院办公厅印发的《关于全面加强和改进新时代学校体育工作的意见》中提出,要"建立聘用优秀退役运动员为体育教师或教练员制度",助推退役运动员成功转型。2023 年发布的《中华人民共和国体育法(修订版)》也明确提出学校要优先聘用符合相关条件的优秀退役运动员从事学校体育教学、训练活动。在法律保障和国家政府部门高度重视的背景下,我国各省市也相继出台相应政策。2021 年 1 月,上海体育局推出了推进退役运动员进校园担任体育教师的体教融合上海模式;4 月,四川省教育厅颁布了《关于切实做好我省优秀运动队退役运动员担任学校体育教练员有关工作的通知》;5 月,浙江省根据《关于深化体教融合 促进青少年健康发展的实施意见》,要求退役运动员参加教学技能培训班,提高体育教学水平。2022 年,安徽省人民政府办公厅出台《关于切实做好从我省优秀运动队退役运动员中选拔学校体育教师和体育教练员有关工作的通知》,鼓励和引导退役运动员从事学校体育工作,建立高质量的体育师资队伍,让体育教育更能满足孩子们的需求。这些政策一方面,为运动员发挥自身特长提供了舞台,解决了退役后的出路问题;另一方面,缓解学校体育教师不足的情况,有利于推动学校体育事业的发展。综合来看,畅通退役运动员进入学校担任体育教师不能仅仅关注"准入"问题的解决,还要将退役运动员的"体育教师专业发展"作为未来一段时间内深化"体教融合"的重要保障。

本书根据"退役运动员转型"的问题,围绕政策法规、职业发展、职业诉求、社会稳定等关乎国计民生的现实需要,以我国部分省市的退役运动员作为样本,通过模糊集定性比较分析、问卷调查法和理论分析,从人力资本、社会资本、心理资本的理论视角,从退役运动员政策、体育教师胜任力、退役运动员转型体育教师的影响因素等方面展开全面系统深入的学术探究,并针对退役运动员转型体育教师过程中存在的问题提出应对策略,为我国政府相关部门的决策、我国竞技体育和学校体育等方面工作的开展和落实提供依据和参考意见。

运动员退役转型问题不仅是运动员关注的焦点,也是社会和国家关注的重点,它既是培养体育人才的需要,也是助力体育强国建设的需要。本书在研究过程中参考、借鉴了国内外退役运动员的诸多研究成果,有的在文中进行了标准,有的在书后参考文献中进行了罗列,也有一些提及但未具体体现,敬请原谅。鉴于作者水平有限,书中难免会出现许多错漏和不妥,恳请各位读者和专家批评指正。

目　　录

第一章 绪 论

第一节 问题的提出

我国退役运动员转型是一个影响我国竞技体育后备人才培养有序发展的重要命题,也是关乎民生福祉的关键举措。退役运动员的转型再就业问题受到政府的高度重视和社会各界的广泛关注。近年来,党和国家高度重视优秀退役运动员就业和社会保障工作,制定出台了一列的政策措施,对其群体再就业的政策支持和资金投入也逐年加强加大,主要体现在安置政策(李琳瑞等,2011)、职业技能培训(刘琳,2013)、课程培训(李宝禄等,2010)、继续教育(于文谦等,2004)、心理辅导(胡咏梅等,2010)等方面。然而,伴随着优秀退役运动员转型再就业渠道的拓宽和新政策的出台,退役运动员转型再就业出现了新问题,遇到了新困境。例如:他们进校园担任体育教师、教练员或教学管理人员后,常常会出现诸如"会练不会教""不会管不会理""会示范不懂原理""练习方法与理论相脱节"、教学组织能力不足、教师专业素质偏低、专业认知水平欠缺、执教能力不足等现实问题。面对新的身份角色,他们的教师职业胜任力成为制约其成功转型的重要因素。

有关研究表明,在"体教融合"背景下,我国优秀退役运动员的执教能力和综合素质的提升,不仅体现在思路转变(谢冬兴,2010)、实践创新(李华,2010)、心理辅助(王进,2008)等方面,而且体现在体育课课堂处理与设计(许丽,2013)、组织与指导(傅鸿浩,2015)、多种重角色转换等各种能力方面。可见,围绕优秀退役运动员进校园后的"教师胜任力"问题开展学术研究,不仅重要,而且十分必要。

从研究的必要性看:首先,这是要满足教育教学质量的基本要求。新时期,我国各项工作进入新常态,面对新形势,优秀退役运动员迫切需要提升自身的能力和素质,以适应转型进校园后的教育教学工作。由于优秀运动员这个群体的专业特殊性,若使之完全适应教师职业岗位必须采取长期系统的教师教育专业理论培训,才能从根本上消除运动员、教练员进入学校从事体育教师职业过程中出现的诸如在运动技术传授(许丽 2013)、练习的方法和手段(马卫平 2000)、社会工作技能(元飞霞 2016)、环境适应(王珊 2014)、角色交流(倪婷婷 2013)、品行教化(易军,李燕辉 2014)等方面的先天不足,形成优势互补、相辅相成的体育师资队伍建设新局面。

其次,积极回应优秀退役运动员现实职业诉求的需要。2020 年 9 月,国家体育总局副局长李建明在国务院新闻发布会上就《深化"体教融合"促进青少年健康发展》的政策表示,要"改革体育师资队伍建设,为优秀退役运动员进入校园当体育教师、体育教练打通通道"。随后几年,各级政府积极回应他们的新期盼,出台若干具有实操性的社会保障政策,整体推动优秀退役运动员进校园当教师、教练员的各项工作。其中,必须回答的重要问题是:影响退役运动员转型体育教师的因素有哪些? 退役运动员进入学校后如何全身心地融入学校体育工作? 如何在发挥自身优势的前提下尽快适应学校教育教学工作? 如何胜任"立德树人,全民健身,体质健康,特色体育项目训练"等的工作职责? 这些是退役运动员转型进校园后必须面对的新挑战、新要求,如此才能从一名优秀运动员蜕变为一名合格的体育教师和教练员。

最后,这是进一步落实和健全有关优秀退役运动员群体的相关政策和社会保障机制的迫切需要。从 2010 年国务院发布的《关于进一步加强运动员文化教育和运动员保障工作的指导意见》,2011 年国家体育总局发布的《关于进一步加强运动员文化教育和运动员保障工作指导意见的通知》,2014 年国家体育总局发布的《关于进一步做好退役运动员就业安置工作有关问题的通知》,2020 年国家体育总局和教育部联合印发的《关于深化"体教融合"促进青少年健康发展的意见》等文件法规中可以看出,做好优秀退役运动员进校园担任体育教师和教练员的制度建设,提出合理化政策建议,对我国体育事业的全面、协调、可持续发展具有重要意义。

第二节 研究的意义

一、理论意义

通过系统梳理有关优秀退役运动员转型转岗社会保障法规文件,提出与时代相适应的合理化政策建议,有利于做好新时代我国运动员、教练员培养和管理工作,对促进优秀退役运动员成功转型转岗具有现实的指导意义。

基于新人力资源、身份认同、路径依赖等理论,提出一个全新的理论分析框架,研究退役运动员角色转型体育教师的影响因素,能够弥补以往研究上的局限;丰富退役运动员安置的理论基础,揭示退役运动员成功转型体育教师的内在规律,弥补体育师资短缺,探索了体育优秀人才服务的培养路径。

开展现役和退役优秀运动员社会职业生涯的调查工作,了解他们的现实职业需求,据此构建适合他们现实角色和身份转换的"体育教师"执教能力(暨教师胜任力)的内容指标体系,能够丰富教育部教师"国培计划"的知识结构,凸显体育教学中理论与实践相结合的应用型特点,为制订针对体育教师职业能力和素养培训内容方案提供理论参考。

设计适合退役运动员转型体育教师的教学能力培训方案,助推其教育教学能力与素质的全面提升,能够为其尽快适应转型转岗进校园的教育教学工作提供新方法手段,满足学校"三全育人"的新要求。

二、现实意义

梳理国家政府职能部门颁布的优秀退役运动员社会保障相关政策法规文件,提出具有时代性和操作性的政策建议。

从退役运动员转型体育教师职业视角出发,突破传统研究将影响退役运动员转型体育教师的因素进行机械分割的现象,探索这些影响因素以怎样的组合形式能促进角色的成功转换。

凝练退役运动员成功转型体育教师的经验;筛选合适的退役运动员进入中小学从事体育教学训练的有效路径;提供优化基层教练员、体育教师业务水平提升的培训课程的现实依据。

厘清退役运动员的体育教师专业成长轨迹,分析退役运动员教师体育教学能力的核心要素,设计退役运动员转型体育教师的教学能力培训方案,服务后期退役运动员的教师教育培训。

第三节　研究思路与内容

一、研究思路

本研究以退役运动员群体为研究对象,遵循"是什么→怎么样→为什么这样→应该怎样"这条主线。通过现状调查明确"是什么";通过 ENA 认知网络分析评价"怎么样";通过 fsQCA 分析影响因素的组合形式,明确"为什么会这样";通过设计案例与路径选择,明确"应该怎么样"。

二、研究内容

根据"退役运动员转型体育教师"的问题,围绕政策法规、职业发展、职业诉求、社会稳定等关乎国计民生的现实需要,以我国部分省市的退役运动员为样本,通过模糊集定性比较分析、问卷调查法和理论分析,从人力资本、社会资本、心理资本的理论视角,从退役运动员政策、体育教师胜任力、退役运动员转型体育教师的影响因素等方面展开全面系统深入的学术探究,并试图回答以下几个维度的问题:

第一部分,在分析研究背景的基础上,探讨本研究的选题意义,界定本研究的主要内容、研究思路、研究方法,建立理论框架,并通过对国内外关于退役运动员就业安置、制度保障、职业培训、转型等相关问题进行了文献梳理,为后续的研究创造条件。

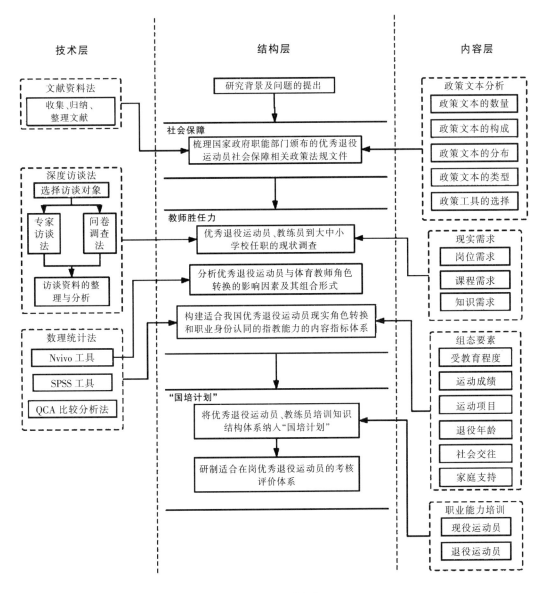

图 1-1 研究框架

第二部分,概念的界定。这部分是对第一部分的梳理与总结,形成理论基础。

第三部分,梳理政府职能部门和各个省市颁布的有关退役运动员社会保障相关政策法规文件,提出具有时代性和操作性的政策建议。

第四部分,建立理论分析框架,完成退役运动员转换体育教师时的行为表现,以体育教师胜任力作为结果变量;退役运动员角色转换过程,将人力资本、社会资本、心理资本、求职期望等作为“条件变量”,通过 fsQCA 软件对角色转换的影响因素的组合形式进行分析。

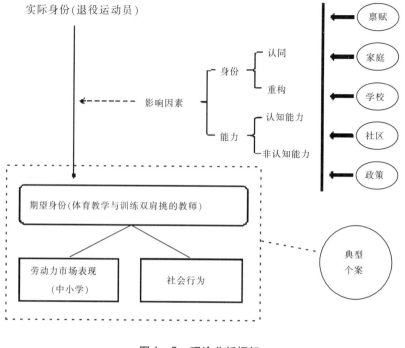

图1-2 理论分析框架

第五部分,退役运动员社会融入情况的案例分析

第六部分,构建适合退役运动员现实角色转换和职业身份认同的体育教师执教能力(即教师胜任力)的内容指标体系,彰显体育教师职业能力和素养的针对性和有效性。

第七部分,退役运动员转型体育教师的应对策略。从社会、学校、家庭、个人等层面探寻阻碍退役运动员成功转型因素的途径,并结合前面的研究结果,为今后退役运动员转型体育教师提供科学的对策与建议。分析研究中存在的不足,重新梳理本研究过程,总结本研究还存在的一些问题与局限性,以期为改善未来相关研究提供参考和借鉴。

第四节　研究综述

退役运动员是我国竞技体育举国体制下出现的"特殊群体"。长期以来,退役运动员群体再就业问题一直是我国专家、学者关注的焦点问题。早期,研究退役运动员的侧重点大多集中在现状调查、就业安置、制度保障、政策分析等方面;新时期,面对经济下行压力持续增大,退役运动员再就业压力尤为凸显。体育学领域的学者把研究的侧重点逐渐转移到了"体教融合"、角色转换、职业培训、教师胜任力等更加贴近实际的问题。

一、长久议题:国内退役运动员问题研究梳理

(一)"体教融合"相关研究

"体教融合"政策将退役运动员问题重新拉回主流研究领域,恰逢体育强国建设重要时期,以"体教融合"为视角,审视退役运动员体育教师角色转换的问题,需在前人研究的基础上明确下一步研究方向。

国家体育总局印发的《"十四五"体育发展规划》提出:联合教育部门大力培养体育教师和教练员,畅通优秀退役运动员以及教练员进入学校,从事体育教学、训练的渠道。同时提到:大力培养体育教师和教练员队伍,加强"体教融合"的师资队伍建设。从近几年出台的各项文件可以看出,国家高度重视推进"体教融合",尤其是加强体育骨干队伍建设,强化体育师资已成为其中关键的一环,社会各界的关注点已从曾经专注在对学生文化课成绩的提高,慢慢向学生们的体质健康、运动技能的培养等方面转移,青少年肩负着重大责任,面临着巨大挑战,为更好推动"体教融合"发展,国家随即出台相关政策鼓励退役运动员进入学校担任体育教师,为学校开展体育课程提供专业的辅导。

从当前"体教融合"的相关文献来看,有关退役运动员的研究大部分集中于以下两点:一是退役运动员成为"体教融合"产生的历史因素之一;"体教融合"目的是通过改革,摸索出一条竞技体育人才培养新体系。然而经过发展,这两个系统培养模式依然是"貌合神离",全面发展运动员的思想没有得到贯彻,结合过程中的障碍逐渐凸显。其实许多学者都表达过竞技体育融入教育的愿望。在"实现人的全面发展"过程中,体育与教育必须深度融合,我国体育事业的可持续发展离不开教育,学校教育必将承担重任。"体教融合"概念的本质就是把竞技人才的培养(体)融合到国民教育体系(教)之中,即体育回归教育体系。"体教融合"不仅仅要求体育和教育部门简单地融合,还要求两个部门在思想、目标、资源措施等进行深化融合。只有政府、社会、市场、家庭以及个人共同发挥作用,才能确保深化"体教融合",才能使青少年健康成长并提高我国青少年体育后备人才培养效率,为中国的体育事业和中华民族的伟大复兴贡献力量。

毛振明(2020)指出,中国的竞技体育在取得巨大成功的同时也面临着许多问题,这些问题可以通过"结合教""融合教"乃至"回归教"得到不同程度的解决,而"回归教"应

是终极目标。

顾阳(2022)认为,"体教融合"的顶层设计和全面部署,为优秀退役运动员进入学校转型体育教师、成为"运动员体育教师"提供了强大的理念支撑和行动指南,激发其实现退役后职业生涯有所保障的奋斗目标,促进其综合能力持续提升,培养出既懂教育又懂体育的教师。

代永胜(2022)指出,在大力发展学校体育的背景下,退役运动员可选择成为专业教练、学校体育教师或进行自主创业,各类学校也可设置专门教练员岗位,为退役运动员提供专职或兼职机会;政府可通过购买服务的方式,为创业退役运动员提供市场,促进体育强国建设。

周明新(2022)指出,学校对应聘体育教师者的专业素质和专业能力的要求逐渐提高,部分体育教育专业毕业生对自己的定位不够准确,择校就业要求过高,造成"高不成低不就"的现象,导致部分地区学校缺乏体育教师,出现体育教师配备不齐、体育课程开不足的现象。

齐鸣(2022)认为,退役运动员是我国体育事业快速发展的中坚力量,受限于竞技运动的特殊性,运动员难以长期从事这个职业。因此,妥善解决好运动员退役难的问题是我国体育事业赓续发展的重中之重。

新时代教育领域、体育领域中,青少年体育工作高质量发展是指导青少年体育工作的先导,是体育强国建设的基石。"体教融合"政策是立足于中国的具体国情而出台的一项重要举措,落实"体教融合"政策不仅能够充分发挥体育的育人功能,还能促进青少年的健康成长。"体教融合"是体育系统和教育系统的融合,能够充分发挥体育的教育、文化、经济、政治等功能,促进多方联动,实现自我完善,给我国体育的可持续发展带来重要的人才保障和体制支撑。"体教融合"背景下退役运动员进入学校建设显得尤为重要和必要,将直接影响"体教融合"的深入实施和青少年健康发展的使命,这也将是本研究的重要突破口。

(二)退役运动员安置问题的相关研究

退役运动员的就业安置问题一直是我国亟待解决完善的内容之一。运动员是我国竞技体育发展的主力军,是实现体育强国目标的中坚力量。受伤病、年龄、成绩、家庭等各种因素的影响,退役是每位运动员不可回避的现实抉择。退役运动员安置政策是运动员实现职业转换的根本制度保障。关于"退役运动员安置"的相关研究,我国学者早期的研究重心是现状调查、课程设置及政策分析,近些年研究才开始关注退役运动员安置的制度设计、收入影响、角色转换等现实问题。

李玺(2009)认为,为退役运动员解决安置问题是社会保障内容之一,运动员自身必须提高文化素质,否则运动员安置问题会一直存在。职业培训可以有效帮助运动员进行职业规划,塑造他们的职业能力。

陈倩(2009)认为,退役运动员安置问题得不到妥善处理会对他们融入社会生活产生很大的阻碍。

杨葛慧(2009)总结了国外退役运动员就业安置的情况。国外运动员通常对职业继续教育非常重视,课程培训以兴趣为主,同时注重运动员的文化素养的提升。

侯会生(2012)等对我国退役运动员安置影响因素进行研究后得出结论,个人资本、体制和制度、省市经济和体育水平从高到低会不同程度地影响着退役运动员安置问题。国家应加强督促地方政策落实,不断扩大政策涉及范围,进一步完善退役运动员就业法律法规。

李树文(2013)认为,对运动员退役后转型其他工作采用了"嵌入"理论方式进行研究,发现通过政府、社会、学校等多种方式参与,不仅能够解决运动员退役安置工作,而且还从新的视角扩大了退役运动员社会工作领域。

李群(2014)建议,应该加强退役运动员就业安置的多部门联动机制,提高政府的组织安置效率,帮助退役运动员转变安置理念,鼓励其进行自主择业,拓展退役运动员接受高等教育的渠道,降低其进入高等学校学习的门槛,并针对其开设一些专门的体育教育课程,使其能够走上体育教师的岗位,完善退役运动员的社会保险,丰富退役运动员的职业技能培训体系。

蔡新宇(2017)认为,目前我国运动员就业困难的主要原因在于文化教育与职业技能的缺失。在现实生活中,退役运动员在就业时,职业技能的掌握比文化知识教育对其帮助作用更大。

张爱渶慧(2020)在研究退役运动员就业安置问题时发现,现阶段我国退役运动员就业安置存在一定困扰的主要原因在于政府安置政策的弱化、提供岗位较少、退役运动员文化素质偏低、运动员对择业需求过高等因素。

尚剑(2021)指出,在社会经济转型与人事制度变革的过程中,运动员退役安置出现传统包办向创新帮扶的转变,退役后的再就业是运动员不得不面对的新问题,也是国家促进就业工作体系的重要组成部分。应科学地认识我国运动员退役安置系统的变化与规律,探究系统演化的过程与机制,创新我国运动员退役安置的模式与途径,优化运动员退役安置路径。

李琳瑞在《退役运动员安置政策的演进》中指出,应以公平和效率的平衡点为依据,把我国运动员保障政策发展分为妥善得当,注重效率、兼顾公平以及注重公平与效率并重三个阶段。目前安置中存在政策目标短视、政策措施的调整与政策环境变化的不适应、政策负效应凸显等问题。要适当地调整安置政策,走"院校化"的退役运动员职业培养道路,从根本上解决退役运动员安置问题。

余能管(2018)则把退役保障政策分为计划经济时期注重公平保障政策期,社会主义市场经济条件下效率优先的保障政策初期、完整期,效率与公平并重的保障政策成熟期。在计划经济时期和社会主义市场经济条件下保障政策的初期和完整期,退役保障政策以"组织分配"为主,而在政策相对成熟时期,政府不能解决所有退役运动员的安置,只能借助经济办法并发挥市场资源力量。

郑丹丹(2020)认为,根据经济社会发展形势和退役安置中存在的问题,现阶段我国需要不断完善退役运动员保障政策,要结合实际情况,通过多样化的资金来源使得运动员保障经费投入进一步加大,利用多媒体资源,扩大宣传,形成多途径、多手段、多样化的就业服务平台,充分利用互联网和新媒体资源,提高安置效率。

阚文聪(2021)指出,我国运动员退役存在就业率低、就业满意度低的现象,退役运动员再就业技能培训不足、安置渠道不畅等外部环境加大了运动员就业的难度。要走出当前运动员再就业的困境,必须改革人才选拔机制和人才培养机制,拓宽再就业渠道,建立完善的退役运动员社会保障体系,加快运动员心理调适,转变其再就业观念,从体制机制、政策支持、制度体系和运动员自身"四管齐下",解决专业运动员退役后的再就业问题。

随着我国体育事业的快速发展,政府、社会、体育相关部门如何解决好退役运动员安置工作,如何开辟一条具有中国特色的就业渠道,如何最大限度地发挥退役运动员的价值,实现其社会角色的成功转型,这是我们必须面对的重大挑战课题,关系到我国体育强国建设,并直接影响我国体育事业的可持续发展。

(三)退役运动员保障制度问题的相关研究

巴黎奥运会成功落下帷幕,我国运动健儿奋勇拼搏,在赛场上摘金夺银、为祖国争得了荣誉,我们除了向他们致敬外,还应该关注他们的退役之路是否顺畅,同时也要关注那些成绩较为普通的退役运动员是否得到妥善安置。

退役运动员安置问题不仅关系到运动员自身的职业发展,也将关系到社会的稳定,解决退役运动员安置问题需要国家出台相应的政策和制度。保障退役运动员的合法权益,不仅是满足退役运动员生存和发展的需要,更是解决广大现役运动员的后顾之忧,引导更多家长让孩子选择竞技体育道路,以保障我国竞技体育事业后继有人。运动员在退役后如何完成职业转化的问题近年来受到了社会各界的广泛关注,退役运动员社会保障体系方面的文献主要以社会保险为主,其可取之处是借鉴了国外运动员社会保险的优势。

陈林祥(2002)从理论层面上提出了我国优秀运动员社会保障体系应由四部分组成。退役运动员的保障机制和保险措施安排应该被当作退役运动员的保障重点。为退役运动员提供有力的保障,要从长远的角度考虑他们之后生活的确切需要,如他们的养老和医疗要与普通人区别开,所以我们要建立退役运动员的保障制度。

孟凡强(2009)等提出了我国退役运动员再就业保障体系的一些不足。他们认为要从终身教育的角度,继续深化运动员渐进式综合发展训练的发展模式。

邹德新(2010)认为,我国竞技体育制度的不完善和相关的运动员社会保障制度的欠缺是主要的归因。健康与社会保障无疑是消除运动员后顾之忧的重要手段,这也是退役保障工作的端口前移。

刘岩(2011)通过比较中外运动员保险制度,提出了增强保险意识、加强保险强制性立法、提高保障水平和开发符合中国国情的运动员保险种类等建议。

田根(2013)认为,我国针对退役运动员的社会保障体系还是非常不完善,主要表现在没有一套针对运动员的社会保障实施措施,没有专门的组织部门对运动员的就业负责,这导致运动员退役后的就业率偏低。

邵继萍(2015)根据我国运动员保险的现状,提出体育保险应包括退休养老保险和就业保险,但不限于伤残保险。如果安全制度不完善,就意味着运动员退役后将失去基本的待遇和保障。这一现实将不利于优秀运动员积极参与体育事业,同样也不利于运动员的长期发展。

徐新鹏(2017)提出,退役运动员群体权利法制保障的缺位,不仅会对退役运动员个人的基本生存权、就业权的实现带来障碍,也会减弱准备加入运动员队伍的人和现役运动员的积极性,制约我国体育事业的繁荣发展。

董清清(2017)提出,从退役运动员的保障类型来看,其工作性质与我国事业单位员工类似,可以将退役运动员的社保类型归为事业单位类,根据运动员在役时间和取得的运动成绩,为运动员制定社会保障方案和分配制度,从而使社会保障制度公平公正。

张恩利(2018)在研究中总结出我国早期主要通过体育行业的保障体系来解决运动员的医疗、就业、养老、教育、工伤等问题,但随着我国的市场经济的建立和行政管理制度的一些改革,运动员社会保障问题日渐成为体育部门的难题之一。

田蒙蒙和王晨等(2020)一致认为,我国运动员保障制度立法相对滞后,对运动员失业保险没有明确规定,这很容易导致失业保险不足,许多运动员保护制度和法律只适用于运动员组织。国外一些国家较为重视运动员的社会保障体系,运动员的体育保险和商业保险的分类是十分健全的,在特定的时间段内就能够保证运动员基本生活的供给。

徐士韦(2021)等学者认为,现行退役运动员转型制度保障的局限主要体现在三对矛盾上:制度的单一性和运动员需求的多样性之间的矛盾、政策的选择性与政策的公平性之间的矛盾、制度的稳定性和外部环境的变化性之间的矛盾。

代冠群(2022)则认为,社会保障制度的落实涉及多个部门,包括省体育局机关人事部门、各运动中心人事部门、省级的人力资源与社会保障部门、省级财政部门等,在整个社会保障制度的实施过程中便容易导致职责上的模糊和各部门之间沟通的不协调、执行力弱。特别是当涉及跨省或跨地市的运动员输送问题时,由于各省、各地方的社会保障制度有所不同,在政策的实施上就会产生冲突,这在无形中便会加大政策落实的难度,削弱政策实行效率度。

贺晓鸥(2018)在研究山东省运动员社会保障政策的过程中提出,政府要积极鼓励退役运动员自主创业,为退役运动员提供创业培训,请不同行业的创业精英、老师为运动员做有针对性的创业辅导,提供贷款、孵化的优惠政策,从而减少运动员创业的障碍,尽可能地为运动员在创业过程中提供帮助,实现政策扶持的全程动态化管理。

田天莉、李同彦等(2018)研究认为,在退役运动员就业过程中,政府要积极进行政策引导,汇集社会各界力量参与体育事业,共同建设运动员社会保障体系。运动员退役后就业困难,再加上竞技体育训练艰苦,伤病率高、淘汰率高等特点,致使很多家长不愿意让自己的孩子从事竞技体育,长此以往,将出现竞技体育后备人才不足的情况,影响竞技体育的发展。做好退役运动员保障工作,不仅关系到运动队队伍的建设,也关系到体育后备人才的来源和体育事业的可持续发展。

综上所述,通过对退役运动员保障制度相关文献的阅读与梳理,笔者认为,我国运动员体育保障制度与全民社会保障制度之间还需要进行更加完善的协调运作,切实做好相关制度间的有效衔接工作,解决退役运动员社会保障问题,在打通二者之间的体制障碍的同时也要切实减少运动员退役后职业转换的生活风险,不断完善运动员保险机制,有针对性地帮助退役运动员解决失业和就业问题,拓展退役再就业路径,切实维护退役运动员的合法权益,进一步提升退役运动员的竞争力。

(四)退役运动员心理问题研究

我国退役运动员心理问题的研究起步晚且研究数量较少。国内最早提到退役运动员心理问题的学者是赵锦榕(2002),其在全国青少年体育科学学术会议上发布的一篇文章,次指出运动员退役后需要面临一段调整周期,这是每名退役运动员必须要经历的一个过程,但是会因个体差异致使,心理调整周期会出现时间长短或表现形式不同。

随后,学者孙立海(2006)在文章中指出了运动员退役时表现的相同或相似的四个反应情绪,该文在分析心理调整因素时比前人的研究多了自愿与不自愿退役因素,文章最后还提出了优秀运动员退役角色转换的四个阶段,为后期理论和实践的研究均提供了极有价值的参考意见。

学者马爱民(2006)指出了退役运动员的心理问题包括焦点、人际关系紧张、茫然感和失落感等,并在分析影响因素的基础上提出了完善制度、促进人际关系和加强培训等建议。

上述三篇文章开创了我国学者研究运动员退役后心理问题的先河,具有积极的推动作用,但也存在一定局限性,即更多的是基于国外学者研究基础上的一个扩展,无论从内容、理论基础和研究方法上均没有实质性的创新。

心理资本在运动员社会地位获得研究中的滞后性在一定程度上是受制于"心理资本"这一概念提出的滞后性。到目前为止,体育领域中关于心理资本的相关研究仍属少见。

张连成从心理资本的构建及心理资本对运动员群体的价值两个初级层面做了简要的探究。该类研究虽然只能称之为初期研究,但其对心理资本在促进认知与对今后的指向性作用两个方面仍具有举足轻重的作用。

虽然,受心理资本这一概念的出现较晚的限制,但我国学者在运动员心理与社会地位获得方面的研究的实践性进展却探索得比较早。该类研究主要体现在对运动员退役后心理社会适应及心理期许等方面。

学者们对运动员群体的社会适应、职业期望、自我创业意识等问题的研究均反映出了这一趋势。从运动员的社会适应角度来看,大多数学者都将问题的根源归结于运动员教育水平与教育生活环境等方面的特殊性。

在上述研究基础上,学者王进(2008)从研究视角和研究方法两方面进行了突破。首先,从方法上运用个案法分析了退役运动员的心理状态,即不适感与失落感;其次,指出退役运动员的心理状态包括积极和消极两种模式。王进从过程论的视角分析了打算退役和不打算退役运动员的心理问题,认为打算退役的运动员在自我评价、生活焦虑和孤独感等方面都明显弱于不打算退役的运动员,同时还发现,女性退役运动员的心理状态偏弱。

此后也有学者对相关问题进行了研究,但基本上大同小异,没有脱离学者王进的影响,创新性较少。为了更好地促进我国竞技体育后备人才的可持续发展,应全面分析运动员退役后所面临的各种心理问题。

周秋江对退役运动员自主择业进行研究后指出,只有那些运动技术过硬(人力资本丰富)、心理素质出众(心理资本丰富)的群体才能在创业过程中获得一定的优势。为促进运动员群体的顺利自主创业,相关学者也从教育提升三维资本的角度对该问题进行了有针对性的研究,指出只有从三维资本的综合角度出发,才能全面实现对运动员群体社会适应能力的提升。

曹彧则指出,对运动员群体社会适应能力的干预应注重长期性、计划性,社会适应能力的提升是一项长期的综合性的系统工程。随着学界内中外交流的不断深入,中国学者也呈现出与国外在运动员退役研究领域方面同样的心理学应用倾向,从心理学角度看,较能影响运动员心理建设的几个因素有:预期社会化、自愿与不自愿退役、认知、自尊和自我接纳、自我调控能力、退役环境特征和社会支持系统等。

优秀运动员退役时承受着巨大的心理压力,他们的特别情绪反应受复杂的环境因素和内在因素的影响,其心理调整过程是一个长期的系统工程,只有做好优秀运动员退役的前期准备工作,才能保证优秀运动员退役角色顺利转换的基础条件。此类研究在较大程度上与国外在研究退役运动员问题上的理论研究偏好接轨,也为我国解决运动员退役问题的政策和策略的制定奠定了坚实的基础。

(五)退役运动员角色转换问题的相关研究

退役是每位运动员不可回避的现实抉择,是一种身份向另一种身份转变的过程,它不仅代表着运动员职业生涯的结束,更代表着新职业的开始和社会职业角色的重新定位。为此,不同学者从不同视角阐述了影响退役运动员角色转换的因素以及原因。

退役运动员转型体育教师作为"体教融合"的新方向,既能解决我国中小学体育师资问题,又更贴近退役运动员原本的角色,让运动员更好地发挥自身长处。国内对退役运动员转型的研究主要集中在转型的理论模式、转型现状的调查、影响因素的研究等。

运动员退役后不只是更换一个生活地点或改变生活节奏,更重要的是运动员自身的心理转变、行为模式的转变,由一个社会角色转变为另一种社会角色,这就包含着心理上的种种因素。

符明秋(2009)在我国优秀运动员的退役及其角色转换研究中将"社会死亡理论模式"运用到退役运动员角色转换的研究中,主张运动员退役后离开运动队、进入新的生活环境相当于用新的生命身份开始新的人生角色,角色转换对于他们来说就如同新生儿的成长,每一个环节的发展与养成都至关重要。

常娟(2018)在我国退役退役运动员的影响因素研究中将退役运动员角色的继续社会化的程度作为判断退役运动员角色转换成功与否的重要指标。运动员退役,也就是成为一个标准的社会人,在继续社会化的过程中,人际关系以及由人际关系编织的社会网络、家庭的支持、组织分配的岗位都对运动员角色转换起到了至关重要的影响,可以通过继续社会化的程度来判定运动员是否很好的融入了新环境。

万炳军、梁慧敏(2020)在研究中指出,"单位"化是退役运动员角色转换的困境,政府为保持运动员队伍稳定,必须采用完善的运动员社会保障制度,但退役运动员进入组织后能否"单位"化成为了角色转换的重点。现阶段制约退役运动员转型的首要因素是运动员自身的文化教育不足,缺少学历证书、教师资格、教学能力、岗前培训等成为制约退役运动员转型体育教师的关键因素。

孙立海、刘金波(2007)认为优秀运动员退役角色转换过程包括四个阶段:退役准备、退役心理调整、角色转换和适应现实生活。当运动员面临退役时,内心会产生一系列特别情绪,运动员为了尽力融入社会迫使自己要做出许多心理调整。退役运动员转型涉及的相关理论研究包含了社会学、心理学、体育学等多种学科的结合,深入分析转型理论模式可以更好地探究退役运动员转型的内在理论模式,但在未来的研究中要继续与实际更好地相结合,给退役运动员提供更加落地的指导帮助。

运动员是一个特殊群体,他们在年轻的时候就经历了一次完整的职业生涯。退役后转型成为其他身份,相当于他们的"二次投胎"。竞技体育的金字塔结构,决定了能够登上塔尖的只是少数运动员。奥运冠军、世界冠军具有较高的商业价值与社会资源,即便退役转型也有不错的选择,而那些普通的运动员,他们的出路如何、他们的真实情况更应该获得各界的关注。运动员退役后的去向大致可分为再继续教育、出国深造、教练员等。退役运动员在役时从事的运动项目对运动员退役后的就业情况有很大影响。一般而言,群众基础好、有一定社会经济效益的运动项目就业前景比较乐观,反之则不容乐观。

李伟(2021)将退役运动员转型体育教师与"体教融合"紧密结合,对退役运动员入校园任教进行了深刻的讨论。在"体教融合"背景下,引运动员入校任教一举两得,一方面是可以在一定程度上改善我国体育师资配置的弊端,补齐体育教师,缓解运动员的就业压力,二是可以帮助体育特色校在技术水平方面有所提高,为体育特色校园注入新鲜的竞技血液。加快体育融合进程能够更好地为我国竞技体育输送后备人才,为体育强国的建成添砖加瓦。退役运动员入校任教应了解新时代对体育教师提出的要求,了解学生的身心发展特点,要依据人文关怀和人全面发展的要求不断完善青少年的培养机制。

宋文鹏在退役运动员转型体育教师的研究中提出,高超的运动技能、良好的体育精神以及坚韧的精神品质,都是退役运动员转型体育教师存在的优势,能够为运动员将来从事体育教师奠定了坚实的基础。

周慧敏在优秀运动员退役转型路径探讨中发现,师范类体育教师专业技能欠缺,难以满足学生对运动技能的需求。学校体育改革后,对体育教师的专业性提出了更高的要求,而运动员具备优秀的体育技能水平,学校体育对于高水平体育教师的需求为运动员转型体育教师提供了必要性和可行性。

赵静在研究中指出,优秀退役运动员转型体育教师有思想方面、教学专项技能方面、体育教学训练方面、身体和心理方面四大方面的优势;而技能的全面性、文化基础、教学经验与能力、为人师表等方面成为退役运动员转型体育教师的劣势。

陈清、邓继英等人通过分析退役运动员任职体育教师的现实困境,发现退役运动员转型体育教师存在准入机制不明确,任职渠道单一;观念转变不充分,工作环境待遇不满意;文化基础薄弱,教学质量有待提高;权益保障机制不完善,教学积极性有待提高等问题。存在的普遍问题就是未获取教师资格证、缺乏体育教师所具备的相关知识与能力、运动队的教学条件相对有限导致文化知识不足,没有养成良好的学习习惯。陈清、邓继英等人相应地提出,要明确准入机制,拓展任职渠道;完善再教育培训体系,提高教育教学能力;完善保障机制,提高教学积极性等解决路径。

陈成通过调查研究总结出以下观点。在当下大力落实"体教融合"的背景下,退役运动员转型体育教师的渠道在政策大力支持下逐渐畅通,学校对退役运动员体育教师需求在不断增加。退役运动员自身的思想、品质、精神、职业道德、心理能力以及专项技能等方面都在不断地完善与提高,更有利于其转型体育教师。但目前退役运动员转型体育教师还存着许多制约因素。退役运动员对于转型体育教师思想上存在认知不足,导致对自身能力估值过高;文化教育的缺失使退役运动员体育专业知识能力欠缺、体育教学业务能力不足以及难以取得教师职业资格证书;从业政策的限制以及运动员体育技能单一、难以满足学校体育要求;退役运动员的运动项目及学校需求少。

综上所述,每个研究者对退役运动员的教育问题都很重视,我们可以看出,自身知识文化的储备对退役运动员能否顺利转型起到了很重要的作用,政府部门的相关政策支持也成为退役运动员转型的重要支柱,我们要更好地完善政策制度,让退役运动员转型更加顺利,为社会提供更加强有力的生产力。退役运动员转型体育教师,既是新时代背景下竞技体育和学校体育发展的现实需要,也是国家顶层设计的发展目标。为加强退役运动员职业转换、体育教师队伍建设、竞技体育后备人才培养和发挥学校体育育人功能,国家应增设多项规定,积极鼓励各省市推动退役运动员转型体育教师工作的开展。

(六)退役运动员政策问题的相关研究

长期以来,我国竞技体育发展过程中,管理部门通过对相关政策的制定与实施有效地推动着我国竞技体育事业的发展。那么对运动员退役后良好社会地位的维持也必然成为我国体育政策制定与实施过程中的重要环节。

1952 年,中共中央组织部和共青团中央联合下发《选拔各项运动选手集中培养的通知》,指出要从群众中挖掘出具有潜力的运动员,这也预示着我国运动员培养与管理的专业队体制的确立。专业队从成立之初就属于事业单位,早期运动员退役问题本身就属于体制内问题,这个问题在历史背景下很长一段时间存在,运动员退役再就业的困扰,无论是政策的制定还是具体的执行都需要不断地处理、解决和完善。

1962 年 9 月,国家体委颁布了《关于处理伤病运动员的几点意见》,明确提出"凡是在训练中受伤致残的运动员,均按照国务院对处理国家职工因公成残的有关规定,给予妥善处理与安置,使其安置后的生活,不受大的影响",这一政策的出台,初步建立了伤病运动员医疗、工伤的保障机制。

1963 年 3 月,国家体委在《关于试行运动队伍工作条例的通知》中规定,"妥善安置运动员的出路,是一项重要的经常性的工作,必须采取严肃认真、负责到底的态度。离队运动员的分配,应从有利于工作和对本人负责出发,务使各得其所",这项规定沿用至今。

同年 7 月,国家体委联合内务部和劳动部共同下发了《关于优秀运动员工龄计算等有关问题的意见》,明确规定"凡是学校或社会上正式参加到省、市、自治区优秀运动队的运动员,自进入专业队之日起即算为参加工作,成为国家正式职工"。这一政策的出台也标志着运动员正式纳入国家统筹范围之内,享受着与干部、工人的同等待遇。

1965 年 11 月,国家体委发布《关于做好调整处理运动员工作的通知》,明确提到"对不能继续从事专业训练的运动员,应本着负责到底的精神、给予妥善安置"。

1978 年十一届三中全会的召开,拉开社会主义市场经济的序幕,潜移默化地影响我国退役运动员的安置问题。为了顺应改革的发展趋势,"一包到底"的运动员退役安置渠道变得越来越窄,为了缓解国家压力,调动各方力量,国家从不同层面对运动员的退役安置政策进行了调整和优化。

1980 年 4 月,国家民政部联合劳动总局、国家体委,共同颁布了《关于招收和分配优秀运动员等问题的联合通知》,确立了优秀运动员退役安置的双重标准,即由身份确定工作。"经过考核,符合干部条件的,由各省市、自治区、直辖市体委和人事局共同研究办理转干手续,按干部分配工作,干部进入人事系统";"按工人分配的,由各省、自治区、直辖市劳动局协助体委安排,工人进入劳动系统"。这种划分可以说有利于打破原有的安置标准,是社会主义市场经济体制的一种改革。

1983 年 10 月,国务院《国家体委关于进一步开创体育新局面的请示通知》明确提出,"体育院校和有条件的师范学院体育系可以开设提高教练员和退役运动员文化水平的专修班,进修期间可以保留工资。有特殊贡献的运动员,退役后仍然享受较高的物质待遇和政治待遇,并授予荣誉称号或相应的职称",这一政策的加持,提升了退役运动员的生存技能。

1986 年 11 月,国家体委颁布了《优秀运动队工作条例》,规定了运动员的工资、福利、奖励、伤残、劳保以及其他物质待遇,同时也推行了社会保险,这也说明有关部门意识到利用社会保险为运动员全方位保障提供便利。同时国家体委联合劳动人事部和财政部三部下发《运动员退役经费实施办法》,优秀运动员退役后,根据年龄发放一次性退役安置费,这也标志着政府已经认识到利用经济政策对退役运动员进行安置。

1987 年 1 月,国家体委、国家教委联合颁布了《关于著名优秀运动员上大学有关事宜的通知》,规定"奥运会、世界杯、世锦赛单项前三名获得者和集体项目前三名的主力队员以及世界纪录创造者,可以面试上大学",同时,对申请程序、文化补习等相关内容进行了规定,这一举措充分保障了运动员继续教育的权利。

1995 年 8 月,全国人民代表大会常务委员会颁布了《中华人民共和体育法》,该项法律的颁布不仅填补了国家立法的一项空白,而且对优秀运动员在就业或者升学方面给予了优待,可以说,这是国家法律层面对退役运动员的关注和认可。

1999 年 6 月,国家体育总局下发《关于国家体育总局直属体育院校面试招收退役运动员学习的有关问题的通知》虽然接收院校的数量仅仅限于北京体育大学、上海体育学院、武汉体育学院、成都体育学院、西安体育学院和沈阳体育学院六所国家体育总局直属体育院校,但是这一政策却为很多人创造了机会,同时在运动成绩上进一步放宽政策,对运动员的准入门槛进行了调整,拓宽了退役运动员的出路,缓解退役运动员的就业压力。

2000 年,上海市下发了《关于退役运动员自谋出路的暂行规定》,对自谋出路的退役运动员给予一次性安置费并提供一定数额的补充养老保险,这也是上海利用经济手段给予退役运动员自谋职业的一种补偿机制,这种尝试拓宽了退役运动员的安置方式。

2002 年 7 月,中共中央、国务院印发《关于进一步加强和改进新时期体育工作的意见》提出:"体育、财政、人事、劳动保障等部门要研究制定非职业化运动队优秀运动员退役就业安置的政策措施,尽快建立对优秀运动员的激励机制和伤残保险制度,解除运动员的后顾之忧"。同年 9 月,国家体育总局、中编办、教育部、财政部、人事部、劳动保障部六部联合下发《关于进一步做好退役运动员就业安置工作的意见》,强调"充分发挥政府主导作用","积极探索适应社会主义市场经济渠道",拓宽就业渠道,形成了政府协助推荐就业与自主择业相结合的办法,开辟了高校毕业生、体育运动场所、社区体育服务业、体育教师、基层体校教练员等一系列就业渠道。这一政策的推行,说明国家高度重视退役运动员的再就业,对后续退役运动员安置问题清晰勾画出就业蓝图。

2002 年 12 月,上海市人民政府发布了《关于加快上海体育事业发展的决定》,建立健全优秀运动员选拔招生制度、就业转岗培训制度、运动员伤残保险制度、伤病医疗特殊补助制度和退役运动员就业安置优惠政策。从"入口"到"出口",每一步都建立了相应的保障机制,维护了运动员的权利。

2003 年 8 月,人事部、财政部、国家体育总局联合印发了《自主择业退役运动员经济补偿办法》,提出市场经济发展规律的政策性安置与运动员自主择业相结合的安置模式,确立了退役运动员经济补偿制度和就业培训制度,鼓励运动员退役后自主择业。

2004 年 2 月,北京市政府印发了《北京市鼓励和吸引优秀文化体育人才来京创业工作的若干暂行规定》,鼓励体育人才创业,同时对从业早、淘汰快、艺术青春短等特殊专业人才的优秀文化体育人才,可以合同的形式提供专业保障金。

2005 年,《上海市自主择业退役运动员经济补偿办法》进一步规范了运动员自主择业的补偿机制。

2005 年 12 月,四川省体育局发布了《四川省自主择业退役运动员一次性经济补偿实施办法》,提到退役运动员可参加原训练单位事业单位人事制度改革竞聘上岗。训练单位聘用留用者,可按照原有政策享受退役费。未能竞争上岗者,通过一次性经济补偿后自主择业。运动员办理退役手续后 3 个月内选择自主择业一次性经济补偿,并办理完人事关系转移手续的,除享受一次性经济补偿政策外,可获得一次性安置补助费 3 万元。

2006 年 11 月,国家体育总局、财政部、劳动和社会保障部三部门联合下发《关于进一步加强运动员社会保障工作的通知》,强调将运动员保障工作纳入到国家保障工作的制度体系中,明确了运动员保障的"国民待遇",使运动员充分享受到基本的养老保险、基本医疗保险、失业保险、工伤保险以及住房公积金和住房补贴,这标志着我国运动员保障真正构成了全方位的保障体系。

2006 年,福建省在《关于转发事业单位公开招聘人员暂行规定的通知》中专门谈及了"关于退役运动员、退役士兵参加事业单位有关考试加分政策",对奥运会前六名、世锦赛世界杯前三名、亚洲体育三大赛比赛冠军、全运会冠军等有突出贡献的运动员,事业单位可采取考核方式予以接收聘用;对需要通过考试与考核相结合方式从退役运动员中补充工作人员的,可采取有限竞争招聘考试方式进行;对参加面向社会公开招聘工作人员考试的退役运动员享有笔试成绩加分待遇,加分不受笔试满分限制。

2007 年 8 月,国家体育总局、教育部、公安部、财政部、人事部、劳动和社会保障部等六部联合下发了《关于印发〈运动员聘用暂行办法〉的通知》,明确提出"运动员实行试训、聘用和退役制度。优秀运动员实行职业转换过度制度。优秀运动员退役时,按规定领取退役费或自主择业的经济补偿金。符合规定条件的退役运动员,可进入大学继续学习"。与此同时,也将运动员的退役就业渠道分为两大类:组织安置,主要采取按照规定领取退役费;自主择业,主要领取经济补偿金。

2007 年,《湖北省人民政府关于加强体育后备人才培养的意见》将退役运动员的安置问题向上延伸,突出了对体育后备人才的关注,将后备人才纳入制度化、法律化、保障化体系内,确保退役再就业的顺利实施。

2008 年 1 月,《中华人民共和国就业促进法》进一步明确国家将扩大就业放在了社会经济发展的突出地位,实行劳动者自主择业、市场调节就业、政府促进就业的方针,其最突出的亮点是保护广大劳动者的合法权益,将就业视为民生之本和安国之策。退役运动员作为弱势群体往往会被忽视,而恰恰这部分人不应该被遗忘,他们将青春和热血奉献给竞技体育,他们理应享受到自身的合法权益并受到保护。无论是国家层面还是地方调控,都应该公平、公正地对待运动员就业问题。

2008 年 7 月,深圳市人民政府发布了《深圳市退役运动员就业安置办法》,提出对于在国内外重大比赛中为深圳做出突出贡献的退役运动员,采取"由市人事部门指令性安排在事业单位中就业,被指令单位接收不得拒绝。"

2009 年 5 月,江苏省体育局印发了《江苏省建设体育强省主要指标体系》,从体育强省视角对运动员退役问题进行了挖掘,妥善解决运动员的后顾之忧。

2010 年 3 月,国务院办公厅转发《国家体育总局、教育部、财政部、人力资源和社会保障部关于进一步加强运动员文化教育和运动员保障工作指导意见的通知》,通知中提出,要构建和完善运动员职业转换社会扶持体系,帮助运动员顺利实现职业转换。

2010 年 12 月,北京市国有资产经营有限公司与北京市体育基金会共同发起成立了北京市退役运动员扶持专项基金,为北京市退役运动员实现职业转换进行必要的学历教育、职业技能培训提供资助。

2011 年,天津市在《关于进一步加强我市运动员文化教育和运动员保障工作的实施意见》中提到,要把运动员文化教育与夺取金牌同等看待,充分发挥组织安置的主渠道作用,动员行政机关和全社会力量共同做好退役运动员安置工作。

2012 年 7 月,国家体育总局、教育部、财政部、人力资源和社会保障部、中央编办联合下发了《关于深入贯彻落实〈关于进一步加强运动员文化教育和运动员保障工作的指导意见〉的通知》,进一步明确了退役运动员获得体育教师资格培训、资格考试和资格认定工作。经过几十年的探索与实践,我国初步形成了具有中国特色的运动员安置与保障体系架构,在政策上开始注重整合,形成在役和退役同步发展,经济补偿和职业培训同步提升,政策安置与自主择业多元选择的新局面。

2012 年,北京市政府转发《关于进一步加强运动员文化教育和运动员保障工作的实施意见》,鼓励运动员接受高等教育提高自身素质及就业能力,对运动员自费参加学习给予教育资助,并继续做好对特殊困难运动员的一次性生活补贴工作。

2014 年 1 月,上海市实行"百人计划",将退役运动员拉到课堂,进行了千余学时的课堂教学,不管是曾经的世界冠军还是国家冠军,他们都已意识到自身在体育之路之外的新职场中的不足。该计划的实施有助于为他们转型教练铺平道路。

2021年,山东省印发《关于全省大中小学校体育教练员专业技术岗位设置管理的实施意见》,提出在全省各级各类中小学、中等职业学校(含技工学校)、高等院校增设体育教练员专业技术岗位。公办义务教育学校每个学区、公办普通高中、中等职业学校、高等院校根据学校体育工作的需要,原则上至少设立1个体育教练员专业技术岗位。

为深入贯彻落实中共中央办公厅、国务院办公厅《关于全面加强和改进新时代学校体育工作的意见》(中办发〔2020〕36号)和《体育总局 教育部关于印发深化"体教融合"促进青少年健康发展意见的通知》(体发〔2020〕1号)精神,进一步加强学校体育工作,促进青少年健康成长,厚植国家竞技体育后备人才基础,就在学校设置教练员岗位有关工作提出相关实施意见。

根据2023年1月1日起实施的《中华人民共和国体育法》,学校优先聘用退役运动员从事学校体育教学等政策都在更大程度上拓宽了我们已有的研究范围,现在需要从更加新颖的切入点对退役运动员开展相关研究。

我国的相关法律法规政策还可以进一步完善与修订,规范的运动员退役相关保障制度与流程,从源头加强对运动员的文化培养,让文化学习与技能提高成为运动员的左膀右臂。期望社会可以更加重视退役运动员这一群体,建立相关的退役运动员群体服务中心、拓宽就业咨询渠道等,学者们可以继续增强对退役运动员的实践性研究,切实解决退役运动员的实际问题。以往的研究政策支撑较少,前几年,国家对退役运动员的政策并不算太完善,社会各界对体育的关注度远远低于现在,竞技体育也一直备受争议,由于研究无法落到实处,故缺乏一些深度。

(七)退役运动员社会融入问题研究

退役运动员是一个特殊的群体,他们在享受领奖台下的鲜花掌声以及国家财政支持的同时,从小离家,脱离系统的教育体系,长期浸润在运动员的身份认同与价值观念之中,也饱受他人及社会的负面刻板印象困扰,这也导致很多运动员在被淘汰或退役之后无法融入社会。目前而言,理论界对退役运动员社会融入问题的研究存在数量少、内容分散和时间跨度长等特征。退役运动员社会融入程度当前处于什么状况?官方的、民间的、全国性的和区域性的调查几乎没有,不了解退役运动员社会融入状况,何谈运动员的保障和发展问题?可见,从社会融入的视角关注退役运动员的生存现状已经成为我国竞技体育可持续发展过程中一个重要的议题,值得社会各界的关注。

国内退役运动员相关文献中,最早出现"社会融入"一词的是 2010 年董春华的一篇文章。该文最早认识到运动员受训练环境的封闭性的影响,退役后存在社会融入问题。该论文的缺点是以社会融入为题目,但整篇文章是以社会认知为主线进行论述的,导致出现文不对题的现象。之后学者张志斌(2014)提出从三个途径入手解决退役运动员的社会融入问题。上述两篇文章与其他文章相比,在对待退役运动员再就业、社会保障和职业培训等问题时有了整体意识,但仅停留在某个观点的陈述上,没有形成完整的理论体系。

之后,学者张晓丽弥补了这个空白,从理论层面上详细论述了我国专业运动员社会融合理论及框架体系,具体包括社会融合概念、维度、影响因素、融合后果等。王慧文(2019)又从实践的层面论述了退役运动员人力资本对其融入社会的影响。

刘健(2020)以社会融入理论和社会化理论为依据,运用理论研究与实证研究相结合、质性研究与量化研究相结合、整体研究与个案研究相结合的研究方法,对退役运动员社会融入概念、社会融入评价指标体系、社会融入程度评价、社会融入的影响因素、助力成功社会融入的对策建议等问题进行了系统研究,以期为解决我国退役运动员顺利融入社会、成功融入社会等问题提供参考借鉴。

张锡宝(2022)指出,探索退役运动员的社会融入实践路径,促使退役运动员价值实现,是解决"体教融合"政策视域下退役运动员的社会融入问题、践行"体教融合"政策的重要举措。

陈泽辉(2023)提到,创建竞技体育质的提升,不应仅仅设计基础制度、人才培养、话语探索等环节。运动员作为竞技体育产业主要贡献者之一,退役运动员的就业质量、社会融入、职业再选择问题也是评价竞技体育事业高质量发展的重要一环。

卫静茹(2023)采用外国学者埃博(Ebaugh)所构建的角色退出理论,为解读运动员群体的社会融入过程提供主体性的新视角,并对身处"角色残余"中的退役运动员给予情感关注,以及在融入之途中所做出的自我协调与适应给予诠释。

上述研究虽在内容和方法上均有所突破,但还存在一些不完善的地方,只是从理论方面进行了构建,缺乏实践的检验,同时研究方法较为单一。因此,后续应在该方面进一步深入研究。

(八)体育教师胜任力的相关研究

推进退役运动员转型体育教师,我们不光要把目光放在退役运动员身上,也要将体育教师专业能力发展起来,让退役运动员融入校园后整体提升我国体育教学的水平,进一步深化"体教融合",提升学校体育教学质量。对此,体育教师能力的培养至关重要,这不光是退役运动员要面临的挑战,更是广大体育教师都要应对的重要课题。

蔡永红(2001)认为,胜任力是教师从事教育工作的基础条件,这也被我国学者给予了高度的重视并展开了多个层面的研究。

徐建平(2004)运用行动事件的访问方法,较为全面地探讨了我国中小学教师的能力,并构建了有杰出的、具有共同能力的、具有共情能力的、具有一定竞争力的教师。

徐沛缘(2022)指出,教师胜任力在我国的本土化模型开始逐渐丰富,并且出现了一批针对不同教师群体的教师胜任力评价工具,相关研究模式也从理论的探讨逐渐走向实证。

吴熔(2017)以胜任力模型为依据,运用前期开发的中学体育教师胜任力量表和测验问卷,对上海市体育专门化和非体育专门化的高中体育教师的胜任力水平进行了分析和对比。

张宇(2023)通过建构中小学体育教师胜任模型,对于遴选卓越体育"教育人才",科学开展绩效测评,提高中小学体育教师整体专业化水平提供了新思路、新方法。

胡倩(2021)依据胜任力模型理论构建高校体育教师体育教学质量评价体系,为评估高校体育教学质量和评价体育教师提供新的思路和研究方法,有助于高校体育教师的绩效考核,推动高校体育教学改革的顺利进行。

姚桐(2016)在研究高校体育教师胜任力时,将优劣解距离法运用到高校体育教师胜任力评价过程中,构建了优劣解距离法综合评价指标体系模型,能遴选出胜任力水平较高的体育教师。

王文增(2020)在研究中指出,胜任力通过职业认同和工作旺盛感的单独中介作用及链式中介作用,可间接预测中小学体育教师专业发展。

李卓为(2020)认为,中小学体育教师教学胜任力水平不仅直接关系到中小学体育教师的教学水平和专业成长方向,也关系到中小学体育教育质量。中小学体育教师想要胜任教育教学岗位,就需要提升自身的教学胜任力,由此才能转变体育教育理念,创新体育教育方法,构建体育教学新思想、新理念、新方法相互统一的高素质中小学体育教师队伍。

周小敏(2009)提出了普通高校体育教师的能力特征,包括自我意识、个人特征、成就特征三个维度,并使用层次分析法原则确定了每个能力衡量指标的权重。

马爽(2011)认为,初中体育教师能力结构模型包括自我反思总结能力、课堂管理与适应能力、教育教学能力、教师的情感特征、对工作的敬业程度、教学等活动的创新能力。

李军兰、梁勇(2011)指出,体育教师的胜任力模型应该包括四大维度:体育专业技能、职业发展动机、体育专业知识、职业态度。

卢三妹、朱石燕(2012)构建的体育教师胜任力模型包含的胜任特征如下:善良和耐心、交流沟通能力、鼓励关注学生、获得管理技能、教育方法与手段、体育专业技能、爱护尊重学生、公平的评价、终身学习习惯、良好的心态、体育专业知识、不断创新的意愿、奉献与责任。

侯仰飞(2023)对中学体育教师的教学效能感与工作满意度在胜任力与工作投入的中介作用下进行分析与检验,从而揭示胜任力对中学体育教师工作投入影响的内在机制,其可在一定程度上丰富中学体育教师教学效能感与工作满意度研究的视野。

韩娟通过使用教师胜任力、教师职业幸福感和教师个人教学效能感3个问卷,考察教师个人教学效能感在教师胜任力与教师职业幸福感之间的中介作用。结果表明,各维度之间存在着显著的正相关,教师胜任力可以正向预测个人教学效能感,并且教师胜任力和个人教学效能感均能正向预测职业幸福感。

在《体育教师教学胜任力研究》一文中,作者认为,高校体育教师拥有能力、动机、自我认识、人格特点等个人特征,并在此基础上对高校体育教师的教学胜任力进行了研究。

《天津市中学体育教师胜任力与教学效能感的关系研究》一文指出,将中学体育教师按照胜任力水平的不同分为三类,即新手型、熟手型、专家型。调查研究发现,天津市中学体育教师队伍职称层次整体偏低,队伍结构具有不合理性。不同类型的中学体育教师胜任力水平存在异同性,且内部各子能力水平也稍有不同。文章还指出,学校应大力营造浓厚的科研氛围、建立健全绩效考评制度、建立教师科研基金、鼓励和支持开展创新性的课题研究等,及时、准确地为中学体育教师提供科研信息服务。

刘宗杰在体育教师能力培养与师资队伍建设研究中指出,体育教师与其他课程的教师都是学校教师队伍的重要组成部分,在教师能力的具备上具有普遍性和独特性。体育教师要不断加强自身学习能力,增加体育教师外出培训交流的机会,更好地提高教学能力,充分发挥骨干教师的引领作用,提升教师科学文化素养。

于素梅等人在对新时代体育教师一体化发展的研究中指出,新时代对体育教师能力发展提出了新要求,体育教师要系统化地提升专业水平与执教能力、教育科研和教学实践统筹能力。体育教师要确定"全面育人"的正确方向;要注重培训提素养,树立"提升质量"的学科自信;不断强化研究促反思,建立"教学科研"的能力结构;积极参与活动促发展,形成"评价激励"的整体驱动。

张辉通过调查研究提出,要想全面提升课堂教学成效,教师职业能力的培养至关重要。要将体育教师职业能力创新发展作为体育教学改革的引领性途径,用教师带动学生,用学生带动学校,实现整体创新、全面发展。要提高教师能力综合评价制度的科学性、增强体育教师的团结奋进意识、树立质量意识,提高体育教师的实践教学能力、充分彰显其专业特性,针对不同专业创新教学活动、完善继续教育制度,全面提升体育教师的知识素养和科研意识,提高体育教师的教育科研能力、产学研结合能力,提升体育教师的职业综合能力。

洪圣达在对中学体育教师能力发展的研究中提出健康的体育思想和职业道德是中学体育教师能力发展的基础;优化专业知识结构是提高中学体育教师教学创新和发展的动力;强化职业技能训练是促进中学体育教师教学实践能力发展的有效方法;加强教学科研是促进中学体育教师能力纵深发展的最佳途径。

徐满强(2022)认为,体育教师是体育改革成败的重要决定因素,能够为体育改革提供动力。改革的一项重要任务是建立确保课程改革能够顺利实施的师资队伍,而这支队伍的教师就要有良好的胜任力。

李英武等人的研究提出,中小学教师的胜任力包括情感道德特征、动机与调节、管理胜任力、教学胜任力几个方面。

徐建平、谭小月等人对绩效表现为优秀的中小学教师胜任特征进行分析,指出教师胜任力包括教师的能力、知识、动机、人格特点及自我意象等。

李欣提出了专门针对中小学体育教师的胜任特征模型,该模型以中小学体育教师为研究对象,以工作场景为研究背景,包括个人动机等方面的维度。这些指标能够评判教师是否能够胜任中小学体育教学工作,是最终促使教师产生较高工作绩效的多种个体特征的集合。

方程程(2022)指出,体育教师能否胜任专项化教学关乎课程改革的成败,关乎大、中、小各学段学校体育课程的衔接。

黄瑞霞认为,体育教师教学胜任力可以将高绩效教师与一般教师区分开,这种特征是个体潜在的,包括能力、自我认识、动机以及人格特点等个人特性,并指出要提高体育教师胜任力就要建立独立的教师绩效考核制度以及体育教师考评体系,在胜任力的基础上对教师进行招聘与培训。

刘泽阳(2023)认为,体育教师胜任力是中小学体育教师展开教育工作的基本条件,可以为学校招聘、绩效考核提供依据和参考,也能够满足提升体育教育水平的需要,对于实现体育教育水平现代化有较高价值,能够使得中小学体育教师更好地组织开展教学工作,提升教学质量的各种能力。

曲鲁平、王健在《胜任力与体育教师》一书中将胜任力引入学校体育教育领域,对提升学校教育的现代化和教师工作的专业化具有重要意义,尤其是可以有效地促进学校对体育教师的选拔、培训、考核和管理等,从而进一步提高体育教师综合能力和教学质量。

综上所述,体育教师教学胜任力水平逐渐成为政府、教育主管部门以及中小学校不可忽视且必须关注的现实问题。体育教师的教学胜任力要用很多维度来探析发展与提高,体育教学改革的真正执行者正是这些一线体育教师们。退役运动员转型成为体育教师,能够提升体育教师队伍专业化水平。体育教育专业化的过程就是体育教师素质不断提升的过程,体育教师专业化的目的就是培养出能够胜任未来体育教师岗位的体育师资。

传统的体育教育专业人才培养模式很难承担起"体育强国、健康中国"建设所要求的的重任,培养专业化的体育教师成为更加实际的新思路,其能够为退役运动员提供良好平台,与体育教育型体育教师相辅相成、取长补短,加快提高体育教师专业能力,为学校体育的突破做出更大贡献。

(九)退役运动员职业培训的研究

运动员的生活长期都属于一种较为简单的模式,他们日复一日地训练,目标较为单一,他们的竞技水平十分突出是因为他们将大部分时间都用于提高竞技水平的技术训练,而对于一些教学、管理、知识方面会略有欠缺,正是这方面的欠缺导致运动员退役后无法顺利融入社会新群体,即使是转型为专业对口的体育教师,他们也存在一些短板,那么运动员退役后的职业培训便成为他们身份转变的第一个跳板。在入职前参加相关的职业知识技能培训更加有利于他们的角色转变,但怎样能做好退役运动员的培训呢? 这一直是我国学者长期以来不断关注的问题。研究和分析运动员综合素质的培训模式,是解决运动员技术相对单一、难以满足社会发展需要问题的重要突破口和途径。

王爱晶等认为,我国运动员后期文化教育十分重要。我国现行的竞技体育教育体制与运动员选拔制度,实际上是一种"体校+专业队"模式,这种模式既耽误了对运动员的基础教育,也忽视了运动员后期的继续教育。根据我国运动员目前的训练经验,要不断完善现有的训练体系,进一步筑牢提高运动员技能转化和技能提升的平台。

李光等人提出,对于多数退役运动员来说,他们的日常生活和训练长时间都由教练员安排,导致在职业转换时不能及时认清现实。随着社会的不断发展,终身学习作为一个重要理念在我国传播开来,终身学习理念摒弃了"依靠一次性学校教育获得一辈子职业技能"的传统想法,将学校教育的结束看作新的学习起点,并强调人的一生必须不断进行各种形式的学习,以此达到充实自己和顺应时代发展的目的。因此,运动员必须要明确终身学习观念,积极参与职业与技术培训。

刘阳在研究中指出,我国高职体育院校对专业运动员的教育模式有两种,一是文化知识教育,二是专项训练培训。两种教育模式相辅相成,教育与训练同时进行,这是比较有利于学生的成长和发展的。我们不能轻视体育训练,也不能因为强化体育训练的需要而弱化文化。

肖秀显等在其研究中表明,运动员从事职业教育是可行的,但是需要开创新的教育模式,即学习一种就业技能,考取职业证书,获得学历证书,实现个人的可持续发展,提高退役运动员的就业。

韩莎莎(2015)指出,陕西省退役运动员职业培训存在管理体制不完善、经费来源单一、内容形式不合理、缺乏规划和与职业转型脱离等问题。

陈平(2011)依据我国水上项目退役原则构建了分层次、多模块的职业培训课程方案,具体包括通识性培训和专业性培训两个层面。

解梨(2016)从基础能力、职业规划、职业能力和创业课程四方面构建了北京市优秀运动员过渡期职业辅导课程体系。

张妍(2023)表示,退役运动员职业培训在形式上,可采用理论结合实践,在实际示范的同时,运动员进行实操练习,切实感受在健身房、康复中心、保健按摩场地开展的实操课程。展开实践活动将晦涩难懂的理论知识转化为实际操作,寓教于乐,能够提升学生的主动性、积极性,从而对知识和技能有更深层次的理解和掌握。

邓林远(2022)认为,退役运动员自身条件尚未达到岗位要求,必须通过参与高等体育院校的职业培训,掌握更多的专业技能与知识,以顺应社会发展趋势。

王进(2009)认为,在目前职业培训中,存在培训内容没有深度、针对性不强、运动员教育、成长以及经历和背景等方面的问题。

姚小林（2006）指出，培训内容科学化、合理化设计是其次，而运动员对培训的认知、培训的时间以及经费等后勤保障、培训与学历教育和资格认证之间的关系怎么处理等，都是影响因素。

李玺在（2009）认为，当前我国退役运动员的职业技能培训取得了不错的成绩，但是也存在培训目标、培训教材、培训机构、管理体制和培训经费等方面的问题。

刘琳（2013）建议设立退役运动员职业技能培训中心，其主要教学培训内容包括服务指导和就业技能、职业技能培训和教育。

韩莎莎（2015）认为，陕西省职业技能培训存在的主要问题是"内容实用性不强、经费单一化、管理体制缺乏完善性"。

李光（2020）认为，积极有效的职业规划对运动员来说是必不可少的，这是退役运动员迈向成功的有效途径。

田玉香（2022）认为，职业技能培训管理制度是实施职业技能培训的依据，能够对职业技能培训顺利开展起到保障作用。

刘兵、董春华（2010）也指出，运动员群体存在对未来职业期许较高的特征。相关学者认为应从心理角度对运动员职业行为予以具有针对性的干预，以提高运动员群体对社会的适应性。从社会适应角度来看，运动员的自主创业无疑是其主动实现新型社会融入的有效手段，也是退役运动员群体职业选择自主性的一种体现。

刘春华（2017）对退役运动员群体职业行为与职业期许之间的关系进行探究，表明较高的职业期许会对其职业行为产生不利影响。

综上所述，我国退役运动员的职业培训存在的问题较为清晰，从发现退役运动员职业培训存在的问题到制订某一项目的具体培训方案是一种进步，发现培训过程中出现的问题并提出解决方法，能够使我国退役运动员职业培训朝着健康、持续、稳定的方向发展。

二、他山之石：国外相关研究视域归纳与借鉴

通过对国外文献的检索与阅读，我们发现，国外学者对退役运动员的研究重点主要放在运动员退役后的健康管理、心理健康、政策法规、退役运动员职业转型等方面。一些发达国家对运动员转型问题早有研究，社会保障方面也比我国完善，其对退役运动员相

关问题的研究具有借鉴学习的价值。

（一）对于运动员退役后身体健康方面的研究

在退役运动员的健康方面，外国学者大多从神经系统、心血管系统与关节疼痛三个角度进行阐述。心血管疾病导致的退役运动员过早死亡是外国各界学者讨论的主要话题。克利奥德娜·麦克休在研究中指出，美式橄榄球运动员较正常田径运动员的 BMI 指数更高。专业运动员肌肉含量过高，导致退役后更易肥胖，产生心血管系统疾病，这就为退役运动员带来了潜在风险。

爱丽丝·西多姆指出，游泳运动员的气道功能障碍患病率在优秀运动员中最高。传统观点认为，游泳者因先前存在的呼吸系统疾病而自然倾向于游泳，这一观点受到了挑战。现在有足够的证据表明，优秀游泳运动员支气管张力障碍的患病率较高并不是自然选择偏差的结果。相反，反复接触氯副产物和慢性耐力训练的综合作用会导致气道功能障碍和特应性。研究表明，气道功能障碍并不会阻止精英级别游泳运动员的成功，也不会抑制肺部生长，当精英游泳运动员退出比赛时，气道功能障碍部分是可逆的。

由体育运动造成的脑震荡问题也备受国外学者关注。脑震荡问题通常由直接打击头部、面部或其他部位，身体受到强大的外力而造成运动员的脑损伤，这会导致一系列临床症状，例如头痛、认知或情绪波动等。足球、曲棍球和橄榄球等接触性运动是最常见的引起运动形式脑震荡的原因，美国每年发生的与运动有关的脑震荡的数量已经达到 380 万。

杰夫·曼利对退役运动员和运动相关的脑震荡可能带来的长期影响进行了系统评价，认为多发性脑震荡似乎成为导致一些人出现认知障碍和心理健康问题的风险因素。我们需要更多的研究来更好地了解慢性创伤性脑病和其他神经疾病的患病率，以及它们与运动中持续的脑震荡或重复性神经损伤的关系。

在对退役运动员关节病的相关研究中，林昌正等人指出，长期的高强度训练导致专业运动员的关节损伤较大，在退役后要相比同年龄段的人患关节疾病的概率更高。橄榄球、足球等在国外十分流行，高强度的训练为运动员带来了不可逆的身体伤害，更加科学的训练方式与退役后的身体健康管理是国外学者继续深入研究的一个重要部分。橄榄球联盟是受欢迎的团队接触运动，但它们带来了很高的受伤风险。尽管之前的研究报告了一个或几个赛季的运动员受伤情况，但没有一项研究探讨运动员在整个职业生涯中受伤的总数。作为第一个这样做的人,这项研究的目的是报告与非接触式运动的运动员相比,退役橄榄球运动员的累积损伤及其感知的长期影响。

此外,无论是在役运动员还是精英运动员,抑郁和焦虑症状在导致运动损伤风险方面都具有相同的作用。此外,调查在役和退役运动员心理健康问题的重要性也得到了学者们的重视。根据现有文献,我们发现,一些偏差会影响证据,主要是因为该领域适当的研究设计很复杂。西蒙·M·赖斯认为,退役运动员人群焦虑的决定因素广泛反映了普通人群的焦虑状况。临床医生应该意识到退役运动员的焦虑和运动员特有的决定因素相关。

劳伦·伯恩斯认为,追求卓越需要精英运动员对自己的运动有强烈而短视的关注,但他们也必须满足日常生活的需求。这些心理和对"幸福感"的感知会影响他们的表现,以及运动员对卓越运动的追求。运动员的健康和表现可能受到家人、朋友、职业和个人发展计划、精神的影响。除此之外,加强生活技能对于培养运动员的韧性至关重要,这在运动员的运动和非运动环境中都是必要的。因此,监督退役运动员发展的人应保持谨慎,确保运动员在整个运动生涯及以后的健康。根据这一点,国际体育机构主张对体育形象采取全面的方法,并将体育表现所需的生活方式和系统水平因素纳入其中。然而,尽管如此,在运动员的发展和支持系统中,关键的生活方式、关系、表现和恢复实践通常会被忽视。

国际上一些退役运动员认为,心理技能和特质以及牢固的人际关系对他们的成功至关重要,他们还认为"康复实践"非常重要,并广泛利用了现有的支持服务。这些退役运动员还表示,他们希望在职业生涯早期获得这些服务,亚精英运动员重申了这一愿望。此外,运动员在职业生涯早期想要获得更多的知识、指导和自主权,"运动员健康"和"运动表现"的重要性在许多情况下都很明显。

奇亚拉·福萨蒂认为,一方面参与运动和锻炼被认为有利于退役运动员的精神状态,可以改善其情绪和生活质量。另一方面,良好的心理健康被认为会带来更好的身体状态和运动表现。本叙述性综述的主要目的是提供一个关于该主题的非结构化概述,特别考虑心理和身体健康的作用,以总结其相互影响的证据。虽然很少有论文会描述心理健康措施在影响退役运动员身体表现方面的作用,但有很多证据表明,运动和体育在改善心理健康结果方面具有积极作用。

(二)对退役运动员转型的研究

在国外研究中,关于退役运动员职业转换的研究多从自我认同感方面入手。曼尼斯·扎克里、西蒙赖斯、Rice Simon 等学者指出,运动员退役后的急性期会为他们带来许多精神压力,身体疼痛、较少的社会支持与不利的社会因素等容易导致其人心理问题。自我调节、保持动力与自信和增强人交往都会帮助退役运动员控制焦虑。

奈茨通过对职业退役运动员进行深入访谈调查,探寻运动员退役后的转型经验,总结出运动员退役中的过渡期会直接影响运动员完成退役后的职业规划、精神状态与身体健康。

格鲁夫通过研究发现,当运动生涯结束时,拥有强烈角色认同感的运动员由于将自己的"运动员"身份嵌入认知过深,需要很长一段时间才能适应新的角色身份,对于新角色自我认同感无法重新塑造与提升。博特里尔、维特等学者根据调查发现,获得情感支持越多的退役运动员职业转换越成功。

阿尔韦曼总结了过往研究观点,提出当运动员在职业转换过程中遇到困难时,恰到好处的社会支持会直接影响退役运动员的转换结果。

国外退役运动员转型呈两极分化,一方面,影响力较大的运动员多向商业方向转型,他们会创办公司,利用个人社会价值换取商业价值;另一方面,一些运动成绩较为平常的运动员,他们退役后转型受到很大阻碍,由于受教育程度较低、运动历史成绩不够突出,他们无法成为专职体育教师或专职教练员,只能从事社会劳动工作。国外退役运动员由于常年训练,身体与心理都无法较好地适应社会环境,退役后出现身体问题的概率远远高于普通人。

(三)国外退役运动员职业转换理论模型研究

国外退役运动员职业转换问题的研究始于 20 世纪 50 年代,到 20 世纪 80 年代,该问题已扩展到体育心理学的研究领域。国外学者对运动员职业生涯终止进行了大量的研究,并采用不同的框架来解释这一现象。研究初期,国外学者借鉴体育领域之外的理论来解释退役运动员职业转换过程,例如运用社会老年学理论来解释运动员退役过程。社会老年学作为一个学科,其广泛的意义是用来解释一般的退休过程。由于运动员退役和职业退休有相似之处,因此,国外一些学者提出运用社会老年学来解释运动员退役过程。

麦克弗森(1980)在讨论退役运动员心理问题时指出,社会老年学理论可能适用于解释运动员退役过程。之后,博芬贝格(1981)把社会老年学模型中的六个理论应用于解释运动员退役过程并进行了优缺点评价。其中活动理论认为,个体应在一生中保持一个恒定的活动水平,且活动水平直接与个人的生活满意度相关。如果退役后的适应期想要比较顺畅,退役后失去的曾经活跃因素就必须用新的因素来替代,因此建议退役运动员用新的角色替代以前的运动角色。

然而,活动理论并非适应于所有运动员的退役过程,因为有些运动员不会完全退出体育运动或停止体育运动。连续性理论认为,个体应在其一生中寻求角色的稳定性并假定先前建立角色稳定模式的重要性,同时在整个生命过程中应保持连续性。连续性理论应用于运动员退役过程时,主要是通过考察运动员在退役后生活中的重要性来预测他们退役后的适应水平,即如果一个人的运动员角色被放在首位,那么退役后适应生活可能会困难些,相反,如果一个人的运动角色并非放在首位,那么他们将有更多的时间分配其他角色和事情。

亚文化理论认为,退休前生活环境与整个社会规范不同,运动员退休后会变得不那么活跃。这一理论应用到运动员退役过程时,建议运动员退役后应更多地参与社会活动,这样才能更好地适应。尽管这一理论有助于揭示运动员退役后的适应问题,但也受到一些学者的批评,因为运动员退役后是要走出去,而不是进入亚文化。

解约理论认为,老年人退休是一种脱离社会的现象,其退休为年轻人进入劳动力市场提供了机会。该理论运用到运动员退役过程时产生了分歧,一些学者认为运动员退役预示着他们正式退出体育市场,但另一些学者认为,他们退役并非像其他退休职工一样永久退出劳动力市场,他们可能还会在体育市场继续活跃。因此,运用该理论解释运动员退役过程还需要进一步考量。社会崩溃理论认为,个体退休后容易受到外界标签的影响,该理论在运动员退休过程中也得到应用。

爱德华兹(1984)在文章中指出,社会经济地位、退休计划和健康等与运动员退役后的适应情况相关。交互理论用来解释老年人退休后如何重新安排他们的活动,并使他们剩余能量能产生最大的回报。该理论在具体解释运动员退役过程时也产生了分歧,约翰斯(1990)指出,从交换理论的角度考虑运动员退役问题有一定的价值。而戈登(2004)提出了相反的观点,即认为交换理论不应用于分析运动员退役过程。总之,社会老年学理论虽为分析运动员退役过程开拓了新的思路,但从全面性考虑还有许多问题未解释清楚,仍需进一步商榷。

应用死亡学理论也被用来解释运动员退役过程。死亡学作为一个科学的概念,不仅对心理学、社会学和神学等做出了贡献,而且也对体育学做出了贡献。罗森伯格(1982)和Lerch(1984)应用死亡学理论解释了运动员退役后的心理变化。维勒曼(2004)也应用死亡学理论对运动员退役过程做出了解释,即认为退役运动员生理上还活着,但精神上已死亡,导致部分社会功能的丧失、被孤立或排斥。该文同时还指出,用死亡理论解释健康的退役运动员是不合适的。

此后国外学者又从另一个角度来描述运动员在面对退役时的一些经历,即把死亡过程分为否认和孤立两个阶段。杜(2007)证实,自愿退役的运动员可用死亡学理论解释,而非自愿退役的则不可用该理论解释。因此,用死亡学理论解释运动员退役过程还需谨慎。综上所述,社会老年学和死亡学模型均不能很好地解释运动员退役过程的复杂性,没有指出哪些因素影响退役后的适应性。因此,还需要从其他视角进一步解释。

之后,国外学者转变研究思路,从关注运动员退役的单一事件转变为关注运动员退役的整个过程入手,寻求相关理论模型来解释运动员退役过程,其中比较有代表性的模型有以下三个:一是斯坦博洛娃(2000)提出的运动生涯转换模型,该模型描述了一个处理退役需求和挑战的过程,如果他们能有效应对,将会有积极的结果,反之则会导致危机。当然该模型并非完美无缺,它的不足之处就是没有指明运动员退役后需要做哪些准备。二是维勒曼(2004)提出的运动员发展寿命模型,该模型主要讨论了非洲运动员年龄和与之对应水平的运动发展阶段,具体包括运动、社会心理、学术和职业四个发展阶段。该模型虽很好地解释了运动员在其生涯中的各个阶段是如何发展的,但缺乏运动员心理发展的某些组成部分。三是泰勒(1994)提出的适应运动员职业转换的概念模型,该模型包括五个阶段:第一阶段是分析退役的原因;第二阶段是分析过渡适应的相关因素,如发展经验、自我认同等;第三个阶段是描述退役后适应的可用资源,如退休前计划、社会支持和应对策略等;第四个阶段是评估退役的适应能力;第五个阶段是运动员退役困难干预。总之,该模型层次清晰、简单明了,但仅停留在理论层面,缺乏实证分析。

克里斯蒂娜·洛佩斯·德·苏比尼亚纳(2020)提出,运动生涯已经成为一个研究课题,对退役和第二职业的分析已经成为其中最重要的内容。在这种情况下,融入劳动力市场是运动员必须应对的挑战之一。如今,职业发展中的整体模式方法得到了广泛认可。该模型将运动员视为一个独特的实体,必须面对不同的转变,并考虑到他们的不同维度:运动表现、个人发展、与他人的关系以及学术、职业和财务方面的不同。这些维度不能单独分析,而应看作整体的一部分。作者承认每一个人的多样性和每项运动的文化框架。在运动生涯的初期,运动员在经济上依赖家庭。在他们的成熟阶段,他们的收入主要来自体育组织(如国家奥委会、体育联合会、协会和俱乐部)和赞助商。当运动员进入中断(退役)过渡期时,他们也会放慢参与体育比赛的速度,不得不应对较低的收入,同时肩负起可能有的家庭责任。在从事体育运动二十多年后,精英运动员需要找到一种从体育运动中迁移的方法。他们中的大多数人将需要就业来继续他们的生命周期。研究探讨了退休的财务维度,而这一维度并不常见,作者采用了定量方法。这项研究为精英体育组织为其运动员提供退役后首次就业的过程提供了实用的见解,以实现退役运动员向劳动力市场的平稳过渡。

(四)国外退役运动员职业转换质量影响因素研究

科克科(1983)将竞技退役定义为"从参与竞技体育到另一项活动或一系列活动的过渡过程"。斯蒂芬(2003)认为职业生涯终止可能会对退役精英运动员的生活产生行为和情感影响,从而损害这些人未来的职业和社会功能。金姆 & 莫昂(2001)认为,从精英运动中退役是一个伴随着身体、社会和职业转变过程的启示性事件,即完成一个人的职业生涯并重新开始,将个人以前确立的角色转变为不太熟悉的新角色。维特 & 奥尔利克(1986)认为,运动员在退役后的过程中的转变可能会使他们对自己的看法、属性和生活质量产生负面影响。斯坦博洛娃(2001)指出,运动目标是在运动员的整个职业生涯中设定的,实现这些目标会影响他们对自己的看法。金姆 & 莫昂(2001)指出,运动员在他们的职业生涯结束时,基于运动的目标不再是必要的,而且这种转变变得困难,因为在许多情况下,运动成就在他们一生的大部分时间里都有助于他们的主观幸福感。

施洛斯贝洛尔(1995)指出,退役运动员在退出竞技体育时的经历各不相同。退休过渡类型以前被分为两类,即规范性和非规范性。规范性转变描述了预期退休,这可能受到毕业、年龄较大和业绩逐渐下降等因素的影响。然而,布朗(2017)指出,非规范性过渡往往是意外或被迫退休的结果。在精英田径运动中,这通常是由于诸如护理性损伤等事件造成的。这些非规范性因素与退役精英运动员职业生涯后更糟糕的结果有关。

泰勒和奥格尔维(1994)提出了适应职业转变的概念模型,为精英运动员的职业转变过程提供了理论框架。泰勒和奥格尔维指出,退役的原因、与过渡质量相关的因素、过渡运动员可获得的资源的质量,以及在运动员过渡期用于帮助他们的干预措施,都与运动员退役后的主观幸福感有关。科克利(2006)在美国国家橄榄球联盟(NFL)退役球员的样本中回顾了这一概念模型,并指出这些运动员中的许多人在退役过渡期间经历了负面的主观幸福感。帕克,拉瓦和托德(2013)对作者的手稿审查发现,16%的过渡期运动员在职业生涯终止后经历了适应困难,这其中包括悲伤和痛苦等负面情绪,以及身份丧失。

拉利(2007)指出,退役后的急性阶段对许多运动员来说可能会有压力,但研究报告称,退役后的时间长度与前运动员的主观幸福感质量之间存在显著的正相关关系。五项利用纵向设计的研究表明,随着时间的推移,退役运动员往往会报告更高的生活满意度。维彭哈姆(2008)指出,前运动员报告称,与退役后十天相比,退役后三个月的生活压力明显减轻。据报道,退役十八个月后主观幸福感也有所改善,这表明退役的负面情绪可能不会无限期地持续到所有退役人员身上。同样,斯蒂芬(2003)在一项调查三十六名奥运会运动员退役运动员的研究中称,运动员在体育运动结束约一年后开始发展新的角色和身份。在这一过程中,作者确定了过渡期间主观幸福感的四个不同时期:第一,退役后主观幸福感立即开始下降;第二,退役后五个月开始主观幸福感增加;第三,八个月后主观幸福感开始稳定;第四,退役一年后主观幸福感最终增加(斯蒂芬,2003)。然而,最近的调查明确了退役精英运动员心理功能的有影响力的预测因素和修饰因素。具体而言,与竞技体育职业相关的因素可能会影响其成年后的心理功能。因此,心理痛苦最终可能在退役后表现出来,但不一定遵循上述研究所证明的线性过渡路径。

通过阅读文献可知,国外退役运动员职业转换质量影响因素主要集中在以下几个方面:

一是运动员认同感。运动员认同感是指个人对运动员角色的认同程度。格鲁夫(1997)通过访谈发现,运动生涯结束后,拥有强烈角色认同感的运动员可能需要很长一段时间才能适应。拉利(2007)指出。运动员认同感越高,退役过渡期运动员的积极反应越少,同时适应过程越容易出现问题。相关文献一致认为,运动员认同感与退役运动员职业转换质量呈负相关。

二是人口统计学因素,包括性别、年龄和婚姻状况等。如性别方面,斯坦博洛娃(2001)指出,退役的女性运动员比男性运动员能更快地适应生活。年龄方面,莱昂(2005)指出,运动员的退役年龄与其职业转换呈负相关,乔(2001)认为,年轻运动员职业转换更加困难。婚姻方面,吉尔库(2008)指出,已婚运动员比未婚运动员更容易进行职业转换,因为他们能获得伴侣的帮助和支持。

三是自愿与非自愿退役。科克利(1983)指出,自愿退役可以帮助运动员角色积极转变。法兰布(1985)同样也认为自愿退役的运动员遇到适应问题的可能性比较小。扎伊奇·罗斯基(2000)通过研究非自愿退役运动员得出结论,他们在适应过程中经历了很多负面的情绪。总之,国外大部分学者认为,退役的自愿性与其职业转换质量息息相关。

四是社会支持系统。博特里尔(1981)认为,来自运动员、家庭和运动项目的帮助有利于他们适应退役后的生活。相似的研究还有学者维特(1986),其指出,家人和朋友的情感支持有助于运动员适应退役后的生活。之后,阿尔韦曼(2007)提出开创性的观点,即运动员在职业转换过程中遇到困难时,来自社会支持系统的时机十分重要。

五是与教练员的关系。维特(1986)研究表明,运动员与教练员保持良好的关系能使他们获得优异的运动成绩,相反,与教练员保持消极的关系可能会导致他们职业转换困难。马斯喀特(2010)也指出,与教练员关系消极的退役运动员在职业转换过程中会遇到更多的困难。

六是应对策略。应对策略包括消极和积极两种,其中消极应对策略包括酒精依赖、吸烟、吸毒和自杀等,积极应对策略包括忙碌、身份转变和寻找新的职业或兴趣等。辛克莱(1993)研究表明,积极应对策略与运动员退役后的适应状况呈正相关。卡德利克(2008)也指出,忙碌是运动员职业转换的有益策略。除此之外,一些研究还从政治和体育组织、财务状况、退役计划、受教育程度、健康状况等方面对退役运动员职业转换的影响进行了分析。

综上所述,国外学者较全面地分析了影响退役运动员职业转换质量的因素,但他们大多采用定性的方法,没有采用定性与定量相结合的方法,后续应在方法上进行突破。

(五)国外运动员就业政策的分析

1977 年,为有效解决奥运会选手间的冲突,美国奥林匹克委员会推行了"奥林匹克工作机会计划",为奥运会选手提供职业指导、目标设置以及工作机会等。

1988 年,美国奥林匹克委员会又与世界 500 强中专门从事人力资源管理的爱德华公司合作,推出了"运动员职业生涯发展计划",为美国的运动精英、奥运选手和职业运动精英提供服务。与此同时,为实现优秀运动员向非运动生活领域过渡,美国奥林匹克委员会又施行了"运动员职业辅助计划"。

1989 年,为给高中、大学转型的运动员提供帮助,美国春田学院实施了"实现跨越计划",提供包括研讨会、信息咨询研究在内的服务。

1989 年，为了实现职业与运动间的平衡发展，澳大利亚体育学院实施了"运动员生活技巧计划，以给优秀运动员提供职业建议、个人发展、教育网络、工作技能等服务"。

1989 年，英国奥林匹克联盟为解决奥林匹克选手在退役后面临的无活动问题，实施了"黄金起点计划"。

1990 年，美国大学运动员协会面向优秀大学生运动员提供了诸如职业咨询、学术支持以及目标定位等服务。

1992 年，为给奥运选手化解矛盾，解决冲突，澳大利亚运动委员会启动了"奥林匹克工作机会计划"。

1994 年，针对美籍华侨女性运动员，WSF 运动员服务机构推行了纽约妇女运动基金。

1998 年，英国体育理事会就开始有针对性地研究运动员的文化教育和职业发展问题，并在 1999 年引进了澳大利亚推行的"就业和教育计划"。

2004 年，英国体育理事会扩大了服务对象，面向所有的高水平运动员，启动了一项名为"生活方式绩效"运动，其主要任务是帮助运动员退役转型、进行职业生涯规划、教育指导和生活指导。

2004 年，韩国采用终身特殊津贴制度，对一些有特殊贡献的优秀运动员除发放金牌奖励外，每月再发一笔固定津贴，直至其去世为止。

在日本，除了足球项目以外，日本大部分体育运动项目都是以学校为依托，从幼儿园开始抓好幼儿体质健康，小学开始培养体育兴趣爱好，初高中选派运动精英代表学校参加全日本的高中联赛，大学毕业后，其中一部分选手成为职业选手。足球的培养模式是以俱乐部为载体，从小学到高中直至进入俱乐部的青年队。很多运动员在结束运动生涯后，往往会选择自主经营来维持生计，日本对于退役运动员没有任何资金上的支持，但是运动员在役期间，会借助媒体提高运动员的知名度和影响力。

俄罗斯依靠《俄联邦体育运动法》等多部法律，使参加某种运动项目比赛的普通、职业和高级运动员三类人员均可较好地享受到保障，不少知名运动员退役后进入俄外交部下属的外交学院学习。

事实上，美国运动员保障制度相对健全，从各个方面都能满足运动员的生存与权利，美国职业进程相对超前，对于运动员有特殊的优惠政策，就业服务较为完善。在日本，职业运动员的比例不高，大多数运动员都必须完成学校的教育课程，这也为他们立足社会打下了坚实的基础。西欧等国家在运动员职业发展的早期就已经意识到退役运动员职业生涯问题，其借助相对完善的保障体系和教育机制，无论是在财力上还是在人力上都给予运动员双重支持,为其提供职业发展规划,确保退役运动员的顺利就业。

第五节 研究方法

一、文献资料法

文献资料法就是搜集、整理、分析和归纳各种现存的有关文献资料,从中筛选信息,以实现预设的研究目的。本研究通过对中国知网(CNKI)、万方、维普、EBSCO 进行相关文献检索,整理国内外关于优秀退役运动员、教练员的研究论文、论著、相关政策法规文件等资料,并对相关资料进行重点阅读和分析,梳理可借鉴的理论成果,为本研究做好准备工作。

二、问卷调查法

问卷调查法是借助书面的形式间接搜集研究材料的一种调查方法。通过向调查者发放简明扼要的表格,从而间接获得想要咨询的信息。问卷是指为统计和调查所用的、以设问的方式表述问题的表格。问卷调查法就是研究者用这种控制式的测量对所研究的问题进行度量,从而搜集到可靠的资料的一种方法。本研究采用问卷调查法的方式来收集数据资料,向退役运动员开展问卷的发放与回收工作,各条件标量和结果变量的测量通过借鉴国内外知名学者开发的成熟量表,并结合退役运动员的实际情况进行了适当调整。

(一)问卷的设计

本研究根据退役运动员实际情况,对问卷中的一些问题和语句表达进行了相应的调整与修正后,设计出了对退役运动员转型体育教师影响因素调查的问卷,更加切合我国退役运动员的情况。在问卷的最终版本中,包括导语、指导语、结束语和十个部分(详见附录),主要内容分别是基本信息、教师职业认同、社会关系、人际交往、家庭支持、体育教师自我效能感、个性特征、文化教育情况、运动成绩、伤病健康状况。该问卷主要运用现状的调查阶段数据,在基本部分包含了被测者的性别、年龄、学历、教龄、从事运动项目等内容,可以更好地对退役运动员转型体育教师群体进行人口统计学分析。

(二)问卷的发放与回收

本研究通过微信、走访等方式收集相关数据,并对有效问卷进行统计分析,以期从中挖掘出影响退役运动员转型的因素以及各影响因素间的关系。

三、访谈法

通过访员与受访人面对面地交谈,了解受访人(运动员)在退役过程中心理、行为、家庭的变化以及转型过程中的各种内外因素。同时,以体育部门管理者、学校管理者为访谈对象,了解退役运动员再就业的通道和安置情况。

四、数理统计法

数理统计是运用统计学的方法对数据进行分析、研究、整理,总结出其中的规律。本研究运用 SPSS26.0 软件,将得到的具体数据进行统计分析,通过对数据的信效度检验,分析影响退役运动员转型的因素。

五、定性比较分析法

定性比较分析(Qualitative Comparative Analysis,QCA)由克利夫·拉金(Charles C. Ragin)在 20 世纪 80 年代提出,是将定性分析和定量分析进行有效结合的研究方法。定性比较分析法的本质属于案例分析法。该方法基于布尔代数算法,对不同个案数据进行比较和赋值,找出不同案例变量与结果之间的因果关系,每个案例被视为条件变量的"组态"。QCA 采取整体的视角,旨在通过案例间的比较,找出条件组态与结果间的因果关系。QCA 逐渐发展出清晰集定性比较分析(csQCA)、模糊集定性比较分析(fsQCA)、多值定性比较分析(mvQCA)等。

近几年,越来越多的社会科学家选择了多案例研究法这一研究策略。这种研究策略旨在尝试进行某些形式推广的同时,满足搜集对不同案例深度信息以及对其复杂性的掌握需求。在很多情况下,对案例研究材料的比较是非常松散或者非形式化的。但 QCA 致力于在认真分析案例内部复杂性的同时,使案例间的系统化比较成为可能,尤其是在设计小样本或者中级样本的调研时。QCA 技术包含清晰集定性比较分析法(csQCA)、模糊集定性比较分析法(fsQCA)、多值集定性比较分析法(mvQCA)三种方法。本次研究将利用模糊集定性比较分析法来构建影响因素路径,将这些案例转化成组态。组态,简要地说就是指能够产生既定结果的要素的组合,或是促进因素、前因变量、基本要素、决定性因素等,我们将这些要素称之为条件。这些条件需要被组合起来进行观察,以确保即使在掌握少数条件的情况下依然能够对高水平的复杂性进行模型构建。如果一个条件总在某个结果产生时出现,那么这个条件就是该结果产生的必要条件,没有这个条件,这个结果就无法产生。如果一个结果总在某个条件出现时产生,那么这个条件就是该结果产生的充分条件,但这一结果同样可以产生于其他条件之下。

从某种意义上讲,QCA 技术力求整合"定性"(案例导向)和"定量"(变量导向)两种分析方法的长处。QCA 技术关注跨案例的"并发因果关系"。这意味着要素的不同组合可能产生同样的结果,QCA 技术发展了新的因果关系概念,并为其复杂性留下了空间,成为"多重并发因果关系"。定性比较分析法(Qualitative Comparative Analysis)属于案例分析法的一种,其以集合理论和布尔运算为基础,对不同个案数据进行比较和赋值,找出不同案例变量与特定结果之间的因果关系。与常规影响因素研究不同,定性比较分析法基于组态视角提供了案例导向型的研究路径,同时超越了定性与定量的界限,将"定性之于案例导向"与"定量之于变量导向"的优势结合起来,探索条件组态对结果的影响,为开展因素的研究提供了一条新道路。

本研究选择模糊集定性比较分析法(fsQCA),原因是清晰集定性比较分析法(csQCA)处理的条件变量与结果变量是被划分成二分变量的,无法处理一些具有模糊概念的案例。但模糊集定性比较分析法(fsQCA)刚好消除了这一短板。fsQCA 的优势在于它针对的是连续性变量,根据实际经验和理论知识,通过校准将变量转换成一个 $[0,1]$ 内连续变化的模糊集变量,即成员隶属度(Membership Score),解决了 csQCA 以及 mvQCA 中无法解决的"部分隶属"的问题,更具有普遍性。本研究所采用的就是连续性变量,更加适合选用模糊集定性比较分析方法。本研究采用的是中小样本,fsQCA 在研究样本的大小的选择上具有一定的灵活性,既可以处理定性分析无法处理的大样本,也可以处理低于标准回归分析所需样本大小的中等样本或者小样本,符合本研究的需求。最重要的是,退役运动员转型体育教师的影响因素并不是单一且独立作用的,影响因素对结果的作用是协同联动、相互依赖的,在影响过程中具有多重并发性,fsQCA 正是在这类具有组态多重性、原因条件并发性、组态等效性,以及因果非对称性的问题上有着独特的优势。

研究将退役运动员转型体育教师的职业认同设定为"结果变量",解释和导致该结果的影响因素设定为"条件变量",在条件组态的思想下研究"条件变量"与"结果变量"之间的潜在联系以及对结果产生影响的条件组合,从而寻找实现促进退役运动员转型体育教师的发展路径。

第二章　概念界定

第一节　相关概念

一、运动员

在《现代汉语词典》中,运动员是指参加运动竞赛的人。在《当代汉语词典》中,运动员是指长期从事体育锻炼、运动竞赛,掌握一定的运动技术的人。《体育大辞典》将运动员定义为"参加体育运动比赛的人",此类人群需以追求在重大比赛中的优异成绩为目标,且从事体育训练与比赛的经常性程度及强度较高,并通过较为科学、系统及严格的训练,该类人群的技战术水平较为先进,心理素质及意志品质素质过硬。

《运动员聘用暂行办法》(体人字〔2007〕412 号)中指出,运动员是专业从事某项体育运动训练和比赛,并享受试训体育津贴或体育津贴待遇的人员。《中华人民共和国职业分类大典》以职业的视角对运动员进行界定,其属于社会职业的一种,归属于专业技术人员类。在《大辞海》体育卷中,运动员是指经常参加体育锻炼和运动竞赛,而且具有一定运动能力和技术水平的人员。

基于对以上从不同角度对运动员概念的梳理,我们可清晰地看出,运动员概念的准入门槛并不高,只要参与相关的体育竞技赛事活动,便可被视为运动员。从广义的角度而言,判定运动员的核心标准在于参与一定形式的体育竞赛,对体育竞赛的参与与否是构成对运动员判定的基本逻辑,也构成了对运动员判定的最低判定标准。

但随着社会发展水平的不断提升,运动员群体内部也出现了多种分化,出现了以运动竞赛为主业的群体。加之我国竞技体育体制的特殊性,很多情况下,运动员被视为一种职业。故本研究仍需对专业运动员进行相关的界定,用以框定本研究中所指的运动员。在本研究中,运动员是指那些在举国体育体制下曾被纳入体制内的一类特殊群体。

二、专业运动员

专业运动员是指在实行举国体育体制的国家中,由国家负担费用并提供适当报酬,在体育管理部门组织下参与体育训练和比赛,为体育管理部门和国家在各种赛事中争取优异比赛成绩、夺取奖牌的运动员。从词源学角度而言,与"专业"一词相对应的是"业余"一词。受此含义影响,在当前大量的关于专业运动员描述的具体含义中,从事运动的专门性,大多含义为"从事运动训练的专业选手"。从此类语言表述中传达的更多的是一种运动或训练比赛的"专门性"程度。从该角度而言,专业运动员的指向具有广泛性。

在我国专业运动员有较为固定明确的具体含义。国家体委1963年颁布的63体干字(175)号文件,对专业运动员做了较为明确的规定,特指那些"从学校、农村或社会上正式参与到省、市、自治区专业队的运动员"。文件还规定了此类运动员群体自专业队起,即算参加工作,成为国家正式职工。在《大辞海》体育卷中,专业运动员是指中国特有运动员类别,其性质介于业余运动员和职业运动员之间。其特点是在役时列入国家事业编制,专门从事体育训练、比赛,达到一定的年限后退役,由国家安置就业,成绩优异者可以免试上大学,自助择业者可获得相关政策支持。

简言之,专业运动员是指正式参加省、市自治区专业运动队的运动员。体育学界一般认为,专业运动员是指以体现国家意志,执行国家所赋予的特定任务为基本特征的竞技体育体制中培养的运动员。钟秉枢教授对优秀运动员的界定为:"优秀运动员是我国优秀运动队中的运动员,他们以参加体育运动训练比赛为生,原称专业运动员、又称体工队员"。

由此可见,"专业运动员"一词在我国具有特定的含义,其范围要比运动员狭窄得多。从某种程度而言,专业运动员在我国特指那些成为省、市、自治区专业运动队成员的国家正式职工。成为专业运动员的门槛也较高,要以被省、市、自治区专业运动队所接纳为标准。因此,在本研究中,运动员主要是指的那些专业运动员群体——被天津市专业训练队接纳为正式国家员工的群体,亦可被称之为"优秀运动员"。

三、退役运动员

退役运动员一般是指经政府有关部门批准,体育系统运动队正式办理选调手续,工资关系在体育系统运动队,实行运动员基础津贴和成绩津贴,由于身体、技术、年龄等原因不适宜继续从事训练、比赛,由个人提出申请,经有关部门批准退役的运动员。

退役运动员相对于运动员属于下位概念,因此,在确定退役运动员的概念之前,有必要先对其上位概念运动员一词进行界定。在我国,运动员分为业余运动员、职业运动员和专业运动员三种。本研究所指的运动员均是我国一级及一级以上的专业运动员。专业运动员是国家或各省市运动队的参加训练和竞赛的在役运动员,其中生活、训练和学习等一系列的活动均在运动队完成且收入由国家供给。根据上述专业运动员一词的概念,本研究可将退役运动员定义为进入国家或各省市的在役运动员,由于主观或客观原因不能继续训练或比赛,需要退出运动队,经个人提出申请,上级部门同意并办理完相关手续的专业运动员。

四、转型

所谓转型,是指事物的结构形态、运转模型和人们观念的根本性转变过程。转型指的是新旧角色的转换、更替。转型意味着个体需要摆脱前一种角色行为模式和心理特点的影响而发展另一种角色所需要的一整套的行为模式和心理特点,调整状态进入新的角色,以期更好地提高新的角色所具备的能力,转型中任何一个阶段出现的问题或偏差都会影响到转型的成功与否。在本研究中,转型特指退役运动员到体育教师两个角色之间的转变。

五、体育教师

教师是以教育为生的职业,其受社会的委托,对受教育者进行专门的、具有建设性的教育,执行各项教育政策,维护社会稳定,为国家和社会培养各类高素质或实用人才。体育教师就是向学生传授体育知识、技术与技能,有效地发展学生身体,为人师表、以身作则、增强其体质,为国家和社会培养体育型人才的人。

六、社会融入理论

社会融合是社会学的重要概念。尽管社会融合一直为社会学、心理学、政策分析和政策制定者们所关注,但社会融合的定义比较纷杂,没有统一的定义。社会融入理论起源于西方国家,法国社会学家涂尔干最早在研究自杀率时提出了社会融入的概念。之后,随着西方学者对社会融入理论研究的不断深入,社会融入概念也从文化领域逐渐扩展到经济、政治、心理等方面。但目前关于社会融入的概念尚未形成统一定论,学者们根据不同的研究主体提出自己的见解。

社会融入理论包括多种研究范式,如同化论(融合)和多元文化论。其中同化论是最早的理论范式,该理论认为,移民迁移到一个新环境,要抛弃原有的生活方式、文化价值和习惯等。西方学者 Park 认为,社会融入是不同种族通过共同生活,获得认知、情感、态度和价值观念等,并最终形成一个文化共同体。多元文化论则强调移民文化和当地文化的多样性和双向互动性,体现出平等和包容。随着西方社会融入理论的发展,国内学者运用该理论来解释我国一些群体所面临的社会融入问题。但由于社会融入理论源于西方,国外学者社会融入的研究主体主要集中在移民和贫困人口等弱势群体中,而国内的研究主体主要集中在农民工、留守儿童、残疾人等流动人口群体。

实际上,除了上述流动人群存在社会融入问题外,其他一些非流动群体在某些时候也存在社会融入问题,如我国退役运动员群体。之所以说国外社会融入理论适合分析我国退役运动员社会融入问题,是因为国内外移民或流动人口与退役运动员群体间有很多共性,另外作为一个科学的概念,社会融入的主体应具有广泛性和包容性。但在具体应用过程中应考虑不同国情、不同群体融入社会过程中的特殊性,切忌生搬硬套。

社会融入理论是本研究中最重要的理论来源,在本研究中的应用主要表现在以下几个方面:首先,社会融入理论为分析退役运动员社会融入问题提供了一个基本的理论框架,具体可从概念、测量维度、影响因素等方面进行论述;其次,社会融入理论的测量维度为构建退役运动员社会融入指标体系提供了一定的借鉴,如从经济、社会、文化和心理等维度进行测量。由于目前社会融入理论的研究主要集中在移民、农民等群体,而上述群体和退役运动员群体在特征上还有一些明显的区别,因此,在指标选取过程中应选择性地运用其他群体的指标,然后结合退役运动员的自身特征,构建适合本群体的指标体系。

七、退役运动员社会融入

退役运动员社会融入一词是退役运动员和社会融入两个词语的组合,因此,要确定退役运动员社会融入概念之前,必须先对退役运动员和社会融入两个概念分别进行界定。上文已对退役运动员一词进行了界定,本部分主要界定社会融入的概念并对两个概念进行组合。目前社会融入的概念在国内外学者的使用中没有形成一致的称谓,还存在着一些意思相同或相近的词语,如社会适应和社会融合等。这些概念的不同源于两方面:一方面是各国对不同概念术语的偏爱。如美国倾向于使用社会融入一词,英国工党也倾向于使用社会融入一词,而法国则倾向于社会融合一词。另一方面是在社会实践中,社会适应、社会融入和社会融合作为连续的三个阶段是相互交织在一起的,不能明确区分,即"你中有我,我中有你"。

国内一些学者也从理论方面论证了某些群体到一个新的生活环境必须依次经历社会适应、社会融入和社会融合三个阶段,但在具体论述过程中没有提出明确的分割点,导致三者之间基本没有区别。因此,本研究在资料收集和分析过程中对这些术语不加以区分,统称为社会融入。至于本研究为什么统称为社会融入而非社会适应或社会融合,主要是为了与国家政策和人大代表提议中的表述相一致(加快退役运动员融入社会)。

目前国内外学者对社会融入的概念从不同研究角度和研究对象给出了不同的解释。起初,国外对社会融入的定义都是从单维度进行界定的,帕克(1921)最早从文化领域对社会融入的概念进行了界定,帕森斯(1991)从国家制度方面对社会融入的概念进行了界定。之后随着研究的不断深入,国外关于社会融入概念已从文化、国家制度等单维度领域逐渐扩展到经济、社会、心理等领域,逐渐形成一个多维度的概念。卡梅伦(2003)把社会融入定义为"能够参与社会活动并在社会经济、政治和心理层面受到重视,同时获得尊敬和相互信任的过程"。上述国外关于社会融入的定义,更多强调的是消减不同种族、文化和语言的差异,从而融入社会。国内社会融入的概念是指同一个国家内某类群体在经济、社会和文化等方面的融入,不涉及种族之间的差异。

杨菊花(2009)认为,社会融入是流动者在流动地坚持自己的语言、文化、习俗等,进入主流社会并被接受,包括经济整合、文化接纳、行为适应和身份认同四个维度。

夏贵芳(2018)认为,社会融入是指逐渐融入流入地城市,被流入地环境同化,个人心理上逐步被认同,并与城市市民在经济、文化和心理方面的差异不断缩小的过程。

　　另外,国内关于社会融入的概念除了不涉及种族问题外,大部分均结合其研究群体的特点进行定义。张晓丽是第一个结合运动员特点定义运动员社会融入的学者,她将运动员社会融入定义为运动员与社会主流人群(非体育职业从事者)在文化、社会经济、心理等方面差异的消减。

　　上述学者均是从各类群体社会融入的内容定义的,没有对错之分。而本研究将退役运动员社会融入定义为:退役运动员社会融入是指运动员退役后面对角色、环境和职业等方面的变化,经过自身努力和外界的帮助,在经济、社交、文化和心理方面进行调节和适应,并渐缩小与非运动员(社会主流)群体差异的过程。

八、体育教师胜任力

　　体育教师作为教师群体的重要组成部分,其胜任力同一般教师胜任力一样,可以通过一定的体育教学活动表现出来,并与教育教学绩效紧密相连。体育教师胜任力的最大特征取决于体育学科本身。因此,体育教师胜任力的概念可以界定为在体育教学中,能将高绩效、表现优秀的体育教师与一般普通教师区别开来的个体潜在特征,包括体育教师的知识、体育教师的能力、体育教师的个性、体育教师的自我认知和体育教师的职业价值等相关人格特征。

第二节　理论基础

一、组态理论

　　组态视角和定性比较分析方法(Qualitative Compar‐ative Analysis,QCA)作为一种新兴研究范式,能较好地分析多要素并发的因果复杂性问题,已被广泛用于管理学研究。组态理论最早在战略管理领域提出,主张以整体的视角看待社会现象,基于因果复杂性,考虑条件之间的相互依赖、相互作用,共同组合成多个导致结果发生的并发原因和等效路径。在管理实践中,影响社会现象的各个条件不是相互独立而是相互依赖的,也就是说,某一条件对结果的影响效应是受它与其他条件之间的组态关系影响的,条件间可能存在因果关系,对结果的影响可能是相互增强、互补或相互削弱的,这就意味着自变量和因变量之间不存在统一对称的关系。不同于相关理论化(correlational theorizing)强调单因素对结果的"净效应",组态理论化(configurational theorizing)聚焦于多要素相互作用共同产生结果的复杂现象(佛罗伦 et al.,2020),所以需要以整体论为视角来解释条件要素间具有复杂互动机理的社会现象。

组态理论在公共管理领域的应用比较成熟,主要用来解决因果复杂性的问题。在公共管理领域,政府采取相关措施应对复杂的治理问题时,需要发挥协同效应,兼顾各方面因素。例如:在推进青少年体育相关工作时,政府高度重视,出台了《体育强国建设纲要》《关于深化"体教融合"促进青少年健康发展的意见》《关于全面加强和改进新时代学校体育工作的意见》等一系列政策,"青少年体育发展"也被正式确立为体育强国建设的重大工程项目之一。可在政策不断颁布的同时,政策效果却不尽如人意:青少年体质健康问题还是没有得到妥善解决,青少年体育参与较为被动,青少年体育健身行为不容乐观,青少年体育健身环境失衡发展等问题依旧存在。我们不禁要反思,为什么相关政策没有起到效果?事实上,青少年体育政策的确存在政策管理不畅、政策效果不佳、政策执行偏弱、政策公平失衡等问题。由此可见,在政府治理中,为了应对多重因素的并发因果特征,越来越多的公共管理研究者基于组态视角,结合 QCA 方法去解决复杂的政治治理问题。

推进退役运动员转型体育教师的发展,同样也需要考虑多重因素的协同联动作用,我们要探求人才培养、政策扶持、学校制度等所有影响退役运动员转型体育教师发展的因素之间的复杂关系,弄清因素间是如何对推进退役运动员转型体育教师起作用的。组态理论不仅可以从整体出发,综合分析多个方面和维度的因素条件及其组态共同对结果的影响,也不假设促进退役运动员转型体育教师发展的路径是唯一且最佳的,甚至还能分析出哪些因素条件是起关键作用的核心条件,哪些是起辅助作用的边缘条件。因此,用于解决复杂因果问题的组态理论可以为本研究提供理论依据。

二、过渡理论与变迁模型

知名职业生涯规划师南希·K·施洛斯伯格将过渡定义为引发变化的事件或非事件。事件会发生,例如被您选择的学校录取,结婚,生孩子或升职。一个非事件是预期会发生但没有发生的事件,例如没有被您选择的学校录取,没有找到一个婚姻伴侣,没有生下小孩,或没有得到晋升。Schlossberg 指出,过渡会导致日常生活个人关系的变化。人们在过渡期都会经历转变,每个转变都是独特的,都会带来不同的优势和挑战。Schlossberg 提出"4S 模型",模型分为四部分,包括(现状评估)(Situation),自我认知(Self),支持资源(Supports),行动计划(Strategies)。在现状评估维度中,通常转型伴随着角色、职业、生活的改变,那么这个改变程度如何?会持续多久?是否可控?自己的精力能否应对?改变发生的时机怎样?我们要对现状有一个足够的认识和预期,所谓知己知彼才能百战不殆,心中有数才能稳坐军营,指挥千军万马。

在自我认知维度中,如果说现状评估是对外部客观的一个评估,那么自我认知就是内部主观的认知。面临着转型,自己通常会怎么应对?自我归因模式如何?我是一个内控有主见的人还是遇事倾向于随大流?能不能控制住日常的压力、焦虑?自己的耐受力和适应力如何?不同的人自我认知程度不同,性格更是千人千面。在资源支持维度中,面临着转型的退役运动员需要盘点自己拥有的资源:人力、物力、财力、其他资源。自己可以求助哪些人,朋友、家人、专家?目前已有的物料有哪些,房子,交通工具?自己有多少资金,可能要花多少钱?有没有其他的公司、机构、专业服务可以为我所用?在行动计划维度中,评估了外部,认知了自我,又盘点了资源,最后的重中之重就是落实行动!所以最后一个"S"就是帮助我们制定一个具体可行的行动计划,在盘点资源的基础上,列一个利用资源的实际计划。

在变迁模型中,将变迁定义为"个体生活领域内的不连续",当个体认识到这种不连续后,会要求新的行为方式以适应环境中出现的新情况。变迁的特征、个体的特征和环境的特征是变迁模型中的重要三要素。变迁的特征包含变迁过程的诱发因素、时机、根源、角色变化以及个体以往对于转型的经验等,个体特征包括个体的性别、年龄、经济状况、性格、能力等;环境的特征包括大环境下政策的支持、社会的平台等,如社会能为退役运动员提供哪些职业选择。

三、角色理论与角色转换理论

角色最初是由拉丁语"rotula"派生出来的,这一概念最初在学术著作中出现是在 20 世纪 20 年代,社会学家格奥尔·齐美尔发表的《论表演哲学》一文中,当时作者提到了"角色扮演"的问题。到了 20 世纪 20 年代,美国心理学家米德(Mead)将"角色"一词引入社会心理学领域,后来其逐步发展成"角色理论",成为社会学的基本理论之一。

米德使用角色概念,强调自我与他人之间的角色相互关系,认为自我概念是个体在自我反思的基础上,通过学习扮演他人的角色发展起来的。此后林顿、戈夫曼等学者从角色地位、人类社会行为方面进一步将角色理论进行升华,角色由此成为分析人际交往与人际关系的一个重要概念。

20世纪30—50年代,美国涌现出一批研究角色理论的学者,米德提出自我与"一般他人"的角色之间的互相关系。米德认为,自我是在自己对自己反思的基础上,通过学习扮演他人的角色而发展起来的。哈佛的心理学家威廉·詹姆斯(William James,1842—1910)是明确提出自我概念的社会科学家之一。詹姆斯认为,人类将自身看作客体,进而发展自我感觉和关于自身态度的能力。他指出,一个人有多少人认识他,他就有多少个社会自我。

库利(查尔斯·霍顿·库利)修正了自我的概念,把它看作个体在社会环境中,将自身连同他物一起视为客体的过程,库利将之定义为"镜中我"。米德将他们的相关概念组成浑然一体的理论体系,将人类心智、社会自我、社会结构贯穿于社会互动之中。米德的综合提供了最初的概念突破,但他并未明确地解决社会环境的参与是如何影响个体行为的。

到了20世纪30—40年代,社会学家们才真正将目光集中于角色这一概念,个体被看作在一个大社会位置网中扮演着与某一位置相联系的角色。基于这种观点,深入理解社会结构和个体如何在其中运作的研究如雨后春笋,这一路线的探究最终形成了角色理论。角色转换作为社会学角色理论的重要组成部分,现在常被运用于探究各类职业中的岗位需求和不同类型人群如何更好地适应不同的生活工作环境,以及完善政府相关政策,促进各类群体角色转换,从而提高整个社会生产力。

我国角色理论的应用与研究始于社会学及社会心理学,之后在伦理学和道德哲学领域发展。自2000年开始,我国学者对于角色理论的相关研究数量逐年提高,一方面是从社会学角度研究角色理论的基本内涵与外延,另一方面集中于角色理论应用于其他领域的研究。角色理论在国内被广泛地应用在许多领域,许多研究用角色理论作为切入点去分析不同身份、职业等相关社会学问题。如医生、警察、教师、军人、未成年人、大学生等角色,他们作为在社会环境中具有较多分歧的角色,社会、组织、个人都会对他们产生不同的角色期望,当他们没有达到期望时就会产生不同的角色压力与冲突,使生活的各个方面受到影响。角色理论为解决个体的职业训练、改善家庭及社会人际关系、学校教育培养等方面的行为问题提供理论依据。

退役运动员转型体育教师这一转变的过程中的各个环节都与角色理论观点相对应。本研究将角色理论作为科学理论依据,将退役运动员与体育教师两种角色作为研究主体,更科学地对退役运动员转型体育教师的相关因素进行分析,通过社会学、心理学、体育学等不同角度,更加多元化地将退役运动员转型体育教师这一问题分析透彻。当角色被安置于组织中后,组织对它的期望在角色建构过程中就显得相当重要,角色转换就像演员在舞台上一样,人处在不同的社会地位、从事不同的社会职业都要有相应的个人行为模式,角色转换作为每个人都要经历的社会化过程,协调新旧角色冲突的有效方法就是角色学习,通过一些观念培养等提高角色扮演能力,使角色转换得以成功。

退役运动员进行有效的角色转换至关重要,这也是退役运动员转型成为体育教师后提升教学能力的重要手段。传统的教师角色已经无法满足新时代的要求,当今形势下,教师队伍面临新的挑战,必须面对现实,充分运用自己的智慧,提高自己的能力,进行角色转换,满足新时代的要求。做好角色转换,事关我国学校体育教育事业的内生产动力。退役运动员是极优秀的群体,他们具有良好的技能水平,但技能水平好并不代表着他们能够成为一名合格的体育教师,所以帮助他们进行更好的角色转换对各个方面都有很大的促进作用。退役运动员角色转换应该适应并学习退役后新工作岗位的行为规范和生活方式,还需不断提升个体的基本素质,即退役后选择体育教师这一新的职业角色,履行职业角色责任、发挥职业角色功能的知识和能力,内化新工作岗位的文化,忘却和改变与新职业不相适应的行为方式。

本研究从组态理论视角,将退役运动员转型体育教师过程中所发生的变化通过过渡理论、角色理论与角色转换理论进行阐述与解释。经过归纳理论得出退役运动员到体育教师的成功转型,取决于社会资本、心理资本和人力资本这三个重要维度。运动员的文化教育情况、运动等级、社会关系、家庭社会经济地位、退役运动员的心理健康程度等许多因素都会对转型过程产生干预。本研究进一步结合退役运动员转型体育教师的实际发展现状,将影响退役运动员转型体育教师的因素置于社会资本—心理资本—人力资本三个维度中,进行条件变量指标体系的构建,从更为科学的视角对影响退役运动员转型体育教师的各项驱动因子进行组态分析,筛选出核心因素及各类组态。

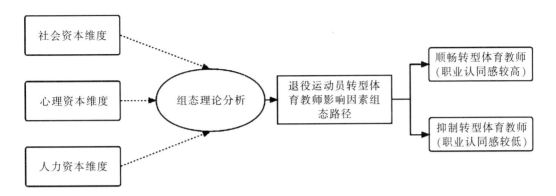

图2-1 退役运动员转型体育教师理论模型

（一）社会资本维度

自19世纪末期，"社会资本"就逐渐成为经济学、社会学、心理学等多学科理论分析的新视角。杰森特在《集体行为理论与社会资本分析》一书中提到，社会资本这一理念已经为各学科中的社会科学家所广泛承认，它被认为是用来诠释经济增长与政治稳定等现象的一个核心要素，虽然这些仅仅只是概念，没有明确的定义，也没有形成学界的一致共识，但是已经引起足够的关注。

20世纪70年代后期，经济学家格林首次在《种族收入差异的动态理论》中提出"社会资本"的概念。1980年，法国社会学家皮埃尔在《社会科学研究》期刊上发表了《社会资本随便》一文，正式将社会资本引入社会学的范畴，并把它定义为"现实或潜在资源的集合体"，这些资源与拥有或多或少制度化的认可关系网络有关，也就是说，与一个群体中的成员身份有关。而真正从理论上对社会资本给予全面分析的则是美国社会学家詹姆斯·科尔曼的《社会资本在人力资本创作中的作用》一文，他认为社会资本不能被普遍定义，只有对个体产生作用的时候才能被定义为该个体的社会资本。之后，社会学理论得到了快速的发展，成为具有重要的跨学科影响力的学术成果之一。

在社会资本维度中，我们选择社会关系与家庭支持两个二级指标作为条件变量，运动员本身的社会关系网络对运动员退役后转型体育教师起着较强的作用，拥有更多层社会关系的运动员可以通过发挥"强关系"的信息机制和人情机制效应，更加顺畅地转型，因此社会关系可以作为退役运动员转型体育教师的重要影响因素之一。退役运动员转型成为教师后在工作单位的人际关系可以影响其在工作中的发展，工作时的状态与心情、与领导同事之间的配合都会影响到其转型，所以我们选择人际关系这一因素作为变量;运动员退役后成为体育教师离不开家庭支持的影响,因此我们选择家庭支持这一因素作为变量。

(二)心理资本维度

心理资本最早出现于经济学文献中,经济学学者从心理资本与个人生产关系入手,分析了心理资本和个人薪资间的关系。结果发现,与教育背景、工作年限或者基本技能等人力资本相比较,心理资本对个体工资的影响比较大,而且心理资本对个体的生产率、实际工资具有显著正向性。心理资本被界定为能够影响个体自我感知、工作态度、伦理取向和认识观等的一些个性特征。就这一定义来看,心理资本实际就是个体在早期生活中逐渐形成的相对稳固的心理特征。进入 21 世纪,美国心理学家马丁在《真实快乐》一书中提到什么是心理资本以及如何获得心理资本等问题,指出享受预示着生理成就满足,而满足预示着心理成长的成就。

美国学者豪森认为,心理资本是个体通过学习等方式进行投资而形成的一种具有相对耐久性、稳定性的心理内在的基础架构,是个性品格与倾向、认知功效、自我监督以及有效情感交流的集合体。国外一些学者认为,心理资本是指,"个体积极的发展状态",具有拥有表现和付出必要努力、成功完成具有挑战性任务的自信,也就是自我效能感。

我国学者董克用认为,从物质资本、货币资本到人力资本都为社会经济发展创造了奇迹,作为人力资本开发与管理之源,心理资本的价值不可估量。这些研究不仅拓宽了许多学者的研究视野,还推动了社会学界和心理学界对心理资本的探讨与研究。

在心理资本维度中,我们选择教师自我效能感和个性特征两个二级指标作为条件变量。自我效能感指个体对自己是否有能力完成某一行为所进行的推测与判断。班杜拉对自我效能感的定义是"人们对自身能否利用所拥有的技能去完成某项工作行为的自信程度"。当退役运动员转型成为体育教师后,其自我效能感会在很大程度上影响其工作能力的发挥,因此,我们选择自我效能感作为条件变量之一。一个人的个性特征在日常生活中会潜移默化地影响着事情的走向,他是否对工作充满信心、是否对工作充满期待、对待工作是否乐观、遇到困难时是否具备坚韧不拔的韧性,这些都会影响最终的结果,所以我们选择个性特征作为影响退役运动员转型体育教师发展的重要因素。

（三）人力资本维度

人力资本思想最早可以追溯至古希腊思想家柏拉图，他在《理想国》中就曾经阐述过教育与训练的经济联系。17世纪60年代，英国经济学家威廉提出，土地是财富之母，劳动是财富之父，这可以说是第一次明确阐述了劳动在财富创造中的重要作用，这也预示着人力资本思想开始萌芽。1935年，美国经济学家沃尔什在《人力资本观》中首次提到了"人力资本"这一概念。事实上，人力资本理论作为西方经济理论的重要分支之一，随着科学的进步、社会的发展，人力资本理论在研究的深度、广度上都得到了极大程度的提升和改善。

20世纪60年代，美国经济学家舒尔茨认为，人力资本可以通过投资的方式来形成，其含义可以理解为个体本身所具备的知识、技能、体力等方面的资本。而运动员的人力资本主要通过两种形式体现：一种是运动员本身所具备的体育技能、知识；另一种是运动员的知名度、比赛成绩、荣誉等。运动员身份存在特殊性，尤其是优秀运动员具备较高的社会影响力，当退役运动员选择转型体育教师时，其会将其"人力资本"投入职业当中。运动员要充分发挥自身所具备优势资本，即运动技能、运动经历，利用运动员自身占优的"无形资产"，即运动员自身精神特质、影响力，帮助运动员成功转型体育教师。

在人力资本维度中，我们选择运动员的文化教育情况、运动等级和伤病健康状况三个二级指标作为条件变量。由于优秀运动员绝大多数从少儿时期就开始进行专业训练，使得许多运动员知识面较为狭窄，社会实用技能不足，退役后的运动员难以适应竞争日益激烈的社会环境，但学历低就一定无法成为一名好体育老师吗？这是一个非常值得考量的因素。运动等级作为衡量运动员专业程度的重要指标之一，在其转型成为体育教师的过程中是否也发挥着较强的作用呢？所以我们选择运动等级这一因素作为条件变量。高强度的专业训练通常会给运动员留下不同程度的伤病，这些伤病是否会在一定程度上影响运动员的顺利转型，这也是很重要的一个因素，所以我们选择伤病健康状况这一条件变量。因此，本研究选取社会关系、家庭支持、自我效能感、个性特征、文化教育情况、运动等级、伤病健康状况七个因素作为条件变量，探究退役运动员转型体育教师发展的复杂影响机制。基于以上分析探究，建立了本研究的理论模型（如图2所示）。

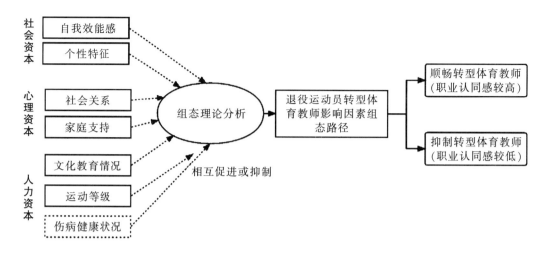

图 2-2　退役运动员转型体育教师理论模型

第三章　退役运动员社会保障政策评价

退役运动员安置政策是中国体育事业的重要组成部分,旨在为退役运动员提供新的就业机会和职业发展路径,确保他们能够顺利适应社会工作岗位。这些政策主要包括组织安置、自主择业、教育资助等多种方式,旨在最大限度地利用体育人才资源,促进体育事业的可持续发展。随着体育事业的不断发展,运动员为国家赢得了无数荣誉。然而,随着运动员年龄的增长和体能的下降,他们不可避免地会面临退役的问题。如何妥善安置退役运动员,不仅关系到运动员个人的切身利益,也关系到体育事业的健康发展和社会的和谐稳定。

研究运动员的退役安置政策体系,是体育事业建设发展的重要环节。要确保退役运动员的各项权益,要促进各省市各项目竞技体育事业发展,做好运动员退役安置工作尤为重要。虽然运动员退役安置政策在竞技体育事业发展中起到了十分重要的作用,但伴随我国体育事业的发展进程,运动员的退役安置政策还有需要改进的空间,亟需完善。本章将对退役运动员社会保障政策进行研究,在参考国家及其他省市运动员安置政策的同时,就运动员退役安置政策体系展开分析,找出存在的不足,设计政策体系改进方案,为完善运动员退役安置政策体系提供理论依据。

第一节　运动员退役政策现状的研究

退役运动员安置政策的特点在于其综合性,不仅包括经济补偿,还涉及教育资助、创业扶持等方面。政府和体育部门通过一系列措施来支持退役运动员的转型和再就业。各级政府和体育管理机构制定相关政策,以确保退役运动员能够得到妥善安置,并为其提供必要的指导和支持。

据统计,我国每年约有四千名运动员退役,逢奥运会、全运会,退役人数还将增加,其就业安置的主要方式为组织安置和自主择业。长期以来,党和国家高度重视退役运动员安置工作,围绕退役运动员就业、就学、医疗、伤残保险、社会保障等多方面推行了一系列福利政策,为我国科学合理解决好退役运动员转型提供了良好的制度环境。退役运动员安置政策是运动员实现职业转换的根本制度保障。

国家体育总局在 2002 年出台的《关于进一步做好退役运动员就业安置工作的意见》中指出:地方各级人民政府和有关部门要高度重视并切实做好运动员退役安置工作。另外,国家体育总局在 2007 年出台的《运动员聘用暂行办法》中对运动员退役安置问题做出了进一步的细化,在 2010 年出台的《关于进一步加强运动员文化教育和运动员保障工作的指导意见》中再次重申,要做好退役运动员就业安置工作,拓宽就业渠道。

为了落实国家相应的运动员退役安置政策,各省市根据当地实际情况相继制定并出台了配套的安置政策。《江苏省退役运动员就业安置办法》明确了退役运动员的安置原则、方式以及相关的经济补偿细节。山西省出台的《山西省退役运动员安置暂行办法》中以运动员退役后领取一次性经济补偿金的方法为主,对取得全国锦标赛、全国冠军赛、全运会及以上比赛前三名的运动员,在岗位空缺的情况下,通过单独招聘教练员的方式留任体育部门工作;辽宁省依据该省竞技体育人才的培养办法,明确了大赛冠军退役后的安置去向,就是运动员户籍所在地的体育部门可以在事业单位考核招聘中单列岗位;江苏省出台的《关于自主择业退役运动员安置管理暂行办法》中提到,职业转换过渡期内,江苏省体育局负责做好培训、就业辅导等工作,体育彩票公益金帮助建成的体育设施所在单位须以不低于 5% 的比例的岗位聘用退役运动员。不同省份和地区根据自身的实际情况制定了具体的退役运动员安置政策。

通过对运动员退役安置现状的分析可以看出,由于各国国情的差别,运动员退役安置所采取的办法也有所差异。国外对运动员的训练、教育等一般是依靠市场经济体制建立的,且已经形成了一系列运动员退役后的培训和教育体系,这些体系从物质及精神层面都对运动员做出了后续的保障,在提高退役运动员生活技能的同时,对他们的职业生涯也做好了长久打算,进而使得他们在退役后能够快速地转变角色。针对我国运动员退役后的发展,许多专家学者都从不同的角度进行了分析,但是对于运动员退役安置政策体系还缺少进一步细致的研究,主要包括以下四方面:

一是组织安置与就业推荐。组织安置是一种较为普遍的安置方法,通常指退役运动员返回原输送地工作,或者在政府机关、事业单位和国有企业中找到职位。

二是教育资助与学历提升。国家体育总局等部门发布了《运动员保障专项资金实施细则》,为运动员接受高等教育提供资助。退役运动员可通过申请运动员教育资助金,继续完成或新进入高等学校学习,提高自身素质和再就业能力。鼓励退役运动员接受高等教育,并提供资助以支持他们的学习。资助标准可能根据不同情况而定,例如运动员在役期间参加高等学校学习,或退役后继续完成或新进入高等学校学习。

三是经济补偿与福利保障。对于通过市场选择自主择业的退役运动员提供经济补偿,补偿标准可基于他们在运动队的年限、取得的成绩和退役前的工资待遇等因素来决定。运动员在结束运动生涯后,各省根据国家对运动员自主择业一次性经济补偿金的基本要求并结合各省实际情况制定相应的经济补偿政策。同时,完善退役运动员的社保体系,确保其基本生活需求得到满足。目前,与其他省份进行对比,天津市对运动员自主择业一次性经济补偿金的标准过低,对运动员退役后找工作、创业等无法起到有效的经济支撑作用。

四是就业指导与培训。政府和社会组织应为退役运动员提供就业指导服务,帮助他们了解就业市场和职业发展趋势。同时,还应为退役运动员提供职业技能培训、职业咨询、职业规划,为他们开设专门的职业技能培训课程,帮助退役运动员掌握多种职业技能,提高其就业竞争力。针对优秀的退役运动员应出台相关政策,鼓励优秀的退役运动员可选择留队安置,根据各省市实际情况,出台留队标准。此外,应定期组织退役运动员参加就业培训,拓宽就业渠道,完善培训体系。鼓励体育产业内的企业为退役运动员提供就业机会,如体育赛事组织、体育培训、体育媒体等。加强体育产业与退役运动员的对接,促进双方在就业领域的合作。

第二节　运动员各项退役安置政策执行情况及效果

根据我国相继出台的关于退役运动员安置政策的相关文件,顺应社会主义市场经济体制和体育事业的发展,建设优秀运动队,解决运动员的重重顾虑,更好地激发运动员投入体育行业的积极性,各省市根据国家政策,相继出台了适用于运动员退役安置政策,为优秀运动员退役后提供就业安置保障。动员退役安置政策主要包括:组织安置与就业推荐、教育资助与学历提升、经济补偿与福利保障和就业指导与培训。每一项政策均有细化,从不同角度对退役运动员进行安置,这些政策之间相互关联,从而形成了一个完整的运动员退役安置政策体系。

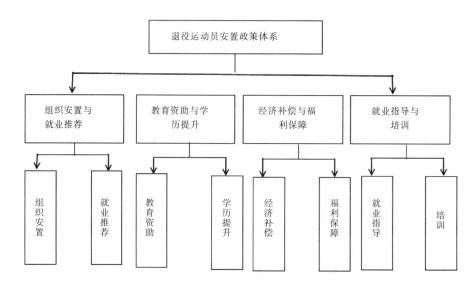

图 3-1　运动员退役安置政策体系结构图

一、组织安置与就业推荐政策执行情况及效果

(一)组织安置

国家体育总局、中央编办、教育部、财政部、人事部、劳动保障部发布的《关于进一步做好退役运动员就业安置工作意见》(体人字〔2002〕411号)中提出,要积极为退役运动员创造就业岗位,体育行业新增就业岗位要优先选用退役运动员,积极引导并支持退役运动员从事社区体育服务业、社会体育指导员、体育教师以及基层体校教练工作。获得全国体育比赛前三名、亚洲体育比赛前六名、世界体育比赛前八名和获得球类集体项目运动健将、田径项目运动健将、武术项目武英级和其他项目国际级运动健将称号的运动员,经体育部门推荐,高等学校考察等,可安排到高等学校从事体育教学等工作。

2010年发布的《体育局直属训练单位优秀运动员实名制管理工作暂行办法》(后文

简称《办法》)中对优秀运动员留在事业单位任职安置做了进一步的部署。《办法》提出，体育事业相关单位在招聘体育工作人员时，根据单位实际需要，对成绩出色的退役运动员，采取直接考核的方式招聘。优秀运动员退役后留队聘用教练员，需在运动成绩上符合以下条件之一：获得奥运会参赛资格或者世界比赛前八名；亚运会或全运会前六名；亚洲或全国年度最高水平比赛前四名。对于集体项目，运动成绩可适当放宽。此外，《办法》还提出体彩公益金帮助完成的体育设施所在单位须安排不低于5%的比例的岗位聘用退役运动员。

按照编制委员会和天津市人力资源与社会保障局的有关要求，天津市根据体育系统内各单位编制指标，通过体育局党组会决定，对于符合留队任职标准的运动员留队任教。自2006年以来，天津市共有86名退役运动员留队任职。另外，自2008年起，天津市体育局每两年会进行一次体育系统事业单位公开招聘，其中，根据各项目运动员取得的运动成绩，为退役运动员专门设置了教练员岗位。

（二）就业推荐

2020年8月31日，国家体育总局、教育部联合印发《关于深化"体教融合"促进青少年健康发展的意见》(以下简称《意见》)，明确提出要"制定优秀退役运动员进校园担任体育教师和教练员制度""畅通优秀退役运动员、教练员进入学校兼任、担任体育教师的渠道"，同时建议大中小学校建设学校代表队，参加区域内乃至全国联赛，也可"通过政府购买服务等形式支持社会力量进入学校"。

根据《关于进一步做好天津市退役运动员就业安置工作的实施意见》有关要求，对创办体育经营实体或从事个体经营的运动员，有关部门应当在政策上给予帮助。金融机构应视情况提供贷款服务，工商行政管理等部门应及时核发营业执照。

二、教育资助与学历提升

（一）教育资助

政策是基础，制度是保障。天津市人民政府办公厅转发了市体育局、市教委、市财政局、市人力社保局《关于进一步加强我市运动员文化教育和运动员保障工作实施意见》，明确要把运动员文化教育与夺取金牌同等看待，充分发挥组织安置工作，将体校教学纳入全市教育发展规划。上海市人民政府发布了《关于加快上海体育事业发展的决定》,提出了将上海市建成亚洲一流的体育中心城市目标,其中涉及"建立健全优秀运动员选拔招生制度、就业转岗培训制度、运动员伤残保险制度、伤病医疗特殊补助制度和退役运动员就业安置优惠政策"。

(二)学历提升

2021年,国家体育总局发布了《关于做好2022年高校保送录取优秀运动员有关事宜的通知》规定,获得世界体育比赛前八名,或亚洲体育比赛前六名,或全国比赛前三名的运动员才有机会免试进入高等院校进行深造,当前我国退役运动员转型保障政策根据运动员比赛等级和名次制定安置标准的"一刀切"模式虽操作简单且看似公平,却忽视了运动员个体多样性以及不同项目的社会群众基础。学训矛盾是体育学者关注的话题。训练强度大,训练时间长,容易造成运动员文化教育的缺失。一些运动员退役后几乎没有学校可供选择,在自主择业的竞争中也很难占据优势地位,他们的就业面极其狭窄,因而成为就业中的弱势群体。调查结果显示,155名运动员中,98.1%的人认为文化素质对其就业前景影响非常大,运动员自身文化素质不足是造成其就业安置困难的主要因素之一。

三、经济补偿与学历保障

(一)经济补偿

按照体育训练管理的特点,各省市根据现实情况,对退役后选择自主择业的运动员,依据他们入队的时间、获得的运动比赛成绩以及自身退役前的体育津贴(工资待遇)等因素,给予一次性经济补偿,具体标准如下:

基础安置费:每人15000元。

运龄安置费:每一年运龄4000元,累计相加。

成绩安置费标准。

其中,如果运动员在役期间获得奥运会、亚运会、全运会冠军,成绩安置费可以叠加统计,但如果运动员在役期间多次获得这三类比赛冠军,第一次按全额标准发放成绩安置费,以后每多获得一次冠军,均按照对应档次标准60%的比例发放成绩安置费。其他比赛成绩安置费的计算方式是按照所获得最高档次比赛成绩对应的金额进行发放,不叠加计算。此外,中团体比赛非主力队员的成绩安置费需下调一个比赛层次。

据统计,2014 年至 2016 年,天津市各项目共有 302 人申请了自主择业经济补偿金,发放金额共计 1631.1 万元,其中:

2014 年共有 115 人申请补偿金,金额共计 579.1 万元;2015 年共有 110 人申请补偿金,金额共计 584.4 万元;2016 年共有 77 人申请补偿金,金额共计 467.6 万元。

2009 年底,国家体育总局与中华体育基金会成立了"退役运动员创业扶持基金",通过专款专用的形式拨付给试点省份,由各省向本省运动员进行创业帮扶,以此鼓励和资助退役运动员自主创业,解决就业安置问题。

经过国家体育总局的批准,2013 年 3 月,黑龙江与天津、吉林、江苏、安徽等 11 个省、自治区、直辖市体育局作为运动员创业扶持试点,每年国家向天津市拨款 6000 万元用于对天津市退役运动员进行创业扶持,为运动员退役后创业提供了资金支持。

(二)学历保障

据《国家体育总局、中央编办、教育部、财政部、人事部、劳动保障部关于进一部做好退役运动员就业安置工作意见》(体人字[2002]411 号)文件中针对优秀退役运动员就学工作规定如下:

鼓励运动员进入高等学校学习并通过高校毕业生就业渠道。获得全国体育比赛前三名、亚洲体育比赛前六名、世界体育比赛前八名和获得球类集体项目运动健将、田径项目运动健将、武术项目武英级和其他项目国际级运动健将称号的运动员,可以免试进入高等学校学习,高等学校还可以通过单独组织入学考试、开办预科班等形式招收运动员入学。(需要注意的是:经教育部备案的具有招收高水平运动员资格普通高等学校开设的运动项目的招生办法已经出台,一个重大的变化是,从 2005 年起,招生学校不再招收预科班学员。原国家教委《关于部分普通高等学校试行招收高水平运动员工作的通知》和《关于部分普通高等院校试办高水平运动队的通知》自本办法公布之日起不再执行。)

2024 年国家体育总局科教司发布优秀运动员上大学宣传视频,鼓励优秀运动员到大学继续深造,接受高等教育,提高自身文化修养。

四、就业指导与培训

(一)就业指导

从河北省体育局人才中心获取的信息可知,2016 年至 2021 年,河北省针对退役运动员共举行 26 场培训。问卷调查结果显示,155 名退役运动员中,97.4% 认为目前培训的数量无法满足其自身职业发展需求。运动员培训存在培训数量少、培训时间短、培训缺乏系统性和连贯性等问题,导致与运动员退役相匹配的技能培训、就业指导等还无法为运动员的长期发展规划提供强有力的支持。

(二)培训

为顺应健康中国、体育强国的发展,创新与探索转变竞技体育模式,根据 2013 年国家体育总局出台的《关于进一步加强运动员职业辅导工作的意见》,天津市全面启动了退役运动员职业辅导体系建设,围绕促进运动员退役后全面发展这一目标,不断加大工作力度,开展运动员职业养成意识培养、职业生涯规划和职业培训。

体育行政部门通过完善职业辅导的各项配套措施,保障经费来源,细化工作措施,明确相应职能部门及人员,负责组织实施。2014—2016 年,天津市体育局开展了一系列退役运动员职业辅导培训,参与人数约 130 余人。职业辅导培训,帮助退役运动员增加了专业技能,拓宽了他们的就业渠道。

第三节　运动员退役安置政策分析

根据国家出台的运动员退役安置政策相关文件,各省相继出台了配套的政策制度,对运动员退役安置各环节进行了细化,本研究选择部分省份退役运动员安置政策与天津市现有的运动员退役安置政策进行比较分析。

一、运动员就业安置配套政策

为了便于分析与其他省市运动员留队安置政策的异同,我们选择了具有代表性的三个省份的退役运动员就业安置政策,以此进行比较。

河北省出台的《河北省体育局优秀运动员职业转换过渡期和退役管理办法》中提出:根据退役运动员运动等级的不同,体育行业事业单位可以直接考核招聘他们为管理人员和教练员。具有一级运动员等级和教师资格证书的退役运动员,教育行业事业单位招聘时可以直接考核录用;体彩公益金帮助建成的体育设施所在单位须安排 1/3 以上比例的岗位聘用退役运动员;及时为运动员提供就学信息咨询;指导运动员职业生涯规划;根据运动员文化水平,组织开展综合素质培训和专项技能培训;鼓励退役运动员参加体育行业特有的职业技能培训,帮助他们学习并取得职业资格证书;提供职业信息咨询及推荐就业岗位;提供创业扶持;建立退役运动员培训基地;建立特殊就业困难运动员重点帮扶制度。

浙江省在优秀运动员退役后的工作、生活保障规定等方面做了重大突破。《浙江省优秀运动员职业转换过渡期管理实施办法》提出:职业转换过渡期内体育行政部门负责专项技能培训、职业辅导等工作,时间不少于 3 个月;明确了退役后户口、人事档案和社会保险关系的转递手续;对于取得全省比赛前三名、全国及以上比赛前八名成绩的退役运动员,体育事业单位可以采取直接面试等方式进行招聘;体彩公益金帮助建成的体育设施所在单位须安排不低于 30% 的岗位聘用退役运动员;除了参加统一组织的培训以外,也可以参加社会组织的技能培训,取得技能培训合格证书后,可以申请报销不多于2000 元的培训费。

山东省在《山东省实施(运动员聘用暂行办法)细则》列出:建立各地运动员退役安置工作机制,对取得奥运会前六名、世锦赛前三名和全运会第一的优秀退役运动员,输送地市企、事业单位或省直企、事业单位可以直接考核聘用;获得全国及以上水平比成绩,全省各事业单位 50% 以上的比例安置,其中全运会冠军及以上成绩可直接考核聘用。对实体经营的退役运动员,地方各级政府应在政策上给予大力扶持,金融机构可视情况提供贷款,工商行政管理等部门须及时核发营业执照等。

通过与以上三个省份的运动员退役安置政策相比较,我们不难发现,对待运动员退役后就业问题,各省的大方向基本上是一致的,但是在安排聘用岗位上,天津市提供的聘用岗位比例偏低,仅有 5%,其他省份提供的岗位比例在 30% 以上;在留队聘任标准上,天津市对运动员的成绩要求略高,特别是集体项目。近些年集体项目的发展并不如其他项目那么好,运动员很难达到这一标准。

二、自主择业经济补偿配套政策

国家体育总局、中央编办、教育部、财政部、人事部、劳动保障部发布的《关于进一步做好退役运动员就业安置工作意见》(体人字[2002]411号)对鼓励退役运动员自主择业的规定如下:

退役运动员的就业安置工作,要逐步适应社会主义市场经济体制的需要和劳动人事制度改革的发展趋势。各级教育、人事、劳动保障、体育部门要积极创造条件,拓宽退役运动员就业渠道。体育部门要教育运动员转变就业观念,引导运动员主动适应社会的需要,鼓励退役运动员通过市场自主择业。对自主择业的退役运动员,改革现行退役补助办法,根据其参加运动队的年限、取得的成绩和本人退役前的工资待遇等因素,实行经济补偿。所需资金纳入年度预算统筹考虑,不足部分通过自筹资金、社会捐助、归体育部门使用的彩票公益金等弥补,具体办法由人事部、财政部、体育总局共同研究确定。用体育彩票公益金建立的体育运动场所,要根据需要优先安置退役运动员就业。

积极鼓励退役运动员创建体育经营实体或从事个体经营,地方各级人民政府要在政策上给予扶持,金融机构应视情提供贷款,工商行政管理等部门应及时核发营业执照。

2004年以来,各地均在退役运动员自主择业经济补偿方面相继出台了对应政策文件,其中:河北省对自主择业经济补偿的具体标准为:基础安置费按照全省上一年度城镇职工年平均工资收入情况确定;运龄安置费与个人实际入队时间和在役期间的体育基础津贴水平关联,每满一年运龄,发放本人4个月的基础津贴;成绩安置费根据退役运动员在役期间取得各项比赛成绩确定;保险补充费是对选择自主择业的退役运动员,发给补充保险费1万元。

内蒙古对自主择业的退役运动员的经济补偿的具体标准为:基础安置费分为2个档次,其中,运龄4年以下的,发放个人12个月的体育津贴;运龄5年及以上的,每满一年增发6个月的体育津贴,最多不高于50个月。运龄安置费分为2个档次,其中,运龄4年以下的,每满一年发给6个月的体育津贴;运龄5年及以上的,每满一年发放8个月的体育津贴,最多不高于70个月。成绩安置费:运动员在役期间,获得奥运会冠军发放30万元,奥运会亚军、季军以及世界大赛冠军、全运会冠军发放15万元,获得其他成绩根据档次标准为 8 万元至 5000 元。社会保险补助费分为 3 个档次,其中,运龄 4 年以下的补助 1 万元,运龄 5—7 年的补助 2 万元,运龄 8 年以上的补助 3 万元。

浙江省对退役运动员的自主择业经济补偿标准为:基础安置费从聘用到正式运动员起 1—2 年、2—3 年、3 年以上的按照本省上年度城镇职工年平均工资水平的 1、2、3 倍发放;运龄安置费根据国家制定的标准发放;成绩安置费根据取得世界、亚洲及全国的相应名次按照制定的标准发放。

四川省对退役运动员自主择业经济补偿标准为:基础安置费分为 4 个档次,其中,在役 1—4 年的每人 1 万元,在役 4—8 年的每人 2 万元,在役 8—12 年的每人 3 万元,在役 12 年以上的每人 4 万元。运龄安置费按照国家制定的标准核算。成绩安置费根据取得世界、亚洲及全国比赛的相应名次按照档次标准发放,其中 9、10 名按照第 8 名补偿标准的 90% 发放,11、12 名按照 80% 发放;一次性安置补助费为 3 万元。

通过对比分析可知,天津市现有的退役运动员自主择业经济补偿标准过低,在运动员运龄、运动项目、运动成绩方面考虑得不够全面细致,机动性不强。

三、运动员就业服务项目开展情况

在运动员退役后开展就业服务,是帮助他们顺利实现职业转换的有效途径。通过查阅相关资料,根据开展就业服务情况,我们对 19 个省份从就业信息服务、机构建设、整合社会资源、提供经费支持、创业指导与培训五个方面进行了整理。

表 3-1　各省份退役运动员就业服务情况表

地区	就业信息服务	机构建设	整合社会资源	提供经费支持	创业指导与培训
河北	●	●	●		●
山西	●	●			
内蒙古	●				
辽宁		●	●		
吉林	●	●		●	
黑龙江		●	●	●	
江苏	●	●	●	●	●
浙江	●		●		

地区	就业信息服务	机构建设	整合社会资源	提供经费支持	创业指导与培训
安徽	●	●	●		
河南			●		●
湖北			●	●	●
湖南		●	●		
广东		●	●		●
广西		●	●		●
重庆					●
四川			●		●
贵州	●		●	●	
云南		●	●		
宁夏		●			●

见表 3-1 所列,开展运动员就业服务较为全面的省份是江苏省,就业服务的 5 个方面均已落实,就业服务项目落实较少的省份有内蒙古、四川、宁夏,天津市对就业服务项目相对重视,具体落实在建立专门机构、整合社会资源、提供经费支持三个方面,但是在就业服务信息和创业指导方面还未推进,对让运动员及时了解就业信息这一方面还需要进一步加强。

第四节　运动员退役安置政策存在的问题

一、退役运动员就业扶持工作开展困难

从目前发展情况看,运动员退役后就业的主要方式是依靠政策进行安置。根据现有的安置政策,对退役运动员进行就业安置,这是一直以来解决优秀运动员退役后就业问题的一种重要形式。然而,目前的运动员退役安置工作正处在瓶颈期,运动员在退役后主要形式为自主择业,基本没有可以直接接收退役运动员的企、事业单位。由于运动员

在役期间以训练为主,与应届高校毕业生、具有一定经验的社会人员相比,缺少相应的文化知识和专项技能,在竞聘中没有任何优势,面临着找不到工作的困境。

二、退役运动员自主择业经济补偿政策金偏低

试训运动员的福利待遇为临时体育津贴,转正后的福利待遇一般包括四部分:基础津贴、成绩津贴、平时训练奖和成绩奖金。随着工资调整改革,试训运动员和正式运动员在役期间的福利待遇相对比较完善。但是当运动员退役后,如果无法留队任职,他们就只能接受现有政策规定的自助择业一次性经济补偿金,没有其他政策性补贴。

薛新刚在《我国退役运动员就业问题研究》中对全国各地区自主择业经济补偿金标准进行了统计。在2010年各省(区、市)为自主择业的退役运动员实际发放的人均经济补偿中,有8个省(区、市)人均发放金额在50000元以下;12个省(区、市)实际发放金额在50000元到100000元之间;7个省(区、市)人均发放了100000元到150000元,而天津市退役运动员自主择业经济补偿金为人均金额50000元以下。尽管在国家层面上已经形成退役运动员自主择业一次性经济补偿政策,但是由于各省经济发展存在差别,因此,不同省份之间运动员自主择业经济补偿金标准差别很大,这导致各地一次性经济补偿金金额相差悬殊的情况。

三、退役运动员社会保障政策不到位

社会保障政策不到位是运动员退役安置面临的又一项难题。由于风险性高,运动员在训练比赛过程中难免会出现伤病,严重的话甚至会导致伤残,迫使他们提前退役。因伤病而被迫选择退役的运动员,在退役后如何生活,是否有治疗伤病的后续保障都是问题。虽然国家出台了一些关于运动员退役后特殊保障方面的政策,各部门也在按照政策执行,但仅有特殊保障政策并不足以解决运动员退役后的各项保障问题。另外,政策更替不及时也会严重影响退役运动员各项保障。

四、人事管理机制发生改革

近年来,人事管理制度在不断变化,机关事业单位正在进行分类改革,外部环境对退

役运动员的就业扶持政策影响很大,现有的就业扶持政策很难满足体育事业的发展,政策性安置渠道越来越不畅通。天津市体育局相关领导在访谈中指出,随着天津市机关事业单位分类改革,人员编制在使用控制上越来越严格,因此,留队任教工作的要求越来越高,执行起来越加困难。天津市运动员保障中心每年都会组织多种就业指导培训班,培训班虽然一直开展,但是培训时间短、培训内容表面化等问题使得参加培训的退役运动员很难在短时期内掌握专项技能,从事相关行业的机会相对较少;另外,天津市体育管理部门与人事管理部门、教育管理部门之间没有形成良好的沟通合作关系,这对落实运动员退役后的就业帮扶政策带来了一定的困难。

五、财政限制自主择业经济补偿标准的提高

在比较各省退役运动员自主择业经济补偿政策标准时可以看出,天津市的基础安置费比其他省份制定的标准要低很多。专家指出,运动员的运龄各不相同,高水平的运动员运动生涯时间较长,一般在 10 年以上,没有发展前景的运动员一般运龄为一个全运周期,也就是 4 年左右,遇到特殊情况,可能 1—2 年就面临退役,这使得运龄安置费累计总金额并不高。成绩安置费和运动员在役期间取得的成绩有关,成绩越好,相应的标准越高。由于天津市各体育项目在近些年的发展趋势并不如前,因此队伍的成绩并不突出,退役运动员在补偿金上比较吃亏,由于没有较高的成绩,运动员退役后的成绩安置费就较少。通过问卷调查和分析发现,在 55 名调查对象中,有 48 人都表示对现行自主择业经济补偿金不满意,我们随机咨询了其中的一些运动员,他们表示,补偿金金额与自己这些年从事体育运动项目所付出的努力和所做的贡献不成正比。根据对访谈专家的咨询,我们了解到,天津市体育局自 2014 年起便多次制定方案进行上报,希望能够提高运动员退役后的一次性经济补偿金标准,但是这项工作的开展并不顺利,直到现在,天津市自主择业一次性经济补偿金标准仍然没有变化。

六、运动员文化教育水平较差

根据问卷调查的数据我们可以看出,运动员在退役后能否顺利实现就业,与他们的自身素质和文化教育程度高低有关,文化教育水平会直接影响运动员退役后的就业和生活。现如今,想要进入政府机关、企事业单位工作,运动员必须要具备一定的文化水平和

综合素质,而进入高校深造则更加注重退役运动员的文化教育程度。陈丽佳在《我国退役运动员就业安置的现状与对策》中指出,"重训练,轻教育"的培养模式会直接影响运动员的文化学习,导致运动员正常的文化教育难以得到保证。

天津市大多数运动员和同龄人相比,接受的文化教育较少,这导致他们自身综合素质相对偏低。运动员文化教育存在的不足和用人单位对聘用人员综合素质要求的提高,使得退役运动员在找工作时的竞争力相对较低,很难满足用人单位的用人需求。

2015 年,天津市编办针对运动员这一特殊群体,专门形成了运动员编制,用以区别干部编制和工勤编制,凡是转正入队的运动员均归为运动员编制。但运动员退役后的身份如何确定则与其文化教育程度有着直接的关系。根据人事管理的相关规定,只有大中专院校毕业的人员才具有干部身份,如果没有相应文凭,只能算作工勤身份,这将影响他们在参加新工作时的相关身份和待遇。在面对公务员、事业单位公开招聘的时候,运动员文化水平偏低直接导致他们没办法与社会人员竞争。因为文化程度不高,大多数运动员在退役后都无法适应社会节奏。一些新闻媒体报道过运动员退役后的困境,例如变卖金牌、街头卖艺、搓澡打工等。文化教育政策的不完善导致运动员在退役后寻找工作面临较大的挑战,不能保证运动员顺利找到工作。

七、保险行业不完善

目前,体育运动员保险行业不完善,体育保险发展相对滞后。欧美等国家的体育保险行业早在 20 世纪就开始不断发展,保险公司针对职业运动员形成了完善的保险体制,范围广、险种多,为运动员解决了后顾之忧。在我国,由于运动员训练强度越大,比赛任务重,运动伤病多等原因,很多保险公司并不愿意过多涉及体育保险领域。目前,天津市针对运动员的保险主要包括伤残互助保险、意外伤害险和工伤保险三种。第一种保险是中华体育基金会为解决在役运动员伤病而设立的一种经济补偿,根据运动员的伤病情况确定等级,给予不同金额的补偿。第二种保险是针对试训运动员,如果试训运动员发生伤病,其可以提供保障。第三种保险是针对正式运动员、由财政拨款投保的保险。以上三种保险均是针对在役运动员设定的,绝大多数运动员的伤病是伴随其一生的,在他们退役后,这些保险将不再形成保障,退役运动员没有属于自己的一类保险,对于伤残等级较高的运动员,没有保险等保障,他们根本无力承担日后治疗、护理和康复等产生的巨额费用。所以,完善运动员退役后的社会保险迫在眉睫。

第五节 运动员退役安置政策体系改进方案

根据对天津市运动员退役安置政策的探究,我们可以发现,天津市现有的运动员退役安置政策体系面临着十分严峻的问题,需要有关政府部门与运动员自身共同努力,改进运动员退役安置政策体系,才能使运动员在退役后得到相对满意的安置,在激烈的社会竞争中占据一席之地,充分发挥自身优势,过上更好的生活。

一、改进运动员退役安置政策体系的目的

天津市各项目运动员为体育事业的发展做出了突出贡献,他们通过刻苦训练、奋勇拼搏,为全省乃至全国争得了荣誉。随着社会主义市场经济体制改革的不断深入,运动员退役后的发展趋势发生了很大的变化,现有的退役安置政策体系已经无法满足不断变化的体制改革需要。改进天津市运动员退役安置政策体系,加大对退役运动员保障工作力度,提升政策措施的层次和效力,将会使天津市运动员退役安置政策体系得到系统的完善和加强。

二、改进运动员退役安置政策体系的原则

(一)解决运动员退役后就业难的原则

运动员退役后最重要的一项安置就是就业。因此,妥善解决运动员退役后就业难的问题至关重要,需要在政策和相关部门协调帮助下,形成有效的就业保障,才能逐步解决这一问题。

(二)解决经济补偿金标准的原则

运动员退役后自主择业就等同于彻底从运动员行业剥离,不再享受在役期间的各项津贴,没有收入来源,经济补偿金标准直接影响运动员退役后一段时间内的日常生活保障,财政部门需要统筹好运动员经济补偿金的预算,在综合预算的基础上,适时解决经济

补偿标准改进的核定与审批。

（三）改革与稳定并重的原则

改进运动员退役安置政策要积极稳妥、循序渐进。同时，运动员退役安置政策要同体制改革相配套，同向调节、相互协调、良性互动。

三、改进退役安置政策的方式

（一）完善退役运动员就业扶持政策

推进退役运动员就业扶持政策，需要天津市体育管理部门根据实际情况与相关部门有效合作，尽快建立起符合天津市退役运动员特点的就业保障体系，完善健全退役运动员就业扶持政策，为退役运动员的就业提供一个良性发展的平台，以便运动员退役后的就业问题得到更好的解决。

天津市运动员保障中心多次传达国家体育总局召开的关于运动员职业技能鉴定等方面的会议以及一系列关于运动员再就业方面的保障措施和相关的配套政策，但是这些措施和政策还不足以更好地解决问题。因此，建立完善的退役运动员就业保障体系至关重要。

目前，从天津市的整体就业形势以及运动员个人条件来分析，完善退役运动员就业保障体系可以从以下几方面入手：一是组建单独的就业服务指导部门，为天津市退役运动员提供专项指导和咨询帮助，举办针对性较强的就业培训班，专项技能培训的内容要丰富、实用，专项培训后要进行考试，对于考试成绩优异的退役运动员，特别是针对生活困难的退役运动员，要与相关行业进行沟通，提供招聘岗位，关心运动员的就业发展，确保把退役运动员的就业扶持工作落到实处。二是根据市场需求，借助体育产业发展的势头，把退役运动员当作"商品"推销出去，针对相关的体育产业项目，优先聘任退役运动员，提供符合其发展需要的工作岗位，充分发挥他们的专业技能，让他们转变旧思想，树立新观念，由被动等待工作转变为积极从事工作，通过自己的努力实现就业。三是完善优秀运动员退役后留队任职工作。访谈专家指出，现行的优秀运动员留队任职标准已经不适用于目前的形势，运动员，特别是集体项目运动员发展不理想，很难达到留任标准，应该重新制定相关标准。为此，针对集体项目，建议将留任标准调整为达到全国最高水平前八名的主力队员。这样退役运动员在就业选择上又多了一项选择,更能激发在役运动员的活力。所以,根据当前形势,建立和完善适用于退役运动员的就业扶持政策刻不容缓,这将从本质上解决退役运动员的就业问题。

(二)改进自主择业经济补偿政策

提高自主择业经济补偿金标准是运动员退役安置需要重点解决的问题,经济补偿金的提高将会改善运动员退役后短期内的生活保障。根据现有的自主择业经济补偿政策,参考外省经济补偿政策标准,结合天津市的特殊性,以及天津市社会平均工资情况等,拟制定适用于运动员的经济补偿金标准:

表3-2 运动员经济补偿金标准

名称	建议拟调整后的标准							
基础安置费	运龄满2年不满4年的,发放上年度天津市社会平均工资100%;运龄满4年不满8年的,发放天津市上年度社会平均工资200%;运龄满8年及以上的,发放天津市上年度社会平均工资300%。							
运龄安置费	每满1年运龄发给本人4个月的体育基础津贴。							
成绩安置费 (单位:万元)	比赛层次	一	二	三	四	五	六	七	八
	奥运会	18	14	10	9	8	7	6	5
	世界比赛、亚运会	14	10	9	8	7	6	5	4
	亚洲比赛、全运会	12	9	8	7	6	5	4	3
	全国比赛	8	5	4	3	3	2	2	2
	全国青年比赛	5	3	2	1	1	1	1	1
保险安置费	对选择自主择业的退役运动员,发放保险安置费1万元。							

解释说明:

基础安置费:建议拟调整后的基础安置费实行动态机制,与上年度天津市社会平均工资挂钩,这是参照江苏、山西、河北、辽宁等省份的做法。

运龄安置费:工资调整后,运动员体育基础津贴,以最低档为标准计算4个月的基础津贴。

成绩安置费:标准比原标准提高1倍。其中:集体项目相应比赛层次第九、十名的成绩安置费按照第八名的80%发放,第十一、十二名的成绩安置费按照第八名的70%发放。

保险安置费:对选择自主择业的退役运动员,增加一项保险安置费,金额为1万元,以此提高自主择业经济补偿金的整体金额。

拟调整后的退役运动员自主择业一次性经济补偿金总额为原标准的3倍以上。

通过重新制定自主择业经济补偿标准,增加退役运动员的经济补偿金,能够从经济上对运动员退役安置起到激励作用。

(三)改进退役运动员社会保障政策

1.完善社会保险政策

社会保障政策的关键因素之一是各类社会保险,社会保险能够对运动员的合法权益进行保障,消除运动员退役后的顾虑。保障运动员医疗保险、工伤保险,建立完善的养老保险都是满足时代的发展要求。现阶段,天津市针对运动员的社会保险,仅对在役运动员进行了保障,运动员退役后,随着解除运动员聘用合同、减除编制,相应地也就解除了运动员的医疗、工伤以及养老保险。因此,针对退役运动员,根据运动项目的特点、对抗性,应当形成区别于普通医疗保险、工伤保险、养老保险等的社会保险政策,使这些政策能够贯穿于整个竞技体育进程中。

目前,天津市运动员社会保险资金来源有限,对退役运动员的社会保险保障顾及不到,因此,需要尽快提出退役运动员的社会保障措施,制定适用于退役运动员的医疗、工伤、养老以及失业保险政策,解除退役运动员的后顾之忧,并与中华体育基金会做好沟通,针对退役的运动员,使其在退役后的一段时间内仍可继续参保伤残互助保险,加强对退役运动员的保障力度。另外,天津市体育管理部门应与社会保障部门及时沟通,力争将运动员伤病纳入工伤"职业病"标准范畴,针对旧伤复发情况可以继续治疗,彻底解决运动员退役后的伤病治疗问题。

2.推进商业保险政策

多数竞技体育项目对抗性高、危险性高、容易发生伤病,运动员们在训练比赛时极其容易发生危险。在社会保险不完善的情况下,商业保险的补充就至关重要。针对运动员这一特殊群体,应与保险公司进行合作,研究制定一系列针对伤病治疗康复的商业保险,并鼓励退役运动员及时购买商业保险,购买方式可以按照比例由政府和个人分担,一方面可以通过彩票公益金等筹集资金,另一方面建议可以要求运动员购买商业保险。通过这种方式,不仅能够节省财政资金,更能解决退役运动员因旧伤复发而出现的种种问题,为运动员日后生活提供强有力的后续保障。随着社会的不断发展,大众对保险的意识不断增强,相信大多数退役运动员为了保障自己的健康安全以及日后的生活,都会积极主动地购买这类商业保险,保险公司应该就此进行市场调查,加大资金投入,推出更多的适应于退役运动员的商业保险。

(四)加大政府对退役安置政策执行的扶持力度

在今后制定相关政策时,按照我国社会发展的特点进行调整和完善,结合中国共产党第二十次全国代表大会提出的改革创新机制以及体育产业发展规划,政府相关部门应当提高重视程度,为运动员退役后的就业扶持创造良好的条件,拓宽运动员退役安置道路。体育相关部门要同人社厅、教育厅、财政厅等部门联合起来,为退役运动员的安置提供便利条件和保障。因此,改进天津市退役运动员退役安置政策,具体可以从以下三个方面入手:一是应采取心理疏导等措施,转变处于待业状态的退役运动员的就业意识,增加他们的信心,让他们敢于迈出就业的脚步,并在政策上给予相应的支持。二是通过组织专项招聘会、推荐工作等形式,为他们创造进入企事业单位工作的机会。三是从创业角度对退役运动员进行就业扶持,鼓励退役运动员进行自主创业。政府和社会组织应加强对退役运动员的关注和支持,为他们提供更多的就业机会和创业资源;加大对退役运动员创业的支持力度,提供资金、技术、市场等方面的帮助。同时,还应加强对退役运动员的职业规划和培训,提高他们的职业素质和就业能力,为他们的未来发展提供更加广阔的空间。

(五)加强退役运动员安置工作宣传力度

为了更好地解决天津运动员退役安置出现的问题,天津市体育系统应当加强对运动员退役安置工作的宣传,通过相关政策文件、期刊、媒体、网络等渠道开展全方位宣传。在宣传过程中,要保证宣传内容的效果,保证天津市退役运动员能够主动选择自主择业,向他们宣传政府对自主择业的退役运动员的就业扶持力度,表达政府对其发展的重视程度以及对退役运动员的特殊安置政策,积极开展好运动员退役安置政策的实施工作。在做好政策宣传的同时,天津市体育系统还应积极帮助退役运动员解决在就业过程中遇到的难题,建立与退役运动员的良好沟通,建立退役运动员微信群,及时发布针对退役运动员的各类专业技能培训和政策解读,切实解决天津市运动员的退役安置问题。

　　退役运动员安置政策是体育事业的重要组成部分。未来,政府和社会应继续加强对退役运动员的关注和支持,不断完善安置政策体系,为退役运动员提供更加优质的就业和创业服务。这对于保障运动员的切身利益、促进体育事业的健康发展和社会的和谐稳定具有重要意义。

本章小结

　　竞技体育的强大在很大程度上也体现了国家和地区的综合实力水平。运动员在争得荣誉的同时也为国家和地区的经济建设和社会发展起到了良好的推动作用。天津市运动员退役安置政策体系的完善不仅关系到运动队的建设,更会影响竞技体育事业的可持续发展,因此,探究运动员退役安置政策体系具有重大的现实意义。本研究通过探究天津市运动员退役安置的基本政策、发展情况、执行效果,对天津市退役安置政策与其他地区进行比较分析,对退役运动员及在职教练员进行安置政策效果调查,对体育行业相关人员进行访谈,找出了天津市运动员退役安置政策体系存在的问题:就业扶持工作开展困难、自主择业经济补偿金偏低、社会保障政策不到位,并且分析了原因:人事管理机制发生改革、财政限制提高自主择业经济补偿标准、运动员文化教育水平较低等。通过对存在问题及原因的分析,完善了相应安置政策,并设计形成了改进天津市运动员退役安置政策体系的方案,将退役安置政策体系分成三部分:

　　一是政府职能,主要是加大退役运动员就业安置政策执行的宣传力度和执行力度。

　　二是落实具体安置政策,包括组织安置与就业推荐、教育资助与学历提升、经济补偿与学历保障和就业指导与培训。

　　三是构建退役运动员网络信息平台,包括职业信息交互平台、运动员互动交流平台、人才信息库等。

第四章　退役运动员转型体育教师的影响因素

第一节　退役运动员转型体育教师的影响因素

　　QCA 方法(模糊集室性比较分析法)提出了一个特殊的关于因果关系的概念:多重并发因果关系。它强调即使是不同的路径也可以产生相同的结果,多重并发关系是非线性的,具有不可相加的性质,对于任何形式恒定的因果关系持否定的态度。传统的线性回归分析是研究单个影响因素与结果正相关。传统线性回归的角度是:对潜在的因素进行回归分析,回归的结果能得出单个因素与结果成正相关。而 QCA 的研究角度是:将因素组合起来,看其是如何影响结果的,如果没有其中一个因素是否会影响结果。因素组合起来如何影响结果组态具有三个特点:一是因素相互依赖,组态会觉得各因素之间有一些依赖的关系,叠加起来可能会产生 $1+1>2$ 的效果。二是等效性,得出的结果并不是只有单一的、唯一的路径,就算缺少其中一个因素,也可以通过其他因素的组合路径得到相同的结果,这可以用"殊途同归"概括。三是非对称性,也就是刚刚所说的,不一样的组合路径可以得到相同的结果。有这个因素可能可以得到这个结果,但是没有这个因素,也同样可以得出这个结果。这也是 QCA 方法与传统线性回归的不同。以往的研究大多只以某一理论基础或某一因素为前因,得出单个因素与结果成正相关,没有探讨多个因素互相依赖下对结果变量产生的组态效应,具有一定的局限性。

　　随着中国竞技体育迅速发展,运动员的退役成为常态。我国退役运动员管理所面临的问题不断增多并且越来越复杂,用传统的单一条件变量来进行独立的分析可能无法对结果做出全面合理的解释。目前我国社会亟需新方法探索更多退役运动员领域复杂性问题的成因和内部机制,fsQCA(模糊集定性比较分析法)正好为其提供了更大的可能性。模糊集定性比较分析法非常适合处理因果关系复杂的问题,尤其是在形成的原因、影响因素等研究上,其可以作为一种很好的方法,进一步研究条件变量之间的联合效应。

本研究在组态视角下,采用模糊集定性比较分析法来研究退役运动员转型体育教师影响因素间的复杂组态效应。

表 4 - 1　定性比较分析的三种方法

| 清晰集 | 多值集(mvQCA) | | | 模糊集 |
(csQCA)	三值集	四值集	六值集	(fsQCA)
1 = 完全隶属	1 = 完全隶属	1 = 完全隶属	1 = 完全隶属	1 = 完全隶属
0 = 完全不隶属	0.5 = 既非完全隶属也非完全不隶属	0.67 = 偏隶属	0.9 = 非常隶属	0.5 ~ 1 = 偏隶属
	0 = 完全不隶属	0.33 = 偏不隶属	0.6 = 有些隶属	0.5 = 既非完全隶属也非完全不隶属
		0 = 完全不隶属	0.4 = 有些不隶属	0 ~ 0.5 = 偏不隶属
			0.1 = 非常不隶属	0 = 完全不隶属
			0 = 完全不隶属	

表中信息来源于杜运周《QCA 设计原理与应用——超越定性与定量研究的新方法》

QCA 的分析步骤包括条件选择与模型构建、案例选择、校准、必要性分析、组态分析、稳健性检验,接下来我们分别对其进行介绍。

第二节　变量的选择与测量

通过查阅相关文献以及结合天津市退役运动员转型体育教师这一情况的综合比量,本研究将退役运动员转型体育教师的职业认同程度作为唯一结果变量,职业认同程度越高代表其转型得越好,反之则相反。根据先前经验与理论的总结,我们选择个体的社会关系(包含社会交往和人际关系)、家庭支持、自我效能感、个性特征、文化教育情况、运动成绩和伤病健康状况作为本研究的条件变量,探究条件变量与结果变量之间的不对称因果关系,期待从全面的视角判断影响退役运动员转型体育教师的影响因素条件组态路径,在各变量的测量中选择已有的成熟量表作为参考,经专家咨询与改良后作为本研究的测量工具。

一、结果变量——职业认同程度

通过对核心文献整理与阅读,在教师研究的相关领域,"教师职业认同"已经逐渐成为独立的课题,教师职业认同逐渐成了促进教师专业发展、提升教师教育理论水平等方面的重要因素。职业认同程度在退役运动员转型体育教师身上发挥着促进其个体心理健康、专业发展的重要作用,也影响着学校的体育发展。职业认同是指个体对所从事职业的肯定性评价,它评定了个人自我认同中职业角色的重要性。具体地说,就是知道并认可自己所从事的职业的功能、意义、价值。

根据对先前经验、文献的总结和对相关专家的咨询,我们认为,教师职业认同程度的高低能够清晰地量化退役运动员转型体育教师的成功与否,所以选择职业认同度作为本研究的结构变量。我们参考魏淑华、李笑樱等学者编制的《教师职业认同感量表》,结合退役运动员的实际情况并通过专家咨询,对量表进行选择与修订,最终设置十三个题项,采用李克特五点量表计分。

二、条件变量——社会资本维度

社会资本指的是个人或群体之间的纽带—社会网络、规范以及基于此的信任,是人们凭借其在社会网络中的地位而获得的一种资源。社会资本关注的是个体参与者的关系导向特征及其自身的社会地位对其可获得的社会资本的影响,或者说是参与者作为一个整体所参与的社会网络的结构特征,以及网络互动和约束对个体获取社会资源的影响。

社会资本的高低显著地影响着退役运动员再就业的发展,因此本研究将社会资本作为研究的重要维度之一。在社会资本维度中,我们选择社会关系与家庭支持两个二级指标作为条件变量,运动员本身的社会关系网络对运动员退役后转型体育教师起着较强的作用,拥有更多层社会关系的运动员可以通过发挥"强关系"的信息机制和人情机制效应,更加顺畅地转型,因此社会关系可以作为退役运动员转型体育教师的重要影响因素之一。退役运动员成为教师后在工作单位的人际关系会影响其在工作中的一系列问题,工作时的状态与心情、与领导同事之间的配合都会影响到其转型,所以我们选择人际关系这一因素作为变量。运动员退役后成为体育教师离不开家庭支持的影响,因此我们选择家庭支持这一因素。

(一)社会关系(社会关系与人际交往)

从双方关系来讲,社会关系包括个人之间的关系、个人与群体之间的关系,在量表设计时我们将其分为了"社会关系"与"人际交往"两个量表。对退役运动员群体来说,从运动队进入学校是一个由封闭式环境走向社会开放式环境的过程。社会资本是指个人在一种组织结构中所处的位置的价值。于群体而言,社会资本是指群体中使成员之间互相支持的那些行为和准则的积蓄。社会资本理论指出,社会关系帮助运动员获得更多信息与机会,运动员在转型过程中能够利用的资源越多,他的职业发展则会更好,因此我们选择社会关系这一变量作为重要变量之一。在社会关系中,本研究参考美国韦克斯勒开发的量表,通过被测者及其主要交往人员的社会关系的广泛程度等,设置十一个题目,采用李克特五点量表计分。在人际交往维度中,我们参考目前较为成熟的《人际关系综合诊断量表》《人际关系测试量表(MSRP)》。这两个量表具有一定的稳定性和概括性,能够测出个体的人际关系评分。在本研究中,通过结合退役运动员的实际情况,针对体育教师岗位的实际工作情况进行题项的设定,共设置十个题目,采用李克特五点量表计分。

(二)家庭支持

著名社会学家詹姆斯·科尔曼指出,家庭背景也可以被分为三个部分:资金资本、人力资本和社会资本,分别用来衡量家庭收入、父母的受教育程度、个体与家人之间的关系等。家庭支持包括家庭对运动员物质及精神方面的各种支持。家庭对一个人的事业发展的影响较大,是激励个人奋斗的重要动力之一,因此我们选择家庭支持作为退役运动员转型的一个重要变量。根据 Procidano 与 Heller 编制的家庭支持量表,结合退役运动员转型方面的具体情况,对题目的描述进行相应的调整,设置九个题项,采用李克特五点量表计分。

三、条件变量——心理资本维度

心理资本是超越人力和社会资本的关键心理要素,是个人成长和业绩提升的重要因素。退役运动员转型后的心理因素产生的影响无法忽视,所以我们在研究中选择心理资本这一维度。在心理资本维度中,我们选择自我效能感和个性特征两个二级指标作为条件变量。自我效能感是指个体对自己是否有能力完成某一行为所进行的推测与判断。班杜拉对自我效能感的定义是"人们对自身能否利用所拥有的技能去完成某项工作行为的自信程度"。当退役运动员转型成为教师后,其自我效能感会在很大程度上影响其在工作中的能力发挥,因此我们选择自我效能感作为条件变量之一。一个人的个性特征在日常生活中潜移默化地影响着事情的走向,他是否对工作充满信心、是否对工作充满期待、对待工作是否乐观、遇到困难时是否具备坚韧不拔的韧性等,这些个性特征均会影响其工作发展,所以我们选择个性特征作为影响退役运动员转型体育教师发展的重要因素之一。

(一)自我效能感

从心理学角度讲,教师自我效能感会影响他们在工作环境中做的每一件事,教师的行动是靠自身内在的自我效能感而产生驱动的,在很大程度上会影响退役运动员转型体育教师这一行为,因此选择自我效能感作为重要条件变量。一般自我效能量表(General self – efficacy,GSE)具有稳定性和概括性的特征,能够测出个体对自己在各种情况下成功完成各种任务能力的感知。本研究根据 McGe 等设计的量表,根据退役运动员的实际情况进行题目的设定,共设置十二个题目,采用李克特五点量表计分。

(二)个性特征

许多心理学家在对退役运动员转型方面进行研究时都表示:运动员的心理适应能力越强,退役后转型的适应能力就越强,面对出现的消极问题解决能力就较强。所以我们在心理资本维度中用个性特征对心理资本进行度量。借鉴心理学家柯林江开发的心理资本问卷,对于运动员的个性特征,采用信心、希望、乐观、韧性四个维度,对题目进行设计,共设置六个题目,采用李克特五点量表计分。

四、条件变量——人力资本维度

自 20 世纪 50 年代以来,著名社会学家舒尔茨提出并捍卫了人力资本理论,因此在西方资产阶级经济学界中被称为"人力资本概念之父"。他认为,对教育、健康、流动等方面的投资,提高人的能力和延长人的生命周期,这也是资本的形式。因此本研究选择人力资本这一维度。在人力资本维度中,我们选择运动员的文化教育情况、运动等级和伤病健康状况三个二级指标作为条件变量。学历低就无法成为一名好体育老师吗？学历是一个非常值得考量的因素。运动等级作为衡量运动员专业程度的重要指标之一，在退役运动员转型成为体育教师的过程中是否也发挥着较强的作用呢？我们选择运动等级这一因素作为条件变量。高强度的专业训练通常会给运动员留下不同程度的伤病，这些伤病是否在一定程度上影响了运动员的顺利转型？我们选择伤病健康状况作为条件变量。

（一）文化教育情况

文化教育情况直接影响了个体的工作情况、生活质量等方面。退役运动员在转型体育教师的过程中，也会受到文化教育情况的影响，因此本研究选择文化教育情况作为重要条件变量之一。在文化教育情况变量中，我们将运动员主要接受的教育培训类型纳入题目中，设置六个题目，采用李克特五点量表计分。

（二）运动成绩

运动员的体育成绩是其自身无形人力资本的重要组成部分。在役期间的体育成绩水平直接决定了运动员的工资和福利（包括退休后的一些福利），一些体育成绩非常好的运动员有很高的社会知名度和广泛的社会关系，能够获得较为顺畅的职业发展，而运动成绩一般的运动员可以享受的政策扶持可能在一定程度上较低，导致其转型不顺畅，因此我们选择运动成绩作为重要变量。综合参照国家体育总局、各省市体育局对于退役运动员的相关规定，结合运动员获得过的运动竞赛成绩或运动等级对题目进行设计，按照实际情况分别进行打分与测量，设置七个题目，采用李克特五点量表计分。

（三）健康状况

健康是人生快乐、幸福、成功的一切基础和前提，对于运动员来说，没有健康的身体，他们在转型过程中会遇到更多的阻碍，伤病的困扰一直是影响运动员退役后转型的重要因素，因此我们选择健康状况作为条件变量之一。通过对文献的总结与数据梳理，我们罗列出运动员发病率最高的几大情况设置相关题目，为目前转型体育教师的身体健康状况进行测量评分，设置十个题目，采用李克特五点量表计分。

第三节　退役运动员转型体育教师影响因素实证分析

一、样本特征描述分析

通过对问卷的第一部分即基本信息进行分类与汇总,得出本次调查案例样本的基本特征。

表4-2　调查案例样本的基本情况构成表(N=144)

类别	选项	人数	比例
性别	男	88	61.1%
	女	56	38.9%
年龄	20-30	118	81.9%
	31—40	20	13.9%
	41—50	4	2.8%
	51—60	2	1.4%
项目分布	田径	39	27.1%
	球类	58	40.3%
	击剑	14	9.7%
	武术	7	4.9%
	体操类	9	6.3%
	游泳	11	7.6%
	冰上项目	5	3.4%
	赛艇	1	0.7%
受教育程度	初中及以下	0	0%
	中专或高中	6	4.2%
	大专或本科	97	67.4%
	硕士研究生	38	26.4%
	博士研究生	3	2.0%
教龄	3年以下	97	67.4%
	3—5年	29	20.1%
	6—10年	14	9.7%
	11—15年	4	2.8%

从表 4 - 2 中可以看出,本次调查的案例样本中,男体育教师占 61.1%,女体育教师占 38.9%;近两年女性退役运动员与女性体育教师占比日渐增加。在调查研究的过程中,我们发现,在小学女体育教师的受欢迎程度更高,这些女运动员们表示,退役后成为一名中小学体育教师工作幸福感很高。

在本次的调查对象中,年龄在 20—30 岁之间的占比最多,占总样本量的 81.9%,31—40 岁占 13.9%,41—50 占 2.8%,51—60 占 1.4%。本次随机选择的案例中,刚刚转型的年轻教师占比最多,年龄都集中在 20—30 岁,我们同样也随机选择了一些教龄比较长,或退役后经历更加丰富的老教师进行调查。

本次调查样本中,大专或本科学历占比最多,占样本总量的 67.4%,硕士研究生学历其次,占 26.4%,中专或高中学历占 4.2%,博士研究生占 2.0%。通过随机抽取的 144 名样本来看,近两年,我国退役运动员的受教育水平有显著的提高,大多数运动员都具有本科或大专学历,甚至有小部分运动员选择继续攻读硕士与博士学历,这表明我国的运动员培养体系在日益改善,运动员的培养不再是一味的竞技训练,而是更多的文化与运动相结合,更加科学规范地进行系统学习与训练,与此同时,一些年龄较大的老退役运动员们可能还存在低学历、高运动水平的情况。

本次调查案例样本中,教龄在 3 年以下的占比最多,占样本总量的 67.4%,3—5 年的占 20.1%,5—10 年的占 9.7%,10—15 年的占 2.8%,案例中大多是刚刚转型成为体育教师的退役运动员,为了增加案例的多样性,我们在调查时通过滚雪球的方式随机选择了一些曾经的老运动员们任职教师的,通过多样化、不同周期的样本来解释影响退役运动员转型体育教师的各种因素。

本次调查案例样本涵盖了十余种运动项目,大球类项目如足球、篮球、排球,小球类项目如乒乓球、羽毛球、网球,田径类项目如短跑、中长跑、投掷,还有击剑、游泳、健美操、体操、武术、柔道、速度滑冰、赛艇、滑雪等多种运动项目,这足以说明,越来越多的体育项目不止在竞技场上发光发热,通过我国政策的不断完善,这些运动项目面向大众,实现了竞技体育大众化。不同项目的专业运动员们进入中小学任职体育教师,为天津市各个学校带来了更多的运动特色项目、传统体育项目等。

二、分析步骤 1:数据校准

模糊集分析所需的数据是要建立在一个 0 到 1 的集合之间,所以我们需要对通过问卷量表所收集的案例数据进行阈值校准。和用 fsQCA 软件,将我们在收集案例数据时的定性问题转化为定量的数值,给数据赋予集合隶属度分数。本研究根据杜运周 10 的研究做法,结合李克特五点量表的赋值方式。按照"5,3,1"为三个锚点,来为所收集到的数据进行分层,"5"代表完全隶属,"1"代表完全不隶属,"3"代表交叉点。

```
compute: ZYRT1 ▬ cdlibrate ( ZYRT , 5 , 3 , 1 )
compute: SHGX1 ▬ cdlibrate ( SHGX , 5 , 3 , 1 )

compute: JTZZ1 ▬ cdlibrate ( JTZZ , 5 , 3 , 1 )
compute: ZWXN1 ▬ cdlibrate ( ZWXN , 5 , 3 , 1 )
compute: CXTZ1 ▬ cdlibrate ( CXTZ , 5 , 3 , 1 )
compute: SJYQK1 ▬ cdlibrate ( SJYQK , 5 , 3 , 1 )
compute: YDCJ1 ▬ cdlibrate ( YDCJ , 5 , 3 , 1 )
compute: JKZK1 ▬ cdlibrate ( JKZK , 5 , 3 , 1 )
```

图 4 - 1 fsQCA 校准过程

校准后会将数据由原始的分数值转变为适用于 fsQCA 的 0—1 之间的集合数据,以便进行下一步的必要性分析。

三、分析步骤 2:单因素必要性检验

单因素必要性检验指的是对每一个条件变量都进行必要条件分析(Necessary conditions)。必要条件的概念指的是如果结果出现,那这个条件必然存在,所以通过这一步来确定各条件变量是否与结果变量有着必然关系。通过 fsQCA 软件分析,会得出每一个条件变量所对应的一致性(Consistency)和覆盖率(Coverage)。

一致性数据是用来判断单个条件变量是否与结果变量存在必然关系的重要依据,若一致性所显示的数据大于 0.9,则表明这个条件变量是与结果变量存在必然联系的,就是当这个因素出现时结果必然会发生。

覆盖率主要是用来衡量某个条件变量对结果变量的解释力度,覆盖率越大,说明在本次收集的案例中这个条件变量所推动结果变量的产生效果越显著。例如,当某一条件变量的覆盖率为 0.763453,则表明包含这个条件变量的组合覆盖了整体样本案例数量的 76%。

我们对本研究校对后的各条件变量进行必要性检验,数据见下表所列。研究发现,

所有的条件变量没有一致性高于 0.9 的,这表明条件变量中不存在与退役运动员转型体育教师后的职业认同构成必要关系的条件。某一个单独的条件变量的出现无法导致结果的出现,说明退役运动员想要顺畅转型体育教师需要多种要素组合并共同作用,才能够达到较为理想的结果。下一步就对多要素的条件组态进行操作与分析。

表 4 - 3 单因素必要性检验

条件变量		一致性(Consistency)	覆盖率(Coverage)
社会资本	SHGX	0.831531	0.691434
	~SHGX	0.377917	0.748591
	JTZC	0.888936	0.670726
	~JTZC	0.264087	0.749596
心理资本	ZWXN	0.801366	0.690196
	~ZWXN	0.395561	0.723958
	GXTZ	0.844052	0.683725
	~GXTZ	0.361412	0.764140
人力资本	WHJYQK	0.832669	0.708475
	~SJYQK	0.380763	0.715508
	YDCJ	0.741036	0.729003
	~YDCJ	0.467843	0.677101
	JKZK	0.863404	0.669757
	~JKZK	0.344906	0.824490

由于 fsQCA 软件只能识别英文字符,所以在数据处理时将条件变量进行了重新编码命名,选择条件变量拼音首字母,即 SHGX(社会关系)、JTZC(家庭支持)、ZWXN(自我效能)、GXTZ(个性特征)、WHJYQK(文化教育情况)、YDCJ(运动成绩)、JKZK(健康状况)、"~"代表"非",即该条件变量处于边缘化时它对结果变量的影响。

四、分析步骤3:真值表的构建

真值表的概念起源于形式逻辑,像传统的数据矩阵一样,真值表的每列都表示不同的集合。在真值表中,一共会有 2k 行(k 是选定的条件变量个数),这是条件变量的所有组合。但是在真实的实际观察中,并不是所有组态路径都为案例所满足,存在很多没有相应案例所对应的组态,这个就是我们所说的逻辑余项。1 与 0 各自表示组合中条件变量的有和无。进行标准分析之前,需要先进行筛选,筛除不满足要求的组合。我们根据曾经权威学者的做法,将一致性阈值设置为 0.8,一致性大于或者等于阈值的组态就被认为是结果集合的所属子集,我们将这个结果赋值为"1"。一致性小于阈值的组态即设置为 0。经筛选得出的真值表结果见下表所列。影响退役运动员转型体育教师的条件组态具有多样性,且各条件变量和结果之间存在着很复杂的因果关系。

表 4 – 4　真值表

社会关系 （SHGX）	家庭支持 （JTZC）	自我效能 （ZWXN）	个性特征 （GXTZ）	教育情况 （WHJYQK）	运动成绩 （YDCJ）	健康状况 （JKZK）	案例频数 （Number）	职业认同 （ZYRT）
1	1	0	1	0	1	0	4	1
1	1	1	1	1	1	0	18	1
1	1	1	0	1	1	0	9	1
0	1	1	1	1	1	0	4	1
1	1	1	0	0	0	1	22	1
1	1	1	1	0	1	1	3	1
1	1	1	1	1	1	1	27	1
1	1	1	1	0	0	1	5	0
1	1	1	1	1	0	0	2	0
1	1	1	1	1	0	1	16	0
0	0	0	0	0	0	0	2	0
1	1	1	1	1	0	1	9	0

五、分析步骤 4:模糊集定性比较分析的解

在分析 fsQCA 数据时,该软件会生成三种类型的解,其中一种是复杂解,基于原始数据,没有反事实分析,通常包含更多的组态和牵引条件。第二种是简约解,基于简单和复杂的反事实分析,包含最少的组态和条件。第三种是中间,只考虑简单的反事实分析,并包含与理论方向和经验证据的预期一致的逻辑余项。在 QCA 研究中,合理的中间解往往是报告和解释的首选。由于中间解并不简化必要条件,QCA 研究方法通常使用中间解,并将其与简单解相结合,以区分核心条件和边缘条件,并结合一致性和覆盖度两个指

标对结果进行解读,一致性表示满足条件组合的样本案例数量占最终结果的比例,覆盖度表示解包含的条件组合情况对结果案例的解释力度。标准化结果中还包含原始覆盖路和唯一覆盖率,前者表示一个条件组合能够在多大程度上覆盖结果案例,后者表示结果案例能够在多大程度上被某条件组合唯一覆盖。

通过 fsQCA 软件的实证过程,分析出产生高教师职业认同程度转型体育教师影响因素的中间解,代表这些影响因素组合所组成的组态路径可以产生较高的职业认同程度,退役运动员完成了较好的转型。

表4-5　高职业认同度转型体育教师影响因素的中间解

标准分析	条件组合	原始覆盖率 (Raw Coverage)	唯一覆盖率 (Unique Coverage)	组合一致性 (Consistency)
简约解	SHGX * ZWXN * YDCJ	0.54563	0.03424	0.74625
	JTZC * ZWXN * ~ WHJYQK * YDCJ	0.34563	0.08746	0.88467
	总体覆盖度(Solution Coverage):0.56273			
	总体一致性(Solution Consistency):0.87364			
中间解	JTZC * ZWXN * GXTZ * ~ YDCJ * WHJYQK	0.644727	0.013088	0.856786
	SHGX * JTZC * ZWXN * ~ YDCJ * JKZK	0.656866	0.132767	0.8434
	~ SHGX * ~ JTZC * ~ZWXN * GXTZ * ~ WHJYQK * YDCJ	0.287936	0.003034	0.87949
	~ SHGX * ZWXN * ~ WHJYQK * YDCJ * ~ JKZK	0.567526	0.263657	0.86527
	SHGX * JTZC * GXTZ * WHJYQK * YDCJ	0.155728	0.037936	0.850856
	总体覆盖度(Solution Coverage):0.53426			
	总体一致性(Solution Consistency):0.98643			

在本研究中,结合简约解,分析出核心条件组态。如果该条件变量重复出现在简约解和复杂解之间,就将它认定为组态中的核心条件。如上表所示,通过 fsQCA 的运算,在高职业认同设定为结果变量时,产生了两种退役运动员转型体育教师影响因素的简约解、五种退役运动员转型体育教师影响因素的中间解。从上表可以看出,所有条件组合的总体一致性(Consistency)都高于"0.8",这说明分析结果对于所选择的不同案例的解释程度较高。此外,中间解所得的条件组合总覆盖率超过"0.9",总一致性为"0.8",说明这七个条件变量组合及所选的退役运动员转型体育教师样本案例具有比较高的解释力度。

六、分析步骤5:稳健性检验

检查分析结果的可靠性是 QCA 研究的重要步骤,检查 QCA 的可靠性有几种方法,常见的方法是对相关参数进行合理调整,如校准基数、最小案例数和改变一致性阈值,然后重新分析调整后的数据,比较组态的变化,评估结果的可靠性。如果参数的调整没有导致组态的数量、组成部分、连续性和覆盖率的明显变化,就可以认为分析的结果是可靠的。

本研究采用变动一致性阈值方法来进行结果的稳健性检验。首先,将一致性阈值从原来的 0.80 改为 0.75,再进行退役运动员转型体育教师影响因素路径分析,得到相应的中间解。分析表中的结果可知,改变一致性阈值后,组态路径的总体一致性的总体覆盖度和改变前保持一致,均为 0.5947 和 0.9861,各组态路径也保持和原来一致。根据此分析可知,原有对退役运动员转型体育教师路径的分析是具有稳健性的。

表 4-6 改变一致性阈值后高职业认同度转型体育教师的影响因素的中间解

条件组合	原始覆盖率 (Raw Coverage)	唯一覆盖率 (Unique Coverage)	组合一致性 (Consistency)
JTZC * ZWXN * GXTZ * ~ YDCJ * WHJYQK	0.644727	0.013088	0.856786
SHGX * JTZC * ZWXN * ~ YDCJ * JKZK	0.656866	0.132767	0.8434
~ SHGX * ~ JTZC * ~ ZWXN * GXTZ * ~ WHJYQK * YDCJ	0.287936	0.003034	0.87949
~ SHGX * ZWXN * ~ WHJYQK * YDCJ * ~ JKZK	0.567526	0.263657	0.86527
SHGX * JTZC * GXTZ * WHJYQK * YDCJ	0.155728	0.037936	0.850856
总体覆盖度(Solution Coverage):0.5947			
总体一致性(Solution Consistency):0.9861			

改变一致性阈值检验方法的结果均通过稳健性检验,证实了本研究中的退役运动员转型体育教师的影响因素组态分析结果具有很好的稳定性,能够继续下一步分析。

条件组态分析是模糊集定性比较分析法的核心,用来分析不同的条件变量之间组合形成的组态路径对结果变量的影响。出现在简约解中的条件被称为组态的核心条件,表明与所关注的结果之间存在很强的因果关系。出现在中间解但没有出现在简约解的其余条件称为边缘条件,与结果之间因果关系较弱。

依据 Ragin 与 Fiss 等对 QCA 分析结果的呈现方法,绘制退役运动员转型体育教师发展的条件组态。用"●"和"?"表示条件存在,其中大"●"表示核心条件存在,小"?"表示边缘条件存在;用大"?"和小"?"表示条件不存在,其中大"?"表示核心条件缺失,小"?"表示边缘条件缺失,"~"表示条件变量的否定边缘态;用方格来表示条件变量的存在与否对结果不产生影响,既可以存在也可以不存在。

第四节　不同职业认同转型体育教师的影响因素组态分析

一、高职业认同转型体育教师的影响因素组态分析

表4-7　高职业认同转型体育教师的影响因素组态

一级指标	二级指标	人才驱动型		传统优势型	技能卓越型	
		组态 1	组态 2	组态 3	组态 4	组态 5
社会资本	SHGX		●	●	□	□
	JTZC	•	•	•	□	
心理资本	ZWXN	●	●	●		●
	GXTZ	•	•		•	
人力资本	WHJYQK	●			□	□
	YDCJ	□	□●	●	●	
	JKZK		•			□
原始覆盖率		0.644727	0.656866	0.155728	0.287936	0.567526
唯一覆盖率		0.013088	0.132767	0.037936	0.003034	0.263657
组合一致性		0.856786	0.8434	0.850856	0.87949	0.850856
总体覆盖度		0.53426				
总体一致性		0.98643				

综合看来,总体覆盖度与总体一致性均高于最低阈值,这说明这些条件组态分析是具有有效性的。本研究根据核心条件的不同,将五种组态路径分为了三大类,分别为人才驱动型、传统优势型、技能卓越型,下文将对这三种转型模式进行详细分析。

（一）人才驱动型退役运动员转型影响因素

在这种转型模式中，以社会资本维度的社会关系、心理资本维度的自我效能和人力资本维度的文化教育情况为主导的核心要素，这一类样本中普遍缺少 YDCJ（运动成绩）这一核心要素，但仍然产生了较为理想的结果变量。这表明这一类退役运动员相对没有足够高的运动技能水平，但由于具备较好的社会资源，或者受到更高程度的教育后，仍然可以顺畅地完成体育教师身份的转型，在本研究中，我们将满足这一类特征的样本案例条件组态命名为"人才驱动型"

组态路径 1：家庭支持 * 自我效能 * 个性特征 * 文化教育情况 * ～运动成绩

这条组态所表达的含义为：教育文化型人才。在运动员文化教育情况良好时，无论退役运动员是否具备十分出色的运动成绩，只要家庭足够支持（边缘条件）、教师自我效能感高（核心条件）、文化教育情况较高（核心条件），在这些因素的组合影响下，会进一步推动退役运动员转型体育教师转型的良好发展。在这一组态路径中，核心条件是自我效能与文化教育情况，这意味着退役运动员的自我效能感和文化教育情况是影响退役运动员能否顺畅转型体育教师的重要因素，运动成绩是需要大量的时间、天赋、科学训练手段造就的，当缺乏运动成绩的光环笼罩时，则更加需要退役运动员自身拥有较好的教育水平与信心从而促进其向体育教师身份的转型。目前我国有许多运动员由于受多种原因的局限，无法进一步提高运动成绩或拿到大奖赛名次、继续从事竞技体育工作，所以选择退役，他们的社会资源相比运动成绩出色的运动员更加有限，但他们通过自身的努力，依赖于较高的学历水平完成了退役运动员到体育教师的顺畅转型。

组态路径 2：社会关系 * 家庭支持 * 自我效能 * ～运动成绩 * 健康状况

这条组态所表达的含义为：强资源型人才。在运动员具有十分强的社会关系网及家庭支持度极高的情况下，即使不具备良好的运动成绩也可以顺畅转型成为体育教师。主观经验总是认为退役运动员只要拥有超高的运动技能水平，在各种国家大赛上获得奖项，到了学校一定可以成为一名十分优秀的体育教师，但经过调查与研究，路径方案显示并不是所有具备高运动等级的运动员都能够完成良好的转型。其中社会关系变量涵盖了运动员的人际交往、一些亲密关系的人际强网络，这些都对退役运动员初入学校任职体育教师时形成了较为隐性的影响。

通过综合分析组态路径 1 和组态路径 2 可知，与大众的主观想法相悖的是，无论运动员运动成绩的好坏，想要实现退役运动员到体育教师的顺畅转型，只要具备较高的受教育经历或较强的社会关系,也可以进一步有效地促进其转型。

(二)传统优势型退役运动员转型影响因素

本条组态路径的转型模式强调的是兼顾社会资本、心理资本和人力资本三个维度全方位发展,但也具有一定的侧重点。这条转型路径的运动员在心理资本发展较好的情况下同时兼顾其他层面的因素,共同发挥辅助作用,而且适用于本次研究中的大部分研究案例,因此命名为"传统优势型"。

组态路径3:社会关系*家庭支持*自我效能*个性特征*运动成绩

这条组态所表达的含义为:当运动员整体素质较为平衡时,没有明显短板,也没有过强优势,只要教师的自我效能感比较高,就可以有效地促进结果变量的发生。这条组态的核心为心理资本维度中的自我效能感,指个体对自己是否有能力完成某一行为所进行的推测与判断。这条组态路径解释出,我们可以在退役运动员的退役培训或转型阶段注重其心理教育,使其形成较好的心理能力,这样可以十分有效地促进其转型到任何职业。这条组态中七个条件变量有五个出现在了组态中,只有健康状况和文化教育情况可出现也可不出现,整体比较均衡,具有较强的普适性,因此我们将这条转型路径命名为"传统优势型"。

(三)技能卓越型退役运动员转型影响因素

这一组类型的组态路径主要以人力资本维度中的运动成绩为主导因素,符合该路径转型的退役运动员没有足够重视社会资本与心理资本,但利用十分出色的运动成绩形成了竞技水平极高的关键发展要素,进一步促进了其转型,因此,在研究中我们将满足这种特性的条件组态命名为"技能卓越型"

组态路径4:社会关系*~家庭支持*个性特征*~文化教育情况*运动成绩

这条组态所表达的含义为:高技能型人才。当运动员的运动成绩(核心条件)良好时,即使他的社会关系(核心条件)不足、家庭支持(边缘条件)不够、文化教育情况(核心条件)也不理想,仍然能够顺利完成从退役运动员到体育教师的良好转型,在本次的样本案例中结果变量的得分较高,表明这一类人的职业认同度极高,形成了较好的转型。个性特征这类条件变量仅仅是可以辅助退役运动员转型更加流畅的基本条件,而不是触发转型的必要条件。

组态路径 5:社会关系 * 自我效能 * ～文化教育情况 * 运动成绩 * ～健康状况

这条组态所表达的含义为:当退役运动员的自我效能感(核心条件)较高、运动成绩(核心条件)良好时,即使社会关系、文化教育情况与健康状况不良好,也可以实现到体育教师的顺畅转型,这一类退役运动员很多是由于常年较为封闭的运动训练导致运动损伤过多,既没有完成基本的教育,也没有良好的社会关系,但这一类退役运动员通常具有较强的心理素质,在役期间收获了较高的运动成绩,这为他退役后的转型可以提供更多的心理自信,使得他的自我效能感较高,进而能够实现由运动员到体育教师的顺利转型。

二、低职业认同转型体育教师的影响因素组态分析

本研究也检验了产生低职业认同转型体育教师的影响因素组态,将结果变量设定为"～ZYRT"进行 fsQCA 的运算,即职业认同程度较低,被判定为其转型不成功。我们将产生低职业认同的影响因素组态总结为两种类型,分别为"综合要素缺失型"和"边缘要素补偿型"。在"综合要素缺失型"中,这一类型的样本案例具备多个不利于退役运动员转型的影响因素而导致转型不顺畅。在退役运动员社会关系较差、自我效能感较低、运动成绩一般时,即便受教育情况良好,职业认同程度也不高,由于自身的综合要素缺失较多,导致唯一长板无法弥补转型中存在的诸多问题。在"边缘要素补偿型"中,表示一些边缘条件能在一定程度上满足退役运动员的转型需求,但其他方面略显不足所以导致转型不顺畅。当运动员的心理资本(自我效能感和个性特征)较差、人力资本(运动成绩、受教育情况)较差时,即使拥有高社会资本(社会关系和人际交往),也无法导致高职业认同程度的产生。

本章小结

本研究通过梳理现有的相关文献,基于过渡理论与变迁模型、角色转换理论等基础,从社会资本、心理资本和人力资本三个维度来选择影响退役运动员转型体育教师的影响因素变量,来构建用于后续研究的理论实证分析模型,通过模糊集定性比较分析的方法研究了影响因素的多种类型组合对退役运动员转型体育教师的协同联动作用,探讨三大类影响因素是如何在其转型过程中互相依赖而构成进一步促进退役运动员转型体育教师的发展路径。通过对生成三种不同类型的影响因素组态路径进行分析,探究影响退役

运动员转型体育教师发展的核心条件和重要组态,最终提出对退役运动员转型体育教师的相关对策与建议。

通过 fsQCA 对退役运动员转型体育教师发展的影响因素进行实证分析,我们发现在退役运动员转型的过程中,本研究选择的社会资本、心理资本和人力资本三个维度中的各个变量都无法单独成为能够直接影响退役运动员顺畅转型的必要条件,各影响因素之间是通过协同联动的方式来构成不同的条件组态路径去影响退役运动员的转型过程,通过上文的组态路径分析,根据五条组态路径结果的特点,我们总结出了三类条件组态路径能够有效地驱动退役运动员到体育教师的顺畅转型,分别是"人才驱动型""传统优势型"和"技能卓越型"。要想进一步促进退役运动员到体育教师的顺畅转型,就要全方位做好对运动员的培养与保障工作,在退役前、退役中和退役后全方位加强运动员的社会资本、心理资本与人力资本。通过分析案例特点,我们发现"人才驱动型"退役运动员对社会资本和心理资本的依赖性较强;"传统优势型"退役运动员更加注重社会、心理、人力资本的均衡配置,以协同联动的转型路径来驱动其转型;而"技能卓越型"退役运动员对人力资本的依赖较强。

人才驱动型运动员要注重社会资本与心理资本相辅相成,从而促进顺畅转型。

"人才驱动型"中的组态路径 1 和组态路径 2 主要强调社会资本与人力资本发挥的主要作用,这一类转型成功的运动员普遍拥有较强的社会人际关系网络或是较高的学历水平,文化教育情况良好,加上心理资本的辅助作用导致结果变量的顺利产生路径。

传统优势型运动员要强化心理资本弥补短板,从而促进顺畅转型。

"传统优势型"中的组态路径 3 强调的是对运动员心理资本的培养,当运动员整体素质较为平衡时,没有明显短板,只要教师的自我效能感比较高,就可以有效地促进结果变量的发生。这条组态的核心为心理资本维度中的自我效能感,指个体对自己是否有能力完成某一行为所进行的推测与判断。这条组态路径指出,可以在退役运动员的退役培训或转型阶段注重其心理教育,形成较好的心理能力,可以十分有效地促进其转型到任何职业。

技能卓越型运动员要注重提升心理资本与社会资本,从而促进顺畅转型。

"技能卓越型"中的组态路径 4 和组态路径 5 强调人力资本维度,当运动员具有十分出色的运动成绩时,心理资本或社会资本中的各种因素稍加辅助,就可以完成较好的转型,这一类运动员大部分由于强度较大的训练导致一些社会关系、教育情况的缺失,从而导致他们虽然优点突出但短板较多,通过实证的分析,这一类转型顺畅的运动员稍加补足短板就可以完成较好的转型。

社会资本是推动退役运动员转型体育教师的重要条件。

社会资本中运动员的社会关系、家庭支持、社会部门的重视程度、相关政策的支持和体育教师的社会地位都在转型体育教师的过程中有着相对直接的影响。

家庭因素是影响个体职业理念形成和未来成长的重要外界环境因素,此层面对转型体育教师的支持、理解与鼓励在有形和无形的行为中对其职业能力提升所产生的影响是不容忽视的。正是在家庭这一强大后盾的支持下,体育教师能够有足够的精力投身于教学实践和训练工作中,更高效地完成学校体育的相关任务要求,以期实现自己的职业价值。

社会关系与人际交往在退役运动员转型体育教师的整个进程中是一个持续性的影响因素,在很长一段时间里,退役运动员群体对于社会各部门来说一直是一个错综复杂、无法解决的问题,各部门重视程度不算太高,对于运动员退役后的持续追踪反馈机制也相对匮乏,并且无法达到较全面的覆盖性,这很容易导致运动员荒废黄金退役期,致使其错过较好的学习与提高自身的时间,使得他们安于现状,自我发展内在动力不足。

当转型体育教师初入学校时,退役运动员与学校领导、同事之间的关系也在一定程度上影响着他转型后的发展,学校领导的重视程度、与同事之间的相处模式、身份转变而带来的责任转变等都在潜移默化地影响着这一群体。如果转型体育教师在工作单位内感受到了重视,就会表现出极高的主观能动性,但如果外界对其关注度较低,他们就会出现工作不积极、责任感混乱的情况,产生职业倦怠现象的可能性会大幅度提升。

心理资本是退役运动员转型体育教师的长期内驱力。

退役运动员在身份发生转变时常常伴随着复杂的心理活动,如果可以更加及时地加强对退役运动员在转型时的心理教育,就能够更加有效地促进其转型。运动员通常都具有高于常人的心理素质,性格特征方面与普通人相比具备更强的受挫能力、坚韧不拔的精神,这种心理状态不是一天两天形成的,而是常年的艰苦训练、参加大赛的经验、专门的心理训练带给他们的宝贵财富,可当运动员面临退役时,这种融入社会后的心理能力又与训练时的心理能力大相径庭,很多运动员转型成为体育教师后自我效能感极低,不相信自己可以承担好教师这一角色所带来的社会责任,导致无法完成顺利的转型。如果能够更好地为退役运动员做好角色转型之中的衔接,在他们由运动员身份转变为体育教师身份时进行更多的心理干预,则可以为转型提供十分关键的驱动作用。

人力资本是转型体育教师持续发展的基本要素。

教师资格证书的有无、自身知识架构、掌握的运动技能、运动成绩好坏等因素都在不同程度上影响着转型体育教师的发展。体育教师资格证的获取对于转型体育教师自身方面的自信心起到一定的基础性作用。极大一部分的运动员转型体育教师后自身所具备的运动技能是非转型体育教师永远无法达到的，但仅仅拥有一项运动成绩的长板无法弥补较多短板带来的缺陷，从而导致转型的过程不畅通。体育教师这一岗位职责具有一定的复杂性，对教学内容、教学方法、教学合理安排的学习与领悟是一个十分复杂的过程，体育教师需要具备一专多能的本领，才能达到我国新时代学校体育想要完成的目标，成为一名合格的体育教师。想要进一步提高自身的人力资本，退役运动员本身要做到有目标、有追求，使其形成较高的内在驱动力从而提高自身素质。

优化运动员人力资本结构，提高退役运动员专业素养。

人力资本是退役运动员实现顺畅转型的最基本要素。目前大多数培训活动不够深入，学习内容的深度和广度都不够，组织形式比较单一，转型体育教师无法学习到真正的实操性知识。当运动员转型后，学校成了退役运动员们的第二个竞技场，学校的器材资源、学习培训都是退役运动员们的转型教育资源，但当教育资源失衡、人才培养机制不够完善时，很容易导致转型体育教师们的能力发挥不充足，内在驱动力随之降低。

退役运动员转型体育教师这类群体相对一些师范类体育教师还欠缺很大一部分知识储备，学校如果能够做好相关的实践培训工作，可以将退役运动员转型体育教师的能力发挥到极致，建议在培训内容中多选择实操与理论相结合的方式，设立"名师工作室"，带领退役运动员领悟新理念，深耕新课堂，体育组可以定期开展课程研修活动，在准备阶段进行课程教案的圆桌研讨会议，在教室开展相关的理论知识学习、专家讲座等活动。当对教案的学习完成后再进行内部的磨课活动，通过真正的课堂来发现教案中存在的问题，进一步完善课上环节。最后邀请各界专业教师、教练员参与真实上课的课程教学研究，在理论与实践结合的学习中，进一步提高退役运动员转型体育教师各方面的专业素养。

提高社会资源利用与发展，促进运动员社会资本积累。

随着我国社会主义市场经济体制的不断发展，特别是人事制度、劳动用工制度和社会保障制度改革的不断深入，在计划经济体制下形成的招工方式在实践中遇到了许多新情况、新问题。据统计，全国有十四万名在职运动员，正常年份的转业人数在三千人左右，而四年内面临转业的运动员人数上升到五千人。由于转型渠道不畅，许多退役运动员长期滞留在省队,吸收了运动队大量的人力、物力、财力,造成资源分配不均,影响了运动队中其他优秀运动员的正常发展。运动员退役已经成为制约运动队发展的一个重要问题,直接关系到中国竞技体育的发展。我们可以在运动员培养过程中进一步培育和构建运动员丰富的社会关系网,依托社会各界资源给运动员营造信息充分流通的环境,帮助他们不断优化转型通道,充分发挥社会资本对退役运动员转型体育教师的促进作用。

加强运动员心理资本建设,发挥良好主观能动性。

心理资本能够为退役运动员转型体育教师提供长期内驱力,退役运动员转型进校园当体育教师,职业跨度较大,有些不适应是很正常,最主要是缺少在学校任教前的一些心理培训以及职业培训经历。进一步加强在退役运动员进入校园前的培训与指导,为运动员做好长期的动态性心理跟踪及干预,在役期间为其树立良好的职业信心,为他们退役后的角色转变奠定良好的心理基础。在性格特征养成方面要鼓励运动员积极面对困难,提高性格韧性,以更加积极乐观的心态迎接退役后的转型,以便成为体育教师角色时更好地发挥其主观能动性,迅速完成职业认同。

完善天津市新型退役运动员保障机制,满足高质量发展需求。

由上文的研究可知,社会资本是退役运动员转型体育教师的基本要素,心理资本是推动退役运动员转型的关键因素。结合天津市的实际情况来看,虽然当前颁布了较多的关于退役运动员转型的政策文件,但真正实现政策落地还需要一定的时间,如果能够进一步完善运动员的保障机制,将运动员的发展规划明确到准备退役、退役转型中和退役转型后,科学系统地对在退役运动员的转型进程中实现针对性的培训与指导,在转型后实现追踪式引导与教育,为运动员提供切实的社会保障、心理保障、资金保障,能够有效地避免其在转型敏感期出现的一系列问题。如果学校确定要引进退役运动员人才进校园,那便要在人才引进前做好一系列相关准备,明确转型体育教师的职业定位,加强与训练队的联络,充分了解运动员的身体心理状况,加大对退役运动员的身心关注,及时解决其出现的心理问题,帮助其畅通转型通道。

退役运动员的转型表现与社会经济也有着紧密的联系,经济越发达,学校体育发展得越好,学校便会越重视退役运动员人才的引进。政府可以进一步加强对各区特色学校的建设,在引入退役运动员人才后,可以注重发展某项体育特色项目,实现退役运动员转型体育教师能力的充分利用,建设特色体育项目,开设专项资金扶持通道,进一步发展我国的竞技体育事业。

除此之外,体育教师的社会地位亟待提高,虽然在一定程度上有所提升,但体育教师与其他科目任课教师的社会地位相比还存在着差距。体育教师当班主任越来越普遍,这是对体育教师肯定的重要前提,但同时仍然有部分家长对体育学科不认可,唯分数论的现象较常见,转型体育教师的退役运动员从业幸福感受到影响。希望各级部门可以在合理的情况下,进一步优化基层教师薪资水平,对一些课后的专业训练、校队比赛设置明确的惩奖机制,通过奖励积累逐步提升转型体育教师的社会地位。

利用自身条件天赋,探索适配性转型路径。

从上文的研究中可以得知,社会资本、心理资本和人力资本中的各个条件变量之间存在着一定的等效代替效应,就是说不同影响因素组合在一起组成不同的组态路径都可以导致相同的结果变量发生,也就是较好地完成退役运动员到体育教师的顺畅转型。因此,退役运动员人群要充分利用好自身的优点长处,充分适配社会、心理、人力等多重条件,以"条条大路通罗马""殊途同归"的方式促进自身的转型。具有不同核心条件类型的退役运动员在转型的渠道上存在一定的差异,转型成功的实现路径自然也就不一样。建议退役运动员根据自身的资源特点及岗位发展情况,对社会、心理、人力三方面的不同发展要素进行多样化的适配和组合,建立和不断完善更加适配自身情况的个性化转型路径,创新转型模式,助力退役运动员转型体育教师的顺畅发展。

统筹协调全方位联动,发挥多方协同效应。

上文的研究中总结到,"传统优势型"转型路径是能够解释案例最多的一类,虽然单一的条件变量并不能直接构成退役运动员转型体育教师的必要条件,无法直接地产生有效的推动效果,但在很多情况下,某一个条件的缺陷可能成为阻碍转型的关键要素。因此,退役运动员要主动分析和了解自身的发展缺陷,采取针对性措施及时补足自己的短板,兼顾各个方面条件和资源的利用,发挥多方协同效应,避免因为某一个方面的不足而导致木桶效应从而抑制顺畅转型的发生。在多种措施齐头并进下,进一步助力退役运动员顺利转型体育教师,促进我国体育教育事业的稳固发展,能在很大程度上缓解我国体育师资紧缺的现状,对我国体育强国建设及健康中国发展战略的贯彻落实具有重要的现实意义。

加强政策落地实施,为退役运动员转型提供坚实后盾。

适当的调整政策弹性可以进一步促进政策的切实应用。退役运动员转型最大痛点的是"资质",在以前,运动员由于学龄时期把大部分时间花在运动技能的锻炼上,大多没有本科以上学历,由于学历受限,学校无法引进,流失了体育人才。根据2021年底教育部颁布的关于《中华人民共和国教师法(修订草案)(征求意见稿)》相关内容,担任中小学教师需具备本科及以上学历,担任高校院校教师需具备研究生及以上学历。而我国教师资格证考试也要求参考人员最低学历应为大专学历。对于"技能高、学历低"的退役运动员,退役后到处碰壁,这对他们是身体与心理上的双重打击,导致运动员丧失自信。目前在大力倡导"双减"的新形势下,支持高水平运动员到学校当体育教师,对增强青少年在学生的体育兴趣和促进学校的体育运动大有好处,教育部也出台了相关鼓励政策,持有运动技术等级证书可以适当放宽学历要求,这势必将极大推动退役运动员进校园的进程,也为"体教融合"工作全面推进带来新的利好。

第五章　退役运动员社会融入情况的案例分析

访谈法是社会研究中非常重要的调查方法之一。访谈是访问者与被访问者双方直接面对面交流互动的过程,而访谈资料正是这种社会互动的产物。本研究以半结构化式的深度访谈作为数据收集的重要方式,其优势在于访谈能够更加深入地了解被访问者的真实想法,有效地收集系统数据,相比定量研究更能挖掘研究对象的本质,破解实证研究解决不了的难题,进而夯实研究基础。而且对于退役运动员社会融入问题本身而言,每名运动员所面临的困境、情况和问题不同,不能千篇一律,我们应从不同视角挖掘何种原因、政策、机制和因素影响他们社会融入的情况,而案例分析恰恰能帮助我们找到答案,寻求线索,找到答案。本章在调查问卷的基础上选取案例对退役运动员社会融入的各个维度进行深度访谈,以期更加全面、深入地了解退役运动员融入社会现状,进而提出更有针对性的解决对策。

第一节　案例访谈对象的选取

本部分案例访谈对象选取的原则除了考虑不同性别、运动项目和文化程度等方面的差异外,着重从退役运动员个体社会融入评价值划分的五个等级考虑,尽量做到每个等级均有案例呈现。本部分共选取了 14 名退役运动员、4 位教练员、4 位管理人员作为访谈对象,同时在访谈过程中,也考虑了运动等级、运动项目、运动年限、受教育程度等运动员个体因素。为尊重被访谈者,研究中所涉及的受访人员均采用代码表示,具体情况见表 5 - 1 所列:

表5-1 运动员受访者的基本情况

编号	性别	运动项目	运动等级	文化程度	就业现状	访谈时间(分)
A	男	橄榄球	一级	本科	待业	20.40
B	女	体操	一级	本科	就业	28.00
C	男	赛艇	一级	本科	待业	22.63
D	男	田径	一级	本科	待业	25.22
E	男	篮球	健将	本科	就业	35.12
F	女	羽毛球	一级	研究生	就业	33.27
G	女	田径	一级	本科	就业	32.62
H	男	网球	一级	本科	就业	27.51
I	男	橄榄球	健将	研究生	待业	33.12
J	男	羽毛球	一级	本科	就业	35.34
K	女	赛艇	健将	研究生	就业	32.22
L	女	田径	一级	本科	就业	30.25
M	男	田径	一级	本科	就业	25.00
N	男	橄榄球	健将	研究生	就业	36.47

表5-2 教练员受访者的基本情况

编号	性别	运动项目	职称	文化程度	访谈时间(分)
A1	男	赛艇	国家级教练	研究生	40.25
B1	男	田径	高级教练	本科	38.00
C1	女	田径	高级教练	研究生	35.27
D1	女	羽毛球	中级教练	本科	29.45

表5-3 管理人员受访者的基本情况

编号	性别	职务	工作单位	访谈时间(分)
AA1	男	副处长	国家体育总局	20.22
BB1	男	副处长	天津市体育局	30.12
CC1	男	处长	河北省体育局	28.05
DD1	男	副处长	河南省体育局	29.24

第二节　案例访谈结果的整理与分析

一、职业规划的影响

理想的职业规划实际上就是择业者依据自己的兴趣和职业期望,使自身的能力、需求和选择相匹配的过程。兴趣作为影响人们理想职业选择的情感因素,具有很强的精神力量,是人们实现梦想和远大抱负的动力源泉。实践证明:在影响个人职业生涯的众多因素中,兴趣如无形的手,能发挥很大作用。作为个体对某种职业的向往和渴求,职业期望是个体对未来职业的一种态度和信念,也是个体将自我兴趣、能力、知识、价值观等内在因素与外在机会磨合与适应的过程。运动员在转型过程中都会对想要从事的职业有明显的潜在期望,包括薪资、发展、地域等方面,这对于运动员能否实现转型成功具有明显影响。

访谈者:对于你的兴趣而言,你有职业规划吗?

A 运动员:我小时候是练田径短跑项目的,后来觉得很枯燥,也练过足球。上初中的时候我们省里要组建橄榄球队,把我招进队里了,从足球项目转到橄榄球,刚开始我很不习惯,认为橄榄球也不是普及项目,很多人不了解,以后就业也没有前景。但是随着对这项运动的接触,慢慢也喜欢上了这项运动,自己在这项运动上也花了很多心思,也拿过一些成绩,退役以后也想继续从事这项运动,想着最好能当高校老师或者是俱乐部教练,继续推广这项运动,让更多孩子接触这项运动,热爱这项运动。

访谈者:退役后就业机会多吗?

B 运动员:退役时工作机会还是挺多的,但是想找一个正式的工作相对不太容易。因为自己是练体操的,所以想考取瑜伽教练员证书,在俱乐部代课,这个对自己来说也不是很难的事情,我现在在好几个俱乐部代课,工资待遇不错,都是按小时收费或按每节课收费,带的学生或课时越多,赚的钱越多。我也就没有再继续寻找其他工作了。现在这个工作交际圈比较广,平时代课接触的人也比较多,空余时间我喜欢去旅游,结交朋友,聚会。

访谈者:退役后你心里落差大吗?

C 运动员:因为退役前就打算创业,所以退役后也没找过工作,至于工作机会怎样真不太了解。我想着回老家和朋友一起开个健身房，老家各方面条件比较成熟，家里也有些人脉，自己考了个私教证书，也能派上用，没事和朋友一起健健身，也当锻炼了。父母年龄大了，之前我常年在外地训练，也没时间陪父母，以后也能有更多的时候陪伴他们了。我在役期就做好了职业规划，自己的适应能力也比较强，所以没有多大的心理落差，又赚钱又自由还能和父母一起，其乐融融，我对自己的生活很满意。

访谈者：退役后你会选择考编制还是私企？

D 运动员：我从事田径中长跑项目已经十多年了，我觉得这个项目实在是太枯燥乏味了，很辛苦，每天重复练习，大运动量训练，常年积压，身体早已吃不消了，现在很想改变自己的生活方式，想要轻松一些，选择相对安逸的生活，可能会先考取教师资格证书，然后考教师编制，先一步一个脚印地慢慢来，没有想那么多。

访谈者：你是练篮球项目的，你在考虑职业规划的时候更关注哪个方面呢？

E 运动员：因为我很小的时候就喜欢打篮球，对篮球项目情有独钟，就个人兴趣而言，自己以后的工作只要和篮球项目有关，我都能接受，毕竟自己在篮球圈也摸爬滚打那么多年，篮球已经成为我生活的一部分，根本脱离不了。我认为自己对篮球项目的理解和喜爱已经达到很好的水平了，包括裁判的知识，自己已经很清楚了，自己也考取了国家级裁判证书。所以说我对篮球是真爱，对真爱肯定很难割舍。那我选择的职业肯定是和篮球相关的，就业面相对来说比较窄。事实上，在退役的时候我就给自己定位过，我的工作肯定不能脱离我的专业。我还是比较幸运的，在中心工作，虽然不再是运动员了，但是还能继续从事篮球裁判工作，换种方式在自己的领域放光发热。当然当运动员的时候，只要去努力训练，想着把比赛打好和队友配合好就行，现在角色转变肯定会有很多压力。到新的岗位以后，自己为了适应新环境，也尝试不断转变角色，去不断充电、学习、思考，总结经验教训。现在我已经慢慢适应，也相信自己会越来越好。

访谈者：你当运动员的时候想过退役吗？

F 运动员：我从小学的时候开始接触羽毛球这个项目，当时父母就想让我锻炼一下身体，打着玩，慢慢地自己就喜欢上羽毛球了，也被选拔进入了专业队，自己的目标就是全运会，虽然也参加了，但是成绩也不理想，因为我们国家羽毛球太厉害了，能人很多，自己也有伤病，所以打完全运会就选择退役了，也拿到健将了，回家去一所大学当老师，我对自己的职业规划也很满意。其实我退役的那几年，体能教练特别火，我也考取了体能教练资格证书了，但家里人认为我还是做羽毛球老师比较适合，我也听从了家里人的建议。我的很多队友都是在俱乐部当教练员，收入特别可观，退役以后也选择和羽毛球相关工作,也是比较热爱。其实说白了,退役后选择什么样的工作都无所谓,关键是要考虑清楚,自己的优势在哪里,怎样做到取长补短,要贴合自己的优势去择业。同样的道理,我也是听从家里建议,凭借自己的优势选择成为一名羽毛球教师,发挥自身特长。

访谈者:退役(毕业)以后有找过工作吗?

G运动员:其实我找过其他的工作,比如说文员、销售之类的,都是体制外的工作。我之前去企业里应聘文职,也不清楚行政管理人员需要什么样的能力,后来自己通过努力,考取了当地的一所小学当体育老师。我是从农村出来,梦想就是不要回农村,想留到大城市生活,但是真的很难啊。还年轻,一步一个脚印,慢慢来吧。

访谈者:退役后找工作顺利吗?

H运动员:我是网球专项的,因为网球这个项目在大城市还是比较受欢迎的,尤其是女性教练员,再者我成绩还算不错,达到一级水平,所以基本也没有怎么费劲找工作。一开始教练员推荐我去俱乐部当陪练,工作时间灵活,收入可观,轻松自在。慢慢时间久了,我总感觉这不是一个正式的工作,有点临时工的感觉,教练也说总当陪练不是长久之计,还是需要找个正式单位。后来教练推荐我去国企上班,实际上也是做网球项目推广这一方面,平时还可以带着大家练练球,我还是比较喜欢的。

访谈者:退役后有些运动员在职业选择上有困难,你认为造成这些问题的原因是什么?

E运动员:我算比较幸运的人,遇到一名好的教练员。教练为我考虑的比较多,对我退役后所面临的问题,也给出很多宝贵的建议。教练告诉我,退役运动员找工作无非两条路,要么是成绩特别优秀,也想继续干这行,就选择退役当教练;要么是趁着年轻去继续读书,多学习文化知识,获得文凭,充实自己。早几年我根本没有想过那么多,圈子也相对封闭,就想着好好努力训练。教练这么一说,我自己也有思考。其实我认为,职业的选择主要看市场需求,就目前情况看,羽毛球、网球、篮球、足球、排球等一些受众面大的项目,无论是学校还是企事业单位都愿意招,这些运动有很强的群众基础,一般人都会玩。像摔跤、跳水、体操、击剑、棒垒球等比较冷门的项目,就业相对比较困难。这个我定位也不是很清楚,因为我是练羽毛球的,我们队友在外面代课赚钱都很多。我觉得这和市场大趋势很有关系,当然和政策的引导关系也很大。之前校园足球比较很热,就业就非常好,人才需求很大,归根到底还是看国家战略目标和三大球的振兴推动。其实,一名专业运动员退役之后是否能够顺利再就业与其当初选择很重要,既然是再就业,选择就很关键,需要运动员花大量时间分析市场、探索需求、落实政策。毋庸置疑,这难度相对大,牵扯精力比较多。退役运动员群体相对来说消息比较闭塞,不能信息共享,获得一手资料不及时,所以需要有关部门制定并宣传政策,帮助退役运动员整合资源,制定目标,提高就业效率。

访谈者:在役期间队友之间有没有学习的想法?

I 运动员:我觉得主要看氛围的营造,就是一个人有这种学习的想法,慢慢也会带动大家,逐渐地大家都有这个想法,然后形成一种氛围,大家也会相约报考同一所大学。

访谈者:你有没有人生规划?

I 运动员:我觉得每个人都要好好规划自己,我在很小的时候,我的目标是进入天津队,再进入国家队,甚至一层层地去实现理想。这些目标实现以后,我再有下一个目标,比如我退役再就业过程中,我希望寻求到与自己专业相适应的岗位,到学校以后,我的目标是研究生毕业,那研究生毕业后,我还有别的目标。那像你刚刚所说的那些特殊情况,就这些运动员而言,他们在运动竞技过程中就没有规划好自己的下一个目标,没有审视自己的状态以及未来发展,因而无从谈起努力以及付诸实践。有职业规划的运动员,基本上会选择继续读书,去给自己充电,然后再找工作。没有做好规划的,心理承受能力较弱的,现在也不多,大家在这个环境里,都要提前为自己规划好,如果想退役之后顺利再就业的运动员,一定要有自己的想法,合理地规划好自己的人生,想好自己现在要做什么,如果要做这个职业,现在应该准备什么、如何准备,等等。

访谈者:你们学校给你们开过职业生涯教育的课程吗?

A 运动员:说实话,职业生涯教育课程是我在一个校外的讲座中听到的,我觉得很有用,又去借了一些这方面的相关书籍,我感觉运动员提前合理规划职业生涯非常有用,我能顺利找到工作跟做好职业规划有很大的关系。因为有了规划,我才有时间去准备,才会有努力的方向。

访谈者:你们在运动队的时候接触过职业生涯规划方面的知识吗?

D 运动员:我们在运动队的时候最主要的任务就是训练,目标就是在大赛中取得好成绩,关于未来退役之后如何规划没人替我们想过,我们也没有接触过职业规划方面的相关知识。加上每天训练,又苦又累,哪有精力、心思去想这些问题呢?也只有到了快退役的时候,才会提到,但是为时已晚。

访谈者:那你们有没有想过未来要干什么?

运动员:肯定想过啊,我当时学羽毛球也是多方面原因,我也没有想过要一直打球的,我也想自己趁着年轻继续深造,学习一些文化知识,最好也能进入大学,将来毕业以后找一份文职工作。现在社会没有文化寸步难行,再也不能耽误了,所以我在训练之余也会和一些朋友讨论这些问题。说实话,现在的运动员也逐渐有一些危机意识了,会在运动生涯当中,给自己积累一些学业方面的知识,会自己下一些功夫,而不是像过去那样,不上学,把精力全部投入到训练中。我认为学习文化知识,对于运动员本身来说非常重要,如果不努力学习,没有文凭,退役后根本没有出路。哪个单位会要没有文凭的退役运动员?所以以前大多成绩不好的退役运动员会选择从商、成为个体户、打工等,那些案例也是在提醒我们,要想往好的方向发展,不管练什么项目,成绩好坏,都得学习文化知识,都得去上学。毕竟我们都知道,社会需要高素质的人才,对人才的能力和学历都有要求。

二、人力资本的影响

竞技能力作为运动员特有的人力资本的核心,只有在与体育相关的问题上才能发挥作用。优异的竞技能力可以是运动员步入社会的敲门砖,退役运动员想要成功,就必须拥有这种能力。事实上,大多数运动员缺乏系统规范的教育经历,教育价值和影响力并未达到预期目标,所以运动员必须在再就业的过程中重新获得这项能力。

访谈者:运动员退役后想去高校继续学习,你觉得需要哪些支持?

K 运动员:其实一般优秀的运动员,退役后都有机会继续去高校深造,如果运动成绩没有那么好,身体条件有限或者出现伤病,可以选择早点退役。我身边很多朋友就选择早早退役,退役以后就继续去高校读书了。因为较早退役,所以耽误的时间不算多,可以步入学校重新学习,只要努力,课程也可以跟得上,以后发展也会很好。我的一些朋友,也有一直读到硕士毕业,后来留到高校任教的。其实学习这件事情也没有捷径可言,我们必须努力跨过去,才会有机会选择一条不错的道路,压力肯定会有,有付出才有回报,我们得不断努力给自己打气。

访谈者:你觉得是什么原因导致运动员退役后再就业不顺畅?

L 运动员:我觉得是因为在当运动员期间只重视训练,而忽略对文化课的学习。运动员想法很单纯,只要运动成绩好,文化课学习不重要,在运动队就是拿比赛成绩说事。运动员生活环境比较闭塞,脱离了社会,想要融入社会,需要学习很多东西,比如文化知识、职业技能、人际交往等,这些需要全面素养,如果这方面强一点,就不会出现举重、体操、马拉松运动员在社会上摆地摊变卖奖牌之类的事情。当然,这里面也涉及多方面的因素。事实上,即使有一个很好的工作岗位给你,你自己没有能力胜任,也很难驾驭好,所以还是得不断充电,掌握更多的知识和技能。其实很多人问过我,像你们这样的运动员退役以后能干什么? 有什么样岗位适合你们? 其实我们和大多体育院校毕业的大学生一样,说白了就是他们是从大学校园走出去,而我们是从运动队走出去一样。成绩优秀的运动员就像学校里的尖子生,当然也有在学校里表现很优秀的人,步入社会后发展得不理想。其实很多时候是看个人的综合能力的,不是只看个人某一个方面的能力,运动队也是小社会,都是要不断学习和适应的。

访谈者:你认为运动员在职业转型中会遇到哪些困难?

M 运动员:运动员在职业转型过程中,我觉得很大程度上会遇到个人问题。运动员长期封闭训练,与社会的融合、对社会的了解不够,加上自身文化素质、综合能力还比较欠缺,缺少就业渠道和资源,更关键的是还有伤病的困扰。此外,运动队和中心对就业市场不算熟悉,与社会对接不顺畅,提供给运动员的就业岗位和帮助也很有限。

访谈者:在你就业的时候有什么人给过你一些帮助? 或者给你提供过一些建议吗?

N 运动员:肯定会有一些人给过一些建议的。教练员会根据你自身的情况给一些建议和方向。以前都属于政策性安排,比如说某个领导认为这个运动员成绩不错,表现很好,可能会安排一个职务,但是现在肯定不行了。当然,如果运动成绩特别好,非常突出,中心又很急需这样的人才,现在也不排除有这样的可能性,但是如果运动成绩一般,那这种待分配的可能性就很小了,得自谋出路。所以在退役的时候,更多的是建议现在退役运动员思考怎么去度过角色转换期。你可以用很多学习的方法去充实自己,无论是哪方面的技能都行,也许是英语,也许的体能训练师,也许是康复技能师,也许是营养师,也许是更广泛的学习。我觉得技不压身嘛,学得越多,越充实自己。因为你也不知道自己在哪个节点上会遇见什么样的机会,也许就正好有个合适的岗位适合你,就可以顺利实现转型成功。实际上,我认为技能学习的时候就是你在退役转换角色的时候,当然这也是最好的解决方法,也是对自己以后进行一个积淀。

访谈者:你的队友有借助家里资源找到工作的吗?

G 运动员:肯定有这样的情况。我找工作的过程实际上也不是很顺利,何况自己成绩平平,文化底子薄,就业面比较窄,刚开始的时候比较绝望,真的不清楚自己将来可以干什么工作。我从网上看到了一些招聘信息,也投了一些简历,但是都没有回音。最后还是家里人给我推荐了一个面试的机会,我才获得了现在这份工作,虽然这份工作比较辛苦,但是我很满足。

三、社会资本的影响

运动员的社会资本主要来自环境、家庭、队友以及运动队的关系网。运动员转型的过程中,有效的社会资本就是一个平台,能够帮助运动员在求职过程中占据主动的位置。同时,社会资本也像是一个助推器,帮助运动员成功转型。

访谈者:你认为退役后能够融入社会生活中吗?

D运动员:我退役两年多了,一直没有固定工作,自己专业水平不高,工作确实不好找,现在想和朋友一起做中考体育培训和体育特长生培训。因为没有工作,开销基本上都是花退役补偿金和啃老。我想赶快把培训搞起来,一方面可以维持自己的开销,另一方面也可以缓解父母的压力。受经济条件的制约,我现在也很自卑,心理失落感还很强,且生活满意度非常低,不想和任何人联系,尤其是以前的朋友。有时候也很怀念队里的生活,但是也很后悔自己从事竞技体育,竞技体育太残酷了,奉献出青春,一身伤病,到头来一点收获也没有。

访谈者:退役后,你认为自己社会融入情况怎么样?

L运动员:我当年退役时就选择留体校当了教练员,事业单位,工资待遇总体上还行,单位也有福利房子,交通便利。因为还在运动队工作,交际圈还是以圈内人为主,工作环境和生活方式也没有发生变化。空余时间虽然比较少,但是也会参加一些运动协会的活动,认识一下圈内人。因为我退役后直接留队任教,所以心理上波动不大,自己对自身的定位也很明确,就是要好好培养自己带的孩子,不仅要体育好,文化课也得努力,让孩子全面发展。

访谈者:你是通过何种途径获得就业信息的?

C运动员:一般我收到就业的信息都是在网上看到或者是队里教练员发的消息,一般网上的消息可能真实性不高,因为自己学历有限,能适合自己做的一些工作也是临时性的,想找到一份稳定的工作比较难。至于队里和教练员提供的一些信息也是有限的,都是和自己的项目有关的,现在我是去俱乐部当教练员或者临时代课,特别希望能考取教师资格证书,找到一份稳定的工作。

访谈者:你如何看待关系问题的?

N运动员:有关系为什么不利用呢?很大程度上,这个关系就是一个敲门砖,只是给我们一个机会,录用不录用是一回事,能不能干好又是另外一回事情。有些时候就是因为我们是运动员,人家一听你是运动员,可能就会有先入为主的印象,认为我们"头脑简单,四肢发达"。不可否认,我们在某些方面确实很欠缺,但是我们也有自己的优势。

J运动员:我觉得没有必要愤世嫉俗,就目前的就业形势看,公平公证是主要趋势,说实话,如果自身水平太差,我认为找关系也没有这个必要的,就算真的录取了,以后工作起来是很受罪的。

四、心理资本的影响

心理资本作为一种积极的心理发展状态,是自我效能、希望、乐观和坚韧性四要素的组合。运动员转型成功与否与心理资本有很大关系,健康的心理状态能够指引人们积极乐观地寻找机遇,获得更大的成功。

访谈者:你对退役后的生活满意吗?

C运动员:我退役后就联系了现在工作的这家健身俱乐部担任私教,工资不算高,工作时间要看会员的情况,健身房不负责给员工缴纳保险。因为一退役就找到了这份工作,所以也没参加过什么退役运动员相关职业培训。我属于比较知足的性格,对自己现在的生活还算满意。

访谈者:退役后从事与自身经历不相关的工作,落差大吗?

M运动员:退役后我在一家私企上班,公司给上三险一金,工资基本维持日常的开销,比较辛苦,我很想换个工作,但是能力有限。我退役后也没有参加正规的继续教育培训或者考取资格证书,自己的交际圈子也局限,心理也比较自卑,不愿意联系之前的朋友,落差也比较大,慢慢调整自己的心态吧。

访谈者:退役以后主动找过工作吗?

H运动员:我退役后主动找过一些工作,但是整体都不太满意,自己是本科学历,知识储备也不太行,能力有限,眼高手低。目前想回老家考个教师资格证书,当个小学体育老师,现在对退役运动员考取教师资格证书也没什么政策优惠,对于我们这些从小就没有怎么学习过的运动员来说,考教师资格证书也不容易,我现在就想多学点知识,有点后悔,早干啥去了。刚退役那会儿心理缺失感确实比较强,现在能够接受现实了,对于当前的生活我肯定不满意,但是也没有时间去想那么多,只能努力,加油!

访谈者:退役后心理落差大吗?

D运动员:我退役后也没有回老家,现在做房产中间,刚入职时有点不适应,现在也就慢慢习惯了。我的作息比较规律，现在的处事方式和运动队肯定不一样，做销售这一行，人肯定就得能说会道，比较圆滑，不积极卖不出去房子。心理肯定是有明显变化的，太多的是无奈，得生存啊。

访谈者：在退役再就业过程中你是否焦虑过，心境如何？

B运动员：其实焦虑肯定会有的，你说害怕，每个人都是会害怕的，但是害怕之后每个人是怎么面对的，这个可能就因人而异了。我觉得作为退役运动员，内心肯定是恐慌的。人总是习惯待在舒适区的，都改变现状。比如现在让你暂停工作，你会担心自己是不是会下岗，肯定会纠结、抵触、害怕，有莫名的压力。那么在面临这种压力的时候，怎么去调节自己的情绪？我就在想，作为运动员的时候可能是最辛苦的，要是这种辛苦我都能承受，那么多困难都可以征服，面临退役再就业的时候我还有什么害怕的呢？

访谈者：你身边的队友有没有这种焦虑？他们是怎么表现的？

M运动员：肯定会有，但是我觉得高水平运动员焦虑的比较少，因为他们好胜欲望比较强，比较喜欢挑战自我，即使有很多困难，也敢去去挑战，去突破极限，运动成绩好的运动员他们不会遇到困难就退缩的。相对而言，他们心理承受能力很强，这也许就是优秀运动员和普通人的区别吧。

访谈者：你是否有就业压力？N运动员：我觉得只要自己调整好心态，找到一份相对比较容易的工作不算困难。作为一名运动员，一切与体育锻炼相关的荣耀都已经过去了，我们现在可以做的就是从头开始，一切从基层开始，这不仅是认识上的问题，还是态度上的问题，不要认为你现在的工作比较累就要放弃，做任何事情都要从基层做起。只有在这个行业工作时间久了，基础工作做扎实了，你才能达到预期的目标。我觉得现在人往往把自己看得太重要，预期目标很好，不能做到一步一个脚印、脚踏实地，其实理想和现实工作还是有差距的。我刚入行时觉得自己什么都可以，能力强，有冲劲儿，但是真正接触工作后才发现，工作有点懵懵的感觉，发现自己与其他人差距很大，于是学会了放平心态，慢慢适应，慢慢调节，相信自己一定会成功。

访谈者：你如何看待顺利就业和不顺利就业运动员之间的差距？

D运动员：我感觉主要看自己是不是愿意做，有的运动员是择业。就拿现在的工作来讲，如果你想找、想去干，只要不怕薪资低一点、条件差一点，工作还是有的是，关键是看你想要什么。怕就怕你不敢面对这个现实，总觉得自己曾经付出太多了，想不明白为什么现在会成这个样子。实际上，这是自身定位以及定位是否准确的问题。当然也会有心理问题，退役运动员要学会调整心理的预期，有的人总认为自己不该接受这么低的工资待遇或者这么差的工作环境,不愿意接受这份工作,不愿意进行尝试。

访谈者:你已经成功签约天津一家俱乐部,你认为在找工作中,什么因素比较重要?

C 运动员:我认为,最主要的是心态问题,时刻保持一个乐观开朗的心态,这是我找到工作的根本原因,而且本身我的性格也很外向,也愿意尝试新鲜的事物。

访谈者:你作为转型成功的运动员,你会给自己的师弟、师妹一些什么样的建议?

I 运动员:俗话说得好,"活到老,学到老",实际上,我们在当运动员的时候已经失去了很多学习的机会,像学生们坐在教室里面,他们有很多科目可以去了解,那么他们的视野、阅历一定是不同的。而我们运动员,站在世界赛场上,我们可以接触到世界各国的球员,那么我们的视野也是不同的,我们都在自己的领域。那怎么调节自己,我觉得还是要拓宽自己的视野,不断充实自己,因为一进入工作岗位之后感觉特别明显,总感觉自己跟大家有差距,想学英语,又想学计算机,还有多考取证书,好好规划自己的职业生涯,总是什么都想学,这种角色的转变让我们感觉要学的知识太多了。

访谈者:你认为用什么样的方法能消除那些焦虑?

E 运动员:我觉得应该多去尝试,多学习,技多不压身,在这个过程中可以排除焦虑。比如,我英语不好,我可以报班,有目的地学习英语,考取一些证书,又或者学习计算机,学习办公软件,让自己在工作中更得心应手。在工作中用到什么技能,我就去补短板,突破自我。因为以前在队里打球,打球技巧到工作中很可能用不到,也只能当业余爱好,利用率不高,所以我自己也不断尝试新鲜事物,找到自身除打球以外的长处。

访谈者:你觉得什么样的心态有助于运动员退役后再就业的选择?

A 运动员:我觉得还得是平常心,自己找到适合自己的工作就行,不要考虑太多,主要看自己满意就好,自己觉得好就算成功。当然,要达到这种"成功",肯定要付出努力,而且这种努力肯定超乎想象,压力之大、磨练之多,也有点压得人喘不过气,有时一天应聘好几个单位,腿都跑细了,送简历、去面试,等等,一回来身体都散了架,真不想再去找工作了,可是第二天该怎么跑还是怎么跑,不过结果算好的,不错了。

访谈者:这么多年作为篮球运动员,你有过伤病吗?你想过退役吗?

E 运动员:其实在我伤病比较严重的时候,自己都二十五六岁了,那时候我已经准备考虑退役了。但是可能总队伍的需要,要以老带新,需要老队员在场上起到定海神针的作用,甚至只是在下面站着给他们打打气,这样年轻人心里也比较有底气。在那个阶段,其实我也是挺纠结的,从自己的年龄、伤病、心理都想退役,当然,从择业方面来讲,也有很阻力。因为要考虑自己的就业方向,等等,还有一些社会、家庭的压力。事实上,回头看,我觉得作为一个运动员,再就业不应该仅仅是建立在自己运动成绩上的一种冲刺,而是应该在整个运动生涯当中有一个规划。即使是在自己运动成绩的巅峰时刻,也要丰富自己的学业,而且自己的知识体系丰富后也是有助于竞技水平的提升、思想觉悟的提高。也许只有知识储备积累到一定程度,才能更好地去领悟动作技术的要领,提高临场应变的能力。我自己这一路走来,我认为自己算是比较幸运的,因为我在自己运动成绩比较好的时候就报名上大学了,在退役后研究生都快毕业了。当时自己也没有想那么多,只觉得学历比较重要,能往上继续深造就继续提升自己。我觉得人生的每个阶段都很重要,光学习不训练,确实有缺憾,没有像大学生们在校园里系统学习文化知识,丰富自己的校园文化生活,缺失这钟积淀也会很遗憾。

五、政策、制度、环境的影响

政策、制度、环境因素在退役运动员转型过程中发挥着重要的推动作用,运动员就业过程是一个双向选择的过程,对于刚退役的运动员而言,他们与社会的联系是有限的,如何实现顺利转型,从运动员角色转换成为教师角色是一个艰难的跨越。由于市场供求信息不顺畅、不对称导致运动员与相关就业岗位不匹配,只能凭借相关渠道和平台才能实现信息的传递,最终实现运动员与就业岗位密切匹配。

访谈者:在就业过程中,你是否发现或者注意到国家或地方出台一些鼓励性的政策或者制度?

K运动员:应该会有。我也是听说,比如,运动成绩优异,可以加分、面试入学,等等。也正是有这种文件的出台,我们才可以顺利拿到毕业证书。近几年,我国各省市相继出台了一系列政策文件,从多角度、多方位鼓励保障运动员再就业,当然,我们也知道这种保障制度还需要不断完善,但相比过去,已经有了很大程度的改善,最起码将运动员保障问题上升到国家层面。

访谈者:你如何看待退役运动员的退役安置制度?

A1管理者:事实上,近几年国家出台了一些运动员退役安置的相关政策,这彰显了国家对运动员保障工作的重视。退役运动员怎样转型?如何转型成功?这需要各方力量联动合作。应该说,政策、制度保障是基础,如何贯彻落实,国家层面,各省市、区县相互配合,落实政策、解读政策、弄清政策、解读政策,才能真正发挥政策环境保驾护航的作用。

访谈者:在运动员退役过程中,您是否会关注运动员保障政策?

B1 教练员:肯定会关注一些,但是关注的程度因人而异。运动员保障政策逐渐完善,运动员的再就业路径更加多样,也可以说国家在政策层面给予了足够的重视。但是,目前个别运动员退役后的状态不尽如人意,尤其是那种市场认可度低的项目的运动员,这里面也有多种方面的原因,也需要具体问题具体分析。

访谈者:作为教练,你在训练过程中是否会关注运动员的退役问题?

B2 教练员:作为教练员,肯定会关注运动员的退役问题,因为自己当过运动员,能设身处地地为运动员着想。就目前来看,无论是教练员还是管理者,大家对运动员的退役问题都是比较关注的,平时也会有一些宣讲活动,尤其是运动员退役的时候会更多一些。但是对于队里来说,肯定更多地关注运动员的竞技成绩,运动竞技体育比较残酷,运动队也是拿成绩说话,有成绩才有发言权,这在某种程度上导致我们教练员将更多的精力投在训练和比赛中,对于运动员的职业发展尤其是退役后的就业问题有所疏忽。与此同时,我们在竞技体育后备人才的梯队建设上也遇到了阻碍,参与竞技体育锻炼的孩子越来越少,城市的孩子不太能吃苦,偏远山区的孩子接触不到很多新兴运动项目,这导致我国竞技体育运动项目发展不均衡,给退役运动员就业带来的连锁反应不断出现。

本章小结

本研究基于运动员转型过程中职业规划、人力资本、社会资本和心理资本等因素资本的研究视角展开访谈,访谈结果可归纳如下:

人力资本是基础。

运动员的人力资本包括竞赛成绩、学业成绩、运动技能和文化素养等。人力资本是运动员求职的基础,每一名运动员取得优异的运动成绩都离不开人力资本的作用。对于大多数运动员来讲,继续深造是运动员再就业的一条重要路径,这也为他们今后的职业生涯选择上增加了砝码。但是随着大多数运动员凭借优异的运动成绩跨入高校校门,真正享受到高校的教育资源,系统地学习文化知识,获得与文凭相匹配的专业文化知识,这才是运动员真正再就业所需的人力资本要素。

社会资本是助力。

运动员转型不单单要拥有人力资本的能力,更多的是要提高社会适应能力。运动员自身的社会资本主要来自运动队所积累的资源,其主要表现为运动队管理人员、教练员、教师和队友等。这些人在某种程度上能够对运动员在择业、就业等方面给予帮助。这种形式上的社会资源是运动员在意识到社会关系、社会资本的重要性之后主动获取的。无论是从队里、教练、家庭和队友等获取的信息和帮助,都可以影响运动员职业生涯的规划。

心理资本是动力。

心理资本对运动员职业规划的影响非同一般。健康的心理状态能够指引人们积极乐观地去寻求机遇,而消极的心理状态会让人产生偏执的心理状态。在访谈中我们发现,阳光、开朗的运动员在面对退役转型过程中的问题心理资本优势更加明显,他们更善于与访谈者沟通交流;而那些工作尚未明确,心理状态比较沉闷的退役运动员更多的是一问一答。相关文献表明,心理资本与就业后的工作状态有一定的相关度。在退役运动员的求职过程中,建立良好的心理资本优势可以为以后的优质就业打下良好的基础。

政策环境是保障。

事实上,政策的执行很大程度上有赖于以政府为中心的行政机构,这是借助多种工具,谋求突破的一种动态过程。政府制定政策的出发点是为运动员提供应有的保障,使运动员享有受教育的权利,得到一些经济补偿,使运动员真正实现没有后顾之忧。当然,政策出台是一回事,政策落实和执行又是另一回事。在访谈的过程中,我们也发现,大多数运动员对现有政策的了解程度、理解深度还很不足,这同时也反映了我们的管理者在宣传方式和宣传力度上有待进一步提升。很多时候我们不是没有政策,而是不了解政策。运动员由于受本身从事运动项目的影响,不能利用自身优势找到出路,缺少职业必备的知识和技能,因而很难立足于社会。正是因为这样,对运动员而言,他们更需要借助人力资本、社会资本和心理资本的三力协同运作,提升自身的就业能力。

第六章　退役运动员转型体育教师教学能力的提升方案

第一节　天津市退役运动员体育教学能力提升方案设计的理论依据

一、退役运动员体育教学能力提升方案设计的依据

（一）终身学习理论

终身学习是指为适应社会发展、跟随时代潮流,自觉地在人生各个阶段持续性学习的过程。1976 年,在联合国教科文组织的一次关于成人教育发展的世界范围内的国际会议上,"终身学习"概念被第一次提出。教师作为一类专业人员,应充分利用所学知识和技能解决困难,这就体现了终身学习的重要性。退役运动员从事体育教师职业,对于体育教学能力的提升,应秉承终身学习理念,保持自主地、持续地、全面的学习过程。这样才可满足其未来职业生存和发展需要。因此终身学习理论作为天津市退役运动员体育教学能力提升方案的理论基础,可提高方案的主体性和实用性,促进退役运动员自我价值的提升。

（二）教师专业化发展理论

学术界把教师专业发展理论的价值取向归为三类。第一类理智取向的教师专业发展强调学科知识,认为一名教师从事有效教学的条件是掌握教学相关专业最基本的内容知识和教育知识;第二类实践:反思取向强调个人知识、实践知识与专业知识的融合相交,主要通过反思等途径进行自我提升;第三类生态取向的教师专业发展重视"合作"的

价值,主要是构建一种合作的教师文化,在其中相互分享态度、价值观、做事方式等,形成一种特定的"关系模式"。因此,教师专业发展是基于多方面因素的共同作用。由于退役运动员特殊的知识背景和"体教融合"背景下学校体育新发展,其转型体育教师后面临着迫切的体育教学能力的发展需求。教学能力提升是教师专业发展的一部分,因此教学能力提升方案的设计也应遵从教师专业发展的规律。

(三)系统论原理

系统论认为,结构决定事物本质。在对一个事物进行研究前,须先从系统性入手,了解其内部关系。这种内部关系通常表现为能力的各子系统以及各子系统间的结构关系。在人力资源管理中,不同职业不同背景、相同职业不同背景、不同职业同一背景的人能力结构是不尽相同的,需保持其个性差异,长善救失。本章所研究的人群对象——退役运动员教师,同为体育教师职业,这类人群因其特殊的知识背景而具备不同的体育教学能力结构特征。本章以系统论为科学依据,通过全面分析退役运动员体育教学能力结构构成,科学探究其体育教学能力本质特征,为提升方案的设计提供理论依据。

二、退役运动员体育教学能力提升方案设计的原则

(一)科学性原则

方案的设计必须遵循科学性原则,其中每一项内容的确立都必须经过科学合理的分析过程。结合理论依据与现实依据,方案的设计从目标确立,再到培训形式、授课团队、课程内容及考核评价的确定,每项内容都要符合体育教学能力培养的科学性。体育教学是一项专门工作,体育教学能力是一种专业能力,因此能力提升方案的设计须符合科学规律,通过科学的方法使天津市退役运动员有效提升体育教学能力。

(二)实践性原则

退役运动员体育教学能力提升方案提倡理论知识与实践体验相结合的培训形式,致力于参训学员在理论知识得到系统完善的同时,在实践体验中运用知识,提高自身综合能力。对于缺少教学经验的退役运动员教师来说,强调实践能力的培养格外重要。这样可以使退役运动员教师在具体的实践探讨及知识学习中,主动研磨教育教学知识,提高其教学综合能力。

(三)主体性原则

退役运动员体育教学能力提升方案提倡学习主体的参与式学习,所谓参与式学习就是在实际体验的过程中习得知识,提高自身能力。退役运动员体育教学能力提升方案打破传统只为帮助运动员达到通过"教师资格证考试"的直接目的,致力于在具体的实践探讨及知识学习中,引导退役运动员主动研磨教育教学知识,提高其综合实践能力。

(四)发展性原则

发展性原则要求在对退役运动员的体育教学能力提升方案进行设计时,要以促进教师职业发展为长远目标。为达到"体教融合"背景下国家对学校体育发展的新要求,退役运动员担任教师职业也被赋予了更丰富的职业要求。因此退役运动员体育教学能力提升方案的设计不应该只针对当前困境,更多地要从长远发展考量。培训具体内容经受教学检验的同时,应帮助退役运动员明确自身能力的不足,进而实现更好地发展性提升。

三、退役运动员体育教学能力的结构构成

(一)退役运动员体育教学能力的各项子能力构成

本章在文献研究和实地考察的基础上,初步构建出退役运动员体育教学能力结构体系。但由于退役运动员的体育教学能力问题具有复杂性和模糊性,需要借助专家教授的智慧,且大部分指标构建无法使用数据确立,故初步构建的指标体系具有主观性,需要通过定性方法进一步确立。因此,本文采用德尔菲法对初步构建的指标进行筛选,以得到最终的结构体系。

专家积极系数是指发放专家问卷的回收率,有效回收率达 60% 即符合标准,有效回收率越高,表明本研究的可信度越高。本研究共展开了两轮专家咨询,由表 6-1 可知,两轮专家的积极系数均非常好。

表 6-1 专家积极系数表

专家咨询表	发放数量	回收数量	回收率(%)	有效回收率(%)
第一轮	36	29	81%	81%
第二轮	15	15	100%	100%

1. 第一轮专家意见咨询与结果分析

第一轮专家咨询问卷的发放包括两种途径,第一种是通过拜访专家本人并发放纸质问卷;二是通过问卷星发放的网络调查问卷。最终,确定 36 位专家填写了问卷。为避免缺失值的问题,在问卷题目设置时,姓名题和修改意见反馈为选填项,其余均为必填项。

根据李克特五分量表法,我们把专家咨询问卷的各级指标按重要程度分为五个等级并分别赋值以 1 分—5 分。通过所得数据的分值计算专家意见集中度与专家意见协调度,从而判断指标是否可取。主要评判标准有算术平均数和变异系数。算数平均数可以体现专家意见集中度,平均数的标准为数值大于 3.5,通常认为算术平均数越大,指标的重要性越高。变异系数可以体现专家意见协调度,变异系数的标准为数值小于 0.25,变异系数的数值越低,专家组意见协调程度越高。

（1）一级指标和二级指标统计结果与意见分析

表 6-2　一级指标、二级指标重要程度得分结果表

	均值	标准差	变异系数
A 教学认知能力	4.28	1.03	0.24
B 教学设计能力	4.45	1.09	0.24
C 教学实施能力	4.62	1.05	0.23
D 教学调控能力	4.34	1.05	0.24
A1 职业认知	4.24	0.95	0.22
A2 课程认知	4.52	0.87	0.19
A3 学生认知	4.31	0.97	0.22
B1 选择能力	3.24	1.24	0.38
B2 整合能力	4.41	0.93	0.21
B3 转化能力	4.31	0.85	0.20
C1 组织能力	4.03	0.73	0.18
C2 思维能力	3.31	1.11	0.33
C3 表达能力	4.55	0.572	0.13
C4 保障能力	3.38	1.178	0.35
C5 训练能力	4.41	0.763	0.17
D1 学生调控	4.52	0.830	0.18
D2 自我调控	4.48	0.634	0.14
D3 运动队管理	3.48	1.153	0.33

经统计,如表6-2所示,一级指标"教学认知能力""教学设计能力""教学实施能力""教学调控能力"的平均数均大于3.5,变异系数均小于0.25,即专家一致认可一级指标"教学认知能力""教学设计能力""教学实施能力""教学调控能力"的必要性,即一级指标无需删除,全部进入第二轮。

二级指标除"选择能力""思维能力""保障能力""运动队管理"外,其他各二级指标的平均分均值都高于3.5,变异系数也都小于0.25,符合标准,可以进入下一轮。对于修改意见,另外有专家指出,"思维能力"可以体现在教学的全部过程中,与任一指标都具有重叠性,应该删去;"保障能力"建议合并入一个新指标"组织管理能力";还有专家认为"运动队管理"和教学调控关联性不大,但掌握队伍管理能力有利于退役运动员体育教学能力的提升,因此建议做适当调整。结合专家意见,与导师商议后,对个别二级指标进行了修改。

(2)三级指标统计结果与意见分析

表6-3 三级指标重要程度得分结果表

三级指标	均值	标准差	变异系数
A1.1 对体育教师与运动员的职责区别的认识	4.31	0.66	0.15
A1.2 对教师职业价值观的领会	4.69	0.47	0.10
A2.1 对学校体育与竞技体育的内涵区别的领会	4.24	0.69	0.16
A2.2 对教育学、心理学、生理学等体育学科知识的掌握	4.48	0.57	0.13
A2.3 对《体育与健康标准》课程理念与内容的分析	4.38	0.73	0.17
A2.4 对青少年体育教学方法策略知识的掌握	3.34	1.37	0.41
A3.1 了解青少年学生年龄性别特征	3.83	1.04	0.27
A3.2 了解青少年学生学习风格差异	4.41	0.63	0.14
A3.3 了解青少年学生运动技能基础	4.62	0.49	0.11
B1.1 教学表征方式的选择	3.34	1.50	0.45
B1.2 教学对话策略的选择	3.41	1.35	0.40
B2.1 根据学生特点调整教材顺序及内容	3.98	0.92	0.23
B2.2 根据学生学习基础合理运用教学策略	4.62	0.49	0.11
B2.3 将教学内容的精神特点融入教学过程	3.31	1.49	0.45
B3.1 将自身专项运动技能转化为运动指导能力	3.06	1.12	0.37
B3.2 将专项体育的德育融入教学过程	4.48	0.69	0.15
B3.3 将专项训练内容转化为大众锻炼形式	4.41	0.63	0.14
B3.4 将竞技比赛形式转化为教学评价方式	4.38	0.62	0.14

续表

三级指标	均值	标准差	变异系数
C1.1 评估及处理课堂突发事件	4.31	0.71	0.17
C1.2 组建校运动队	4.45	0.63	0.14
C1.3 协调组织竞赛各部门工作	3.38	1.29	0.38
C2.1 根据过程反馈临时调整教学策略	3.38	1.37	0.41
C2.2 把握课堂时间节奏	4.48	0.57	0.13
C2.3 进行课堂导入,创设教学情境	3.38	1.59	0.47
C3.1 技能讲解与多角度示范相结合	4.45	0.78	0.18
C3.2 诊断学生问题清晰且准确	4.59	0.63	0.14
C3.3 及时给予学生学习反馈	3.21	1.47	0.46
C3.4 合理使用言语鼓励及肢体语言提示	4.24	0.69	0.16
C4.1 掌握除自身专项外的多项体育技能	4.1	0.82	0.20
C4.2 保持端正的教姿教态	3.38	1.50	0.44
C4.3 合理布置场地器材	4.48	0.57	0.13
C4.4 运用口令调动队列队形	4.48	0.51	0.11
C5.1 具备科学选材能力	4.34	0.67	0.15
C5.2 根据阶段性训练效果改进训练计划	4.17	0.76	0.18
C5.3 对有潜力的学生进行兴趣培养	3.17	1.54	0.48
D1.1 关注学生个体行为变化并做出处理	4.62	0.56	0.12
D1.2 引导学习唤醒学习兴趣	4.41	0.68	0.15
D1.3 为学生提供机会进行学习效果展示	3.31	1.51	0.46
D2.1 积极掌握除专项外的多项体育技能	4.45	0.69	0.15
D2.2 保持积极的教学情绪	4.38	0.68	0.15
D2.3 定期进行教学反思	4.34	0.55	0.13
D2.4 培养自我学习意识	3.54	0.92	0.26
D3.1 带领队员参加竞赛	4.38	0.56	0.13
D3.2 协调好学生课堂学习和课余竞赛的关系	2.27	0.63	0.28

经统计,指标 A2.4、B1.1、B1.2、B2.3、B3.1、C1.3、C2.1、C2.3、C3.3、C4.2、C5.3、D1.3、D3.2 的平均数小于 3.5;指标 D2.4 的平均数虽符合标准,但变异系数变异系数大于 0.25,表明专家意见协调程度不高,不满足保留的条件,因此以上指标全部删除。

另外专家针对个别指标提出了具体修改意见。例如,A3.1、A3.2 建议合并为"对青少年学生生理及心理特征的了解";在整合能力中,将学校体育教学文件精神理解并整合体现在在教学中很重要,因此建议添加相关指标。针对 B2.2,把握学生学习基础和教学重难点结果才能促进退役运动员教师合理选择教学目标,因此建议修改指标为"根据学生学习基础制定教学目标";将"运动队管理"的内容并入"组织管理能力"维度下。最终指标筛选情况见下表6 – 4所列:

表6 – 4   指标筛选情况汇总表

指标情况	二、三级指标
删除指标	B1 选择能力
	C2 思维能力
	C4 保障能力
	D3 运动队管理
	B1.1 教学目标和教学内容的选择
	B1.2 教学方法和组织形式的选择
	A2.4 对青少年体育教学方法策略知识的掌握
	B2.3 将教学内容的精神特点融入教学过程
	C1.3 协调组织竞赛各部门工作
	C2.1 根据过程反馈临时调整教学策略
	C2.3 进行课堂导入,创设教学情境
	C3.3 及时给予学生学习反馈
	C4.2 保持端正的教姿教态
	C5.3 对有潜力的学生进行兴趣培养
	D1.3 为学生提供机会进行学习效果展示
	D3.2 协调好学生课堂学习和课余竞赛的关系
合并的指标	青少年学生生理及心理特征的了解
	合理布置教学场地及调动队列队形
	关注学生个体行为变化并做出处理,唤醒学生学习兴趣
	评估及处理课堂突发事件,保持课堂时间节奏
	定期进行教学反思并培养自我学习意识
修改的指标	将竞技体育训练方式转化为体育教学内容
	根据学生学习基础合理选择教学目标
增加的指标	理解教学文件精神并编写教案
	根据学生学情预测制定教学方法手段
	具备医务监督能力

2. 第二轮专家意见咨询与结果分析

为保证结构体系构建的科学性与合理性,根据前两轮专家意见汇总制成第二轮专家调查表。本次共发放问卷 15 份,回收有效问卷 15 份。

(1)第二轮专家调查总体统计分析

从第二轮专家调查的数据统计来看,各指标的平均值均大于 3.5,表明总体专家意见集中度较高;各指标的变异系数均小于 0.25,表明专家意见协调度较高。因此可以初步认定,专家对各指标认可度较高。

表6-5 第二轮专家调查评价指标统计表

指标	平均数	标准差	变异系数
A 教学认知能力	4.73	0.46	0.10
B 教学设计能力	4.73	0.46	0.10
C 教学实施能力	4.80	0.41	0.09
D 教学调控能力	4.67	0.49	0.10
A1 职业认知	4.47	0.52	0.12
A2 课程认知	4.67	0.49	0.10
A3 学生认知	4.73	0.46	0.10
B1 整合能力	4.53	0.52	0.11
B2 转化能力	4.87	0.35	0.07
C1 语言表达能力	4.80	0.41	0.09
C2 业余训练能力	4.47	0.52	0.12
C3 组织管理能力	4.80	0.41	0.09
D1 学生调控	4.87	0.35	0.07
D2 自我调控	4.47	0.52	0.12
A1.1 对体育教师与运动员的职责区别的认识	4.47	0.52	0.12
A1.2 对教师职业价值观的领会	4.53	0.52	0.11
A2.1 对学校体育与竞技体育的内涵区别的领会	4.47	0.52	0.12
A2.2 对教育学、心理学、生理学等体育学科知识的掌握	4.67	0.49	0.10
A2.3 对《体育与健康》课程理念与内容的分析	4.47	0.64	0.14
A3.1 对青少年学生生理及心理特征的了解	4.67	0.62	0.13
A3.2 对青少年学生运动技能发展规律的了解	4.40	0.63	0.14
B1.1 理解教学文件精神并编写教案	4.53	0.52	0.11
B1.2 根据学生学习基础选择教学目标	4.60	0.51	0.11

指标	平均数	标准差	变异系数
B1.3 根据学生特点调整教材顺序及内容	4.73	0.59	0.13
B1.4 根据学生学情预测并选择教学方法	4.53	0.64	0.14
B2.1 将竞技体育训练方式转化为体育教学内容	4.40	0.63	0.14
B2.2 将竞技体育的德育精神融入教学过程	4.53	0.64	0.14
B2.3 将竞技体育比赛形式转化为教学评价方式	4.47	0.64	0.14
C1.1 技能讲解与多角度示范相结合	4.73	0.46	0.10
C1.2 诊断学生问题清晰且准确	4.40	0.63	0.14
C1.3 合理使用言语鼓励及肢体语言提示	4.60	0.51	0.11
C2.1 具备科学选材的能力	4.13	0.52	0.12
C2.2 根据学生特点制订并改进训练计划	4.60	0.74	0.16
C2.3 具备医务监督能力	4.60	0.51	0.11
C3.1 合理布置教学场地及调动队列队形	4.53	0.64	0.14
C3.2 评估及处理课堂突发事件,保持课堂节奏	4.13	0.74	0.18
C3.3 组建运动队并带领成员参与体育竞赛	4.47	0.64	0.14
D1.1 关注学生个体学习行为变化并做出处理,唤醒学生学习兴趣	4.27	0.88	0.21
D1.2 及时对学生进行教学总结及评价	4.60	0.51	0.11
D2.1 积极掌握除专项外的多项体育技能	4.47	0.64	0.14
D2.2 保持积极的教学情绪	4.60	0.51	0.11
D2.3 定期进行教学反思并培养终身学习意识	4.73	0.46	0.10

(2)指标一致性检验

专家意见的协调程度可以用等级一致性检验来进行,结果用协调系数表示:协调系数越大,表明专家意见越统一。一致性系数在 0 到 1 之间,符合标准;同时 P 值需小于 0.05,表明专家评估可信度高,结果可取。计算如下:

协调系数计算公式:

$$W = \frac{12}{m^2(n^3 - n) - m\sum_{i=1}^{m} T_i} \sum_{i=1}^{m} T_i d^2$$

协调系数一致性检验公式:

$$X^2 = \cfrac{1}{mn(n+1) - \cfrac{1}{n-1}\sum\limits_{i=1}^{m}T}\sum\limits_{i=1}^{m}d^2$$

表6-6　指标一致性检验分析

指标	卡方值	自由度(df)	一致性系数(Kendall's W)	显著性(P值)
一级指标	8.676	3	0.193	0.034
二级指标	21.570	9	0.160	0.010
三级指标	42.651	27	0.105	0.028

由表6-6指标一致性检验分析可以看出,一、二、三级指标的一致性系数分别为0.193、0.160、0.105;一致性检验的P值均小于0.05,符合标准,表明专家意见的一致性较好;从得分平均数看,各指标的均值均大于4。综上,两轮专家咨询后的结构体系已通过一致性检验且得到专家的一致性认可。

3. 信效度检验

（1）问卷信度检验

第二轮专家咨询完成后收到15份有效问卷,我们将数据导入到SPSS 25.0中进行信度分析。信度检验使用α信度系数法（也称Cronbach'alpha）,信度达到0.70可接受,介于0.70—0.98之间属于高信度。我们主要是对第二轮专家问卷的题项进行检验。回收15份问卷数据,测得此次量表的α系数为0.739（如表6-7所示）,介于0.70—0.98之间,说明此次量表的整体信度通过检验。

表6-7　可靠性统计量

题项数	克隆巴赫 Alpha
42	0.739

（2）问卷效度检验

我们通过对参与二轮专家问卷咨询的15位专家进行了内容设计、结构设计及整体设计的问卷调查,结果显示,12位专家认为问卷的结构设计非常合适,3位专家认为问卷的结构设计合适;14位专家认为问卷的内容设计非常合适,1位专家认为问卷的结构设计合适;15位专家全部认为问卷的整体设计非常合适。因此,此次问卷的内容效度和结构效度非常好。

表6-8　专家对量表内容效度与结构效度的评价结果

	非常合适	合适	基本合适	不合适	非常不合适
问卷的结构设计	12	3	0	0	0
问卷的内容设计	14	1	0	0	0
问卷的整体设计	15	0	0	0	0

　　经过两轮的专家问卷咨询,最终形成退役运动员体育教学能力结构体系,见表6-9所列。

表6-9　退役运动员体育教学能力结构体系

一级指标	二级指标	三级指标
A 教学认知能力	A1 职业认知	A1.1 对体育教师与运动员的职责区别的认识
		A1.2 对教师职业价值观的领会
	A2 课程认知	A2.1 对学校体育与竞技体育的内涵区别的领会
		A2.2 对教育学、心理学、生理学等体育学科知识的掌握
		A2.3 对《体育与健康标准》课程理念与内容的分析
	A3 学生认知	A3.1 对青少年学生生理及心理特征的了解
		A3.2 对青少年学生运动技能发展规律的了解
B 教学设计能力	B1 整合能力	B1.1 理解教学文件精神并编写教案
		B1.2 根据学生学习基础选择教学目标
		B1.3 根据学生特点调整教材顺序及内容
		B1.4 根据学生学情预测并选择教学方法
	B2 转化能力	B2.1 将竞技体育训练方式转化为体育教学内容
		B2.2 将竞技体育的德育精神融入教学过程
		B2.3 将竞技体育比赛形式转化为教学评价方式
C 教学实施能力	C1 语言表达能力	C1.1 合理布置教学场地及调动队列队形
		C1.2 评估及处理课堂突发事件,保持课堂节奏
		C1.3 组建运动队并带领成员参与体育竞赛
	C2 业余训练能力	C2.1 技能讲解与多角度示范相结合
		C2.2 诊断学生问题清晰且准确
		C2.3 合理使用言语鼓励及肢体语言提示
	C3 组织管理能力	C3.1 具备科学选材能力
		C3.2 根据学生特点制订并改进训练计划
		C3.3 具备医务监督能力
D 教学调控能力	D1 学生调控	D1.1 关注学生个体行为变化并做出处理,唤醒学生学习兴趣
		D1.2 及时对学生进行教学总结及评价
	D2 自我调控	D2.1 积极掌握除专项外的多项体育技能
		D2.2 保持积极的教学情绪
		D2.3 定期进行教学反思并培养终身学习意识

见表 6 - 9 所列,退役运动员体育教学能力结构体系包括四项一级指标、十项二级指标和二十八项三级指标。一级指标包括教学认知能力、教学设计能力、教学实施能力、教学调控能力四项。

教学认知能力是体育教学能力结构的基石,它能够直接影响教师教学准备的水平。数字认知能力主要包括教师对教育者职业的了解、对教学行为的认识、对教学目标的确定、对教学任务的把握、对教学对象的了解、对教学过程的分析和判断等方面的能力,具体体现在三个方面:对教师职业的把握、对课程及教材的分析处理、对教学对象的了解。根据退役运动员的背景特点,该维度下的二级指标分为"职业认知、课程认知和学生认知",内容包括把握教师和运动员职业区别、学校体育课程、青少年学生特点等。

教学设计能力是教师以对教学内容和学生的理解为基础来设计总体的教学进程、教学方法和教学组织工作的能力,即教师在上课前对教学过程的各要素进行最优化组合的能力。教学设计能力主要体现在两个方面,即根据学生特点整合教学内容和把握教材重难点并进行合理的教案设计。该维度下的二级指标分为"整合能力"和"转化能力"两项。"整合能力"指将学生特点与教学过程的设计整合到一起,对教学内容、学生心理准备、学习环境进行整合,也就是教学策略的制订过程。"转化能力"指结合退役运动员自身具备的竞技体育优势,将竞技体育内容转化为学校体育教学内容。

教学实施能力是教师为了实现教学目标而在教学的全过程中将教学活动本身作为意识的对象,进行各种教学行为实施进而解决教学问题的能力,它是教学能力发展的内在机制。教学实施能力主要包括语言表达能力(口头语言、书面语言及身体语言)、组织管理能力(即教师对课堂教学中各要素进行调控,使教学得以顺利进行,一是表现为按照教学设计实施教学方案,二是表现为有效地组织管理好学生)和业余训练能力,即带领校运动队成员训练及参加比赛的能力。

教学调控能力是指由于教学过程呈现复杂性和多变性,故要求教师具有实施调控的能力,即在教学全过程中,采取各种调控措施,使自己的教学过程达到最优化,从而实现最佳的教学效果。教学调控能力包括学生调控:一是要时刻关注学生行为及变化情况并及时做出处理,使他们的身心处于最佳状态;二是要尽力激活学生学习所必需的经验,提供适当的学习资源,促使学生学得更好;三是要及时对教学内容做出总结,及时点拨反馈。教学调控能力还包括自我调控:一是个人情绪及教学技能的自我调控,二是课堂节奏的调控。

(二)退役运动员体育教学能力的各项子能力相互重要程度

1.层次分析法实施步骤

层次分析法(简称 AHP)由美国著名学家 T. L. Saaty 提出,是主观决策的相关元素层次划分目标的一种研究方法。该方法将一个完整的、复杂的问题解剖成多个分支元素,然后由专家按照两两比较的打分形式将复杂问题数学化,通过公式计算得出权重值并进行排序。

我们根据已构建的结构体系,形成《退役运动员体育教学能力结构体系指标相互重要性判定表》,由 15 位相关领域专家进行评定,最后收回有效问卷 15 份。然后我们运用层次分析法进行计算,最后得出各项指标权重并进行一致性检验。

(1)一级指标权重的确定

1)构建判断矩阵

表 6-10 一级指标判断矩阵

C_k	A	B	C	D
A	1	1	1	2
B	1	1	1	3
C	1	1	1	4
D	1/2	1/3	1/4	1

$P_{AB} = (1/3 * 7 + 1/5 * 3 + 3 * 4 + 5 * 1)/15 \approx 1$

$P_{AC} = (1/3 * 6 + 1/7 * 1 + 1/5 * 4 + 1 * 3 + 3)/15 \approx 1$

$P_{AD} = (3 * 5 + 1/3 * 6 + 5 * 2 + 1 * 2)/15 \approx 2$

$P_{BC} = (1 * 6 + 1/3 * 4 + 1/5 * 2 + 1/9 * 1 + 3 * 2)/15 \approx 1$

$P_{BD} = (5 * 4 + 3 * 7 + 1/5 * 2 + 1 * 2)/15 \approx 3$

$P_{CD} = (5 * 5 + 7 * 1 + 3 * 7 + 1 * 2)/15 \approx 4$

2)权重系数计算

第一步,计算出判断矩阵每一子目标的乘积 ∂_i。

$\partial_A = 1 * 1 * 1 * 2 = 2$

$\partial_B = 1 * 1 * 1 * 3 = 3$

$\partial_C = 1 * 1 * 1 * 4 = 4$

$\partial_D = 1/2 * 1/3 * 1/4 * 1 = 0.04$

第二步,计算乘积 WI 的 3 次方根 $\beta_i = \sqrt[n]{Wi}$。

$\beta_A = \sqrt[4]{2} \approx 1.1892$

$\beta_B = \sqrt[4]{3} \approx 1.3161$

$\beta_C = \sqrt[4]{4} \approx 1.4142$

$\beta_D = \sqrt[4]{0.04} \approx 0.4472$

第三步,根据公式 $\beta = \Sigma^3 \beta i$ 对每一个方根进行归一化处理,得出权重。

$\beta = \Sigma^3 \beta i = 1.1892 + 1.3161 + 1.4142 + 0.4472 = 4.3667$

$W_A = 1.1892/4.3667 \approx 0.2721$

$W_B = 1.3161/4.3667 \approx 0.3011$

$W_C = 1.4142/4.3667 \approx 0.3235$

$W_D = 0.4472/4.3667 \approx 0.1034$

第四步,根据公式 $\gamma_{max} = \Sigma yi/n$,计算最大特征向量 γ_{max}。

$\gamma_A = (1*0.2721 + 1*0.3011 + 1*0.3235 + 2*0.1034)/0.2721 \approx 1.189$

$\gamma_B = (1*0.2721 + 1*0.3011 + 1*0.3235 + 3*0.1034)/0.3011 \approx 1.316$

$\gamma_C = (1*0.2721 + 1*0.3011 + 1*0.3235 + 4*0.1034)/0.3235 \approx 1.414$

$\gamma_D = (1/2*0.2721 + 1/3*0.3011 + 1/4*0.3235 + 1*0.1034)/0.1034 \approx 0.452$

$\gamma_{max} = (1.189 + 1.316 + 1.414 + 0.452)/4 = 4.046$

3)一致性检验

第一步,计算判断矩阵的一致性检验指标 C.I。

根据矩阵理论,如果 $\gamma_{max} > n$,可以导出判断矩阵的一致性检验指标 C.I = $(\gamma_{max} - n)/(n-1) = (4.046 - 4)/3 = 0.015 < 0.1$,故表明该矩阵通过一致检验,具有一致性。

第二步,计算 C.R。为了度量不同阶矩阵是否具有满意一致性,将 C.I 与判断矩阵的平均数即一致性 R.I 比较,得出 C.R = C.I/R.I = 0/0.89 = 0.017 < 0.1,故表明该矩阵具有满意一致性。

第三步,得出结论。

通过以上计算过程,C.I 和 C.R 均 < 0.1,构建的判断矩阵具有一致性,得出权重结果,教学认知能力权重为 0.2721,教学设计能力权重为 0.3011,教学实施能力权重为 0.3235,教学调控能力权重为 0.1034。见表 6 - 11 所列。

表6-11　一级指标权重

指标	教学认知能力	教学设计能力	教学实施能力	教学调控能力
权重	0.2721	0.3011	0.3235	0.1034

（2）二、三级指标权重的确定

按照一级指标权重确定的方法对二级指标的权重进行计算，得出职业认知等二级指标的权重值，见表6-12所列：

表6-12　教学认知能力各二级指标矩阵及权重表

CK	A1	A2	A3	权重
A1	1	1/2	1/3	0.1634
A2	2	1	1/2	0.2969
A3	3	2	1	0.5396

通过计算得出：$\gamma max = 3.009$，$CI = 0.005$，$RI = 0.52$，$CR = 0.009$，C. I、C. R 均 < 0.10，判断矩阵具有满意一致性。

经过同样方法计算，最终得到二、三指标序权重计算及一致性检验结果见下表6-13所列：

表6-13　二、三级指标序权重计算及一致性检验结果统计表

指标	γ_{max}	CI	RI	CR	一致性检验
A1 A2 A3	3.009	0.005	0.520	0.009	通过
B1 B2	2.000	0.000	0.000	0.000	通过
C1 C2 C3	3.0000	0.000	0.000	0.000	通过
D1 D2	2.0000	0.000	0.000	0.000	通过
A1.1 A1.2	2.000	0.000	0.000	0.000	通过
A2.1 A2.2 A2.3	3.009	0.000	0.000	0.000	通过
A3.1 A3.2	2.000	0.000	0.000	0.000	通过
B1.1 B1.2 B1.3 B1.4	4.010	0.003	0.890	0.004	通过
B2.1 B2.2 B2.3	3.009	0.005	0.520	0.009	通过
C1.1 C1.2 C1.3	3.000	0.000	0.000	0.000	通过
C2.1 C2.2 C2.3	3.000	0.000	0.000	0.000	通过
C3.1 C3.2 C3.3	3.009	0.005	0.520	0.009	通过
D1.1 D1.2	2.000	0.000	0.000	0.000	通过
D2.1 D2.2 D2.3	3.000	0.000	0.520	0.000	通过

通过以上计算,最终确立了退役运动员体育教学能力结构体系及其指标权重见表 6 – 14 所列。

表 6 – 14　退役运动员体育教学能力结构体系及其指标权重

一级指标	二级指标	三级指标
A 教学认知能力 (0.2721)	A1 职业认知 (0.1634)	A1.1 对体育教师与运动员的职责区别的认识(0.3333)
		A1.2 对教师职业价值观的领会(0.6667)
	A2 课程认知 (0.2969)	A2.1 对学校体育与竞技体育的内涵区别的领会(0.1634)
		A2.2 对教育学、心理学、生理学等体育学科知识的掌握(0.2969)
		A2.3 对《体育与健康标准》课程理念与内容的分析(0.5396)
	A3 学生认知 (0.5396)	A3.1 对青少年学生生理及心理特征的了解(0.5000)
		A3.2 对青少年学生运动技能发展规律的了解(0.5000)
B 教学设计能力 (0.3011)	B1 整合能力 (0.3333)	B1.1 理解教学文件精神并编写教案(0.1411)
		B1.2 根据学生学习基础选择教学目标(0.1411)
		B1.3 根据学生特点调整教材顺序及内容(0.2627)
		B1.4 根据学生学情预测并选择教学方法(0.4550)
	B2 转化能力 (0.6667)	B2.1 将竞技体育训练方式转化为体育教学内容(0.5396)
		B2.2 将竞技体育的德育精神融入教学过程(0.1634)
		B2.3 将竞技体育比赛形式转化为教学评价方式(0.2969)
C 教学实施能力 (0.3235)	C1 语言表达能力 (0.5000)	C1.1 合理布置教学场地及调动队列队形(0.2500)
		C1.2 评估及处理课堂突发事件,保持课堂节奏(0.5000)
		C1.3 组建运动队并带领成员参与体育竞赛(0.2500)
	C2 业余训练能力 (0.2500)	C2.1 技能讲解与多角度示范相结合(0.3333)
		C2.2 诊断学生问题清晰且准确(0.3333)
		C2.3 合理使用言语鼓励及肢体语言提示(0.3333)
	C3 组织管理能力 (0.2500)	C3.1 具备科学选材能力(0.1634)
		C3.2 根据学生特点制订并改进训练计划(0.5396)
		C3.3 具备医务监督能力(0.2969)
D 教学调控能力 (0.1034)	D1 学生调控 (0.3333)	D1.1 关注学生个体行为变化并做出处理,唤醒学生学习兴趣 (0.5000)
		D1.2 及时对学生进行教学总结及评价(0.5000)
	D2 自我调控 (0.6667)	D2.1 积极掌握除专项外的多项体育技能(0.4286)
		D2.2 保持积极的教学情绪(0.1429)
		D2.3 定期进行教学反思并培养终身学习意识(0.4286)

第二节　天津市退役运动员体育教学能力提升方案设计的现实依据

一、体育教学能力现状调查

结合前期专家访谈信息和调查分析发现,引发退役运动员教师体育教学能力不高的原因有很多,其中有些因素对这一现象起关键影响作用,有些因素的影响作用则相对较小。因此,我们引入帕累托分析方法研究各类引发退役运动员初任教师体育教学能力不高的因素的主次排序问题。

帕累托分析方法又称排列图法、ABC 分析图法,基本原理是"关键的少数和一般的多数"。帕累托分析法广泛应用于社会研究中。该方法通过分析影响因素的各项情况,运用数理统计对因素进行分类排队,以求在有限的时间内找到项目活动的主要影响因素、次要影响因素、一般因素,以便有效把握重点,从而成功做出相应对策。帕累托分析法应按照以下基本步骤:

(一)搜集数据

通过问卷的形式对天津市 2019—2021 年入职的具有运动员背景的初任体育教师教学能力现状进行调查,调查内容主要根据前一部分理论依据中的"退役运动员体育教学能力结构体系"制订,主要包括职业认知、课程认知、学生认知、整合能力、转化能力、组织管理能力、语言表达能力、业余训练能力、学生调控、自我调控十个层面的制约因素。每个题项的答案从"非常不符合"到"非常符合"依次为 1 分、2 分、3 分、4 分、5 分。得分越高的题项说明调查对象一致认可其制约程度越高,即该方面能力存在欠缺。

(二)计算整理

整理各种制约因素发生的频数并按要求计算搜集的数据,包括各构成因素占总得分的百分比,按百分比大小对因素进行排序,计算累积百分比。

（三）绘制帕累托分析图

将各因素的统计数据按由高到低的顺序制成柱状图，以因素名称为横坐标，纵坐标的主坐标是各因素的统计数据，次坐标是累计百分比。按累计百分比的对应关系在图中取点并连线，绘制成帕累托分析图。

（四）制作 ABC 分析表

根据帕累托分析表中的每个制约因素的累计百分比依次确定主要因素（A）、次要因素（B）和一般因素（C），那么只需要对主要因素进行针对性提高与改善就能起到事半功倍的效果。A 类因素是指累计百分比 0—80%，B 类因素是指累计百分比 80%—90%，C 类因素是指累计百分比 90% 以上的因素。

表 6－15　调查对象样本特征表

类别	内容（人数、比例）
性别	男（66/48.5%），女（70/51.5%）
运动等级	二级运动员（32/23.5%），一级运动员（32/23.5%），国家健将（68/50.0%），国际级运动健将（4/3.0%）
文化程度	专科及以下（24/17.0%），本科（76/56.0%），研究生（36/27.0%）

共发放问卷 148 份，回收问卷 136 份，有效问卷 136 份。各类别的统计结果表现出了一些现状特征，数据具有一定参考性（见表 6－15）。

其中，从性别看，男性 66 人，占 48.5%，女性 70 人，占 51.4%。在体育运动方面，性别不同所对应的差距会较明显，故由运动技术水平的高低所引起的教学能力水平也会有差距，本次调查在性别方面做到了基本平衡，可以减少性别差异对总体调查对象所带来的教学能力评估结果的影响；从运动等级看，二级运动员 32 人，占 23.5%，一级运动员 32 人，占 23.5%，国家健将 68 人，占 50.0%，国际级运动健将 4 人，占 3.0%，从退役运动员初任教师整体运动等级来看，"国际健将"占到半数，表明近年来，越来越多的、具有较高运动水平的运动员加入体育教师行列，技能水平在某种程度上可以反映调查对象的文化水平，即训练年限的长久代表其进行科班教育学习时间的短缺，故其在教学系统知识方面缺失较多；从文化程度来看，专科及以下 24 人，占 17%；本科 76 人，占 56%；研究生 36 人，占 27%。退役运动员初任教师本科学历占到了半数以上，侧面反映了近些年"高校高水平运动队"的建设下,一大批运动员接受本科教育并在退役后进入中小学体育教师队伍,其训练时期短缺的文化知识得到一定补充。但一部分高校在对高水平运动队的管理中,并不重视学科教育,一味看重其本科教育期间的比赛成绩。因此这类退役运动员经过本科教育只是获得了学历证书,其自身文化水平与综合实践能力并没有得到提升,从事教师工作所需要的本体性知识和条件性知识仍存在欠缺,表现出教学能力的不足。综上所述,退役运动员从事体育教师工作,其教学能力需经过系统方案进行针对性的提升。

表6-16　制约因素类型频数及百分比统计表

因素	频数(总得分)	百分比	累计百分比
C2	340	28.62%	28.62%
B1	176	14.81%	43.43%
C1	140	11.78%	55.21%
B2	96	8.08%	63.29%
A3	84	7.07%	70.36%
A1	72	6.06%	76.42%
A2	72	6.06%	82.48%
C3	72	6.06%	88.54%
D1	68	5.72%	94.26%
D2	68	5.72%	100.00%

注:此表百分比保留两位数。

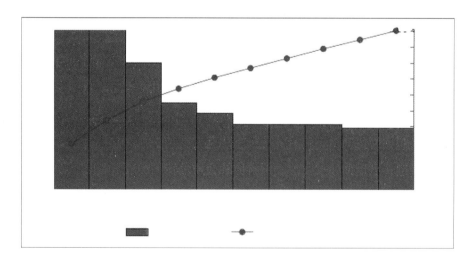

图6-1　体育教学能力制约因素帕累托图

表 6 - 17　体育教学能力制约因素 A、B、C 分析表

A 类因素	B 类因素	C 类因素
C2		
B1		
C1	A2	D1
B2	C3	D2
A3		
A1		

根据帕累托图可以将表 6 - 17 中的教学能力制约因素分为 A、B、C 三类。A 类因素包括 C2 语言表达能力、B1 整合能力、C1 组织管理能力、B2 转化能力、A3 学生认知、A1 职业认知。B 类因素:A2 课程认知、C3 业余训练能力。C 类因素:D1 学生调控、D2 自我调控。

通过统计分析可以看到,语言表达能力占制约影响因素总得分的 28.62%,是造成被调查对象总体教学能力不高的主要因素。排在第二位的整合能力占比 14.81%,也较为重要。该因素的子因素较多,需要初任教师从各方面把握教学并做好教学设计,对教学能力的全面性要求较高。被调查的教师中,语言表达能力、整合能力、组织管理能力、转化能力这四项能力的总体得分最高,即天津市退役运动员初任教师的教学能力现状中,这四项的掌握程度普遍不高。对于"学生认知"和"职业认知"因素,多数被调查者的自评也显示出掌握程度不够高的现象。位于前六项的制约因素主要归属于"教学实施能力"和"教学设计能力",说明初任教师在这两个方面的能力素质需要提高。另外,"课程认知""业余训练能力""学生调控""自我调控"层面,被调查者们的掌握程度普遍较高,侧面说明过去针对这一类型新任教师的职业培训中,这四方面的培训实效性较高,教师们的相应能力素质得到明显提高。

二、体育教学能力不足问题及原因分析

结合帕累托分析,我们对天津市退役运动员体育教学能力不足问题及原因进行分析。根据体育教学能力制约因素 A、B、C 分析表得出制约其体育教学能力提升的主要因素(A 类因素),结合理论依据中经德尔菲法构建得出的退役运动员体育教学能力结构构成,表中语言表达能力和组织管理能力同属于教学实施能力维度,整合能力和转化能力属于教学设计维度,学生认知和职业认知属于教学认知维度,具体见表 6 - 18。

表 6-18 体育教学能力制约因素中 A 类因素对应条目表

A 类因素	对应条目
C2	语言表达能力
B1	整合能力
C1	组织管理能力
B2	转化能力
A3	学生认知
A1	职业认知

（一）语言表达方面

对具有专业运动经历的初任教师的调查结果显示,语言表达方面的欠缺占到了其体育教学能力制约因素的28.62%,这一关键性因素在天津市退役运动员的体育教学能力发展中起着决定性作用。退役运动员成为正式体育教师并具备高尚的职业道德和完备的知识结构后,教学实施能力便成为能否实现教学目的、提高青少年体质健康水平的关键性因素。语言表达能力是教学实施能力的重要组成部分,正如老教师们常说的,"同样的教学方法,因为语言不同效果就可以相差二十倍"。退役运动员由于自身体育经历的特殊性,在任职体育教师后,如何将自身对于体育技能的独特感悟以知识的形式正确传授给学生尤为重要。

造成教学有效性较低的原因是基础能力的欠缺。体育教学不同于其他学科,体育课的"稍息、立正、集合"等,无一不体现着体育教学语言的艺术。退役运动员教师不能使用有效的中小学课堂教学语言,因此空有一身本领技术,却无法将要点传递给学生并使其接受。不同于师范背景的学生,许多退役运动员未经过系统师范专业的教育。中小学的普通学生不同于专业队队员,他们对于体育运动的认知有限,对于体育项目的学习也需要一个从兴趣到习惯的引导过程。而退役运动员在专业队中对于体育事项的沟通已经完全融入日常生活,许多时候缺少了循循善诱的意识,因此面对受众的变化,退役运动员成为体育教师后,在体育课的教材讲解方面表现出不足,存在讲解不清晰、不生动的问题。

（二）组织管理方面

从制约因素统计表(表6-16)可以看出,除关键制约因素 C2 之外,组织管理能力的欠缺指数与整合能力的欠缺不相上下。这意味着虽然有部分退役运动员在体育教学中能保持教学灵敏度,有效把控课堂,但教学应变能力不佳。总体来看,退役运动员教师的教学应变能力存在欠缺。

组织管理方面的问题主要是由于教师缺乏教学应变性。教学应变能力包括两方面，一是教学进度与学生课堂反应不一致的解决措施；二是学生突发紧急事故，体育教师的应对措施。教学进度并不总是按照教案上那样顺利进展。教学口令错误、教学活动迟迟没有按照计划正常展开、上课拖堂、学生接收能力偏弱导致教师教学任务没有完成、不能很好地维持课堂纪律，学生学习主动性下降，最后激发师生矛盾。此外还有学生身心突发状况的应对，普通的青少年学生体质和专业队队员不一样，同样的运动负荷，有些体质较弱、不宜运动的孩子可能因无法承受以致出现不适。出现问题不可怕，可怕的是紧急事件发生后没有正确的应对措施。不了解青少年学生的生理及心理发展特点，经常会出现教学应对措施不当。

（三）整合及转化能力方面

调查结果显示，在教学设计中，许多退役运动员教师的整合能力和转化能力存在不足，具体表现如下：其一，在编写教案时，许多教师只是按照老套的教学模板，不能领会新时代体育教学的文件精神并据此进行教学设计；其二，在课堂设计中，过于依赖现有资料和教材，不能切身考虑学生发展需求；其三，不能利用自身优势经验，将竞技体育优势合理转化为体育教学技能，导致专业技能得不到充分发挥。

针对"教什么"和"怎样教"的问题，"怎样教"明显成为许多退役运动员任职体育教师后的一大难题，究其原因就在对教学方法论的学习不够透彻以及缺少行动反思，不能将教学内容灵活整合与合理转化，导致教学时不能游刃有余地使用教学方法。一个缺乏反思意识的教师无法取得教育专业上的长足发展，一名合格的教师应善于总结经验并运用到下一堂课的设计中，进而提升教学创新能力，同时把这种能力传递给学生。体育教学过程中，许多技能的内在规律无法物化地展现出来，这就需要体育教师经过科学设计，在轻松的课堂氛围中将教学动作要领清晰准确地传递给学生。因此提前做好教学设计，对学生学情准确预测并选择合适的教学方法手段十分重要。教学设计能力具体指教师的整合和转化能力，即学生特点与教学内容的整合、竞技体育内容向体育教学内容的合理转化。具备充足的基本教学理论后，将碎片化的知识进行整合与转化，理论与实践结合，才能有效提升退役运动员教师的体育教学能力。

（四）职业及学生认知方面

调查结果显示，有超过13%的被调查退役运动员教师认为自身教学认知能力存在不足,制约了体育教学能力的发展。教学认知能力不足包括职业认知不足和学生认知不足两个方面,职业认知具体表现为对运动员职业和教师职业区别的认知以及教师职业素养体现。通过岗前的培训学习,退役运动员教师已具备了课程知识,对课程的认知也达到一定水平,但职业认知与学生认知的缺失在后续教学中表现得较为明显。退役运动员离开运动队进入学校,受大环境的变化和学校等因素影响,个人观念和思想极易出现偏差,具体表现在爱岗敬业精神缺失、教学投入不足、育人精神意识淡薄等。这一本质原因是未能主动建立科学的职业认知,转变教学理念。因此退役运动员教师补充职业知识以建立科学完整的教学认知十分重要。学生作为教学过程的主体,一举一动都会影响整体教学质量,退役运动员常年置身于纪律严明的训练队,训练刻苦,而中小学学生个体特殊性较强,许多同学对体育缺乏兴趣,需要教师的引导与沟通。因此退役运动员在教学中要有效组织好学生队伍,关注学生发展,提升教师自身对于青少年生理、心理及运动技能发展规律的了解,掌握相关知识才能对学生形成正确认知。总而言之,增加学生知识和职业知识的积累,建立全面的教学认知对于退役运动员教学能力的提升是一条有效路径。

三、退役运动员初任教师的体育教学能力发展需求

(一)调查结果分析

通过对天津市退役运动员初任教师的体育教学能力的调查,对退役运动员在体育教学能力提升方面的培养需求从培训方法、培训师资、培训内容和培训考核等方面进行调查。

调查结果显示:仅1.5%的调查对象认为"不需要"或"非常不需要"接受关于体育教学能力提升的培训;从培训动机调查结果可以看出,很大一部分人希望接受教学能力提升培训是由于岗位工作任务的需要,即外部动力因素影响较大,侧面反映出其自身终身学习的意识较为浅薄;关于培训方法,调查对象均表现出对讨论及经验交流(71.3%)、案例分析(58.8%)、情景模拟试讲(72.0%)的浓厚兴趣,反映出其对实践经验知识的需求,因此在培训形式的分析设计中应着重考虑该形式的课程设置;培训师资的意见主要集中于中小学一线教师,这一比例占到69.8%,另外高校教授的选择率有65.4%,职业经理培训人的选择率有55.9%;希望培训的课程内容是教学语言表达与沟通技巧,这与对调查对象体育教学能力提升的制约因素调查中对语言表达能力的评估具有一致性;希望的培训考核方式,课堂试讲占比74.3%,教案设计占比64.7%,案例研讨报告占比68.4%,理

论知识考核47.1%。具体见表6-19：

表6-19 培训需求分析(n=136)

项目	类别	人数
您认为自己是否需要接受培训	非常不需要	0(0)
	不需要	2(1.5%)
	一般	40(29.4%)
	比较需要	67(49.3%)
	非常需要	27(19.8%)
参加培训的动机	岗位工作的要求	58(42.6%)
	个人学习发展的需要	47(34.5%)
	建立工作联系网络	22(16.1%)
	开阔眼界、个人兴趣	9(7.0%)
希望的培训方法*	大量讲授	69(51.0%)
	讨论及经验交流	97(71.3%)
	案例分析	80(58.8%)
	情景模拟试讲	98(72.0%)
	观摩授课	72(52.9%)
	集体备课	78(57.3%)
希望的培训师资来源*	高校教授	89(65.4%)
	中小学一线教师	95(69.8%)
	中小学校长等管理人员	40(29.4%)
	职业培训经理人	76(55.9%)
希望的培训内容*	体育教师职业认知	73(53.7%)
	学科专业知识	62(45.6%)
	基本运动技能	66(48.5%)
	心理学知识	77(56.6%)
	体育教学教材设计	85(62.5%)
	教学语言表达与沟通技巧	97(71.3%)
	教学与训练的组织管理	88(64.7%)
希望的培训考核方式*	培训后写心得体会	52(38.2%)
	理论知识考核	64(47.1%)
	课堂试讲	101(74.3%)
	教案设计	88(64.7%)
	案例研讨报告	93(68.4%)

*该条目为多选项

（二）培训需求讨论

1. 培训内容侧重实用性

退役运动员体育教学能力的结构构成包括教学认知、教学设计、教学实施、教学调控四个层面，一节课从备课到上课到结束，整个教学工作环节都需要应用到这些教学能力知识。从研究结果看，调查对象在"教学语言表达与沟通技巧"项需求最高，说明其希望学习带教方法和沟通技巧，从而在课堂上将自身技能知识有效地传递给学生；其次，"教学与训练的组织管理"需求率也处于较高水平。体育课教学环境的特殊性造成了其课堂教学的活动性与不确定性，有效地组织学生对课堂管理极为重要。同时，退役运动员教师自身具备的多年的专业队训练经历使其在学校运动队的建设中具备极大优势，因此调查对象希望培训中增加青少年体育训练知识，科学提高学校运动员体育竞赛成绩；另外，"心理学知识"和"体育教师职业认知"的内容在教学中也很重要。对青少年学生心理、生理特点的了解可以促进师生沟通，对教师职业的完整认识可以提高教师自我认同感，有利于教师职业发展。因此，培训内容的设计要根据现实问题而设计，重视实用性，设置语言表达、组织管理、教学设计、教学认知等相关知识，满足天津市退役运动员教师提升体育教学能力的需求。

2. 培训方式多元化

调查分析显示：培训方法中讨论及经验交流、案例分析、情景模拟等方法的需求增加。多元化的充满实践性的教学策略，不仅打破原有僵化的培训模式，使培训方式多样化，而且有利于培训师资与参训对象、参训对象互相之间的交流与合作，这充分体现了培训课上"教师"和"学生"的双主体性，在动态过程中得到双向发展。这也符合教师专业化发展理论价值取向中的生态取向，即在一种合作的"教师文化"中得到提升。因此在设计体育教学能力提升方案的培训方式时，应考虑到体育教师教学环境及体育运动的特殊性，在充分了解培训需求基础上，采取多样化的培训方式，重视参训学员的参与式体验，提升方案的有效性。

3. 培训师资多样化

研究结果显示：天津市退役运动员初任教师希望在培训中得到中小学一线教学、高校教授及职业培训经理人的指导。中小学一线教师经过多年实践教学，形成了独具一格的教学风格，对教学情境的把握也有特别的见解，其教师成长经历的分享有助于参训学员实践知识的提升；高校教授可以从一定的理论高度传授学科前沿知识。教学知识不能只局限于教材，知识是时刻更新的，前沿知识与教材内容的科学结合有助于提升学生学习兴趣,因此高校教授的授课可以向参训学员传输新理念;另外,职业培训经理人的授课也是必不可少的。学校和运动员的巨大反差致使运动员在职业转换期会面临各类适应问题,职业培训经理人的讲授内容可以帮助退役运动员有效顺畅地渡过转换期。

4.培训评价规范化

关于培训考核方式,"课堂试讲"的方式处于需求度调查的首位。一般的评价方式包括过程性评价与总结性评价,以往的教师培训多是在培训结束后的某个环节,采取理论知识测验的方式作为结业测试。这样集中于阶段性和结业考核,侧重理论知识,淡化了过程性和终结性的结合,培训过程缺少监督和评价。而且,这类总结性培训评价方式不能有效地检测出参训学员在实践能力方面的提升,参加体育教学能力提升培训的原因就是"教"的能力欠缺,因此对参训学习效果的评价也应当有这一项。所以根据培训需求整体分析,应改变局限的培训评价方式,设计培训考核方式时增加多种考核项目及标准,注重短期与长期评估相结合的方式,提升培训评价的规范化,使退役运动员教师的体育教学能力得到有效发展。

第三节　天津市退役运动员体育教学能力提升方案的设计

根据《关于深化"体教融合"促进青少年健康发展的意见》文件精神,认真贯彻落实天津市教委、体育局对学校体育师资工作的部署,"落实《学校体育美育兼职教师管理办法》,制定优秀退役运动员进校园担任体育教师和教练员制度,畅通相关渠道,探索先入职后培训",并以实践学习作为基本理念。本研究结合培训对象背景特点,以问题为中心,设计分析天津市退役运动员体育教学能力提升方案,逐步提高其体育教学能力。

一、培训目标的设计

培训目标作为培训最终要达到的状态,为培训课程的开展指明了方向。每一个培训要素的分析设计都要围绕培训目标的达成这一宗旨,因此每一个培训方案都应针对培训目标,有一个清晰的设定。根据《教师专业标准》(试行)以及尹志华的《体育教师专业标准研究》,结合天津市退役运动员体育教学能力结构体系,为使从事学校体育教学工作的天津市退役运动员经过系统培训，了解教师职业道德内容，系统掌握专业知识与技能，提升体育教学能力，方案的目标设定从以下四个维度展开：

第一，教学认知维度。具体包括提升对"教书育人"这一角色的认知、关注青少年学生生理心理方面的健康发展、掌握新时代学校体育学的相关理论知识。

第二，教学设计维度。具体表现为体育教学设计与改革创新，结合学生特点进行教学设计、改革学校体育课程内容。

第三，教学实施维度。结合背景特点，将理论知识应用于实际教学，包括合理地进行教学组织以及科学地指导学生开展运动训练、掌握体育教学语言艺术。

第四，教学调控维度。培养教学调控能力，包括从课上到课下，关注青少年身心发展状况，培养自身"一专多能"的教学素养。

二、培训形式的设计

培训形式实际上是对培训操作方式的一种简化表示。在本研究中，它是指由一定的培训对象、培训目标、培训课程及授课团队资源所决定的可以在具体的每个专题中采用的形式。本方案的培训对象是天津市退役运动员教师，培训目标是对参训学员进行师范教育以提升其体育教学能力，培训主要包括两类课程内容：理论学习内容和实践体验内容。根据新时代加强教师队伍建设的意见，教师教育类课程应重视主体性和实践性。因此，为提高培训课程的有效性，在具体的培训操作中，这两种课程并不是完全独立的，而是相互渗透与结合的。

结合退役运动员体育教学能力的结构构成以及对天津市退役运动员教学能力的现状调查，确定采用合理有效的形式主要包括以下六种：专家讲座、专题研讨、案例研讨、教学观摩、研课磨课、参与式体验。

（一）专家讲座

讲座传递的内容主要包括两方面：一是中小学一线优秀教师分享从实践积累的教育经验。虽说教学有法，教无定法，但一些实用的教学经验可以帮助新体育教师顺利开始教学，进而通过个人教学风格形成特有的教学方式。二是高校体育教育专家讲授体育学科教育前沿。进入新时代，学校教育的发展要紧跟步伐，做到时刻更新，传播新思想，开展新教育。

（二）专题研讨

培训专题可以体现培训课程的中心内容。结合天津市退役运动员先前没有经过系统师范教育的实际情况,根据退役运动员体育教学能力的结构构成,剖析参训人群能力现状,即为在实际教学中应做到的各种体育教学能力子能力的外在行为指标确定了十项培训专题,包括理论学习与实践体验知识。

（三）案例研讨

教学内容为经典案例视频教学,包括"优秀课堂"案例与"经典课堂"案例。"优秀课堂"经常能够展现任课教师娴熟的教学技巧和独到的教学设计。学员们在授课团队的带领下交流研讨,发现并掌握教学技巧,进而灵活使用;同时,也可触类旁通,思考竞技体育与学校体育有机融合后的优秀教学设计。"经典课堂"往往暴露出"体育教学中最大的困难",通过交流研讨,最后能够整理出问题解决思路。

（四）教学观摩

具体开展方式为参训学员分小组进入校园进行真实课堂观摩,"面对面"地从旁听者角度观察一堂课的全貌。相比视频观摩,这样更有利于发现实践教学中优秀教师的教学细节,引发思考。

（五）研课磨课

该课程主要内容为教学设计与展示,是指将参培学员以体育项目分组,结合《体育与健康课程》教材,自选内容,以小组形式进行备课与展示,最后总结提升。

（六）参与式体验

参训学员作为体育课堂的学生,邀请一线体育教师对其进行体育课授课,参训学员能够身临其境地"上"体育课,学习优秀教师的教学技巧与方法。该课程模式可直观地教授给学员教学实践内容,做到理论与实践相结合。

三、授课团队的确定

培训师资队伍的建设及其作用的发挥是影响培训方案实施效果的关键。天津市退役运动员体育教学能力提升方案的授课专家来源可以分成三类:一是高校专家教授。这些体育教育专家可以为学员带来丰富的学科前沿知识,切实提升学员理论学习高度,明确体育教师专业发展方向。二是中小学一线优秀教师。这些教师扎根一线,在行动中进行体育教学研究,具备丰富的教育教学知识,能够为学员提供更具操作性、更有实效的意见与帮助。三是职业培训经理人。这类专业人才常年教授职业转换课程,对于如何帮助学员顺利进入新的教师职业角色、渡过转换期可提供切实科学的建议。

四、培训课程的确定

培训内容是天津市退役运动员体育教学能力提升方案实施的基本依据和材料。在设计培训内容时,应以退役运动员应具备的体育教学能力的子能力的构成为基础,以解决当前天津市退役运动员初任教师体育教学能力的不足为主要内容,将制约参训对象教学能力发展的主要制约因素列为研究学习的重点。具体设计思路如下:

在明晰了退役运动员体育教学能力的结构构成的基础上,通过剖析退役运动员教学能力现状,即在实际教学中应做到的各种体育教学能力子能力的外在行为指标,进一步思考怎样的培训内容专题设计才能有效促使其产生上述行为。为了让退役运动员通过"能力提升方案"初步形成有益于体育教学能力各子能力发展的行为表现,应该针对天津市退役运动员教师的体育教学能力子能力所对应的行为指标设计相应的培训专题。

因此,我们首先对构成天津市退役运动员体育教学能力的各子能力对应的行为指标抽取关键词,对这些关键词的意义进行分析,结合理论依据中各结构构成的重要程度关系,推导出对应的能够提升天津市退役运动员体育教学能力的培训专题及形式,并设计了"培训专题"——"研修形式"相互搭配的教学模块。

(一)教学认知维度的内容设计

在教学能力结构中,教学认知能力是基础,它直接影响教师教学准备的水平,影响教学方案设计的质量。[1] 教学认知能力是指教师的教育事业的认知,对教学目标、教学任务、学习者特点、教学方法与策略以及教学情境的掌握[2],主要表现为:领会"学校体育"内涵以及"体育教师"职业内涵;把握课程标准,分析处理教材;了解学生,掌握青少年身心

---

① 姚利民.影响有效教学的教师因素探析[J].高等教育研究学报,2004(01):4-6.
② 阮成武.小学教育概论[M].华东师范大学出版社,2011.

特点。该维度下的课程包括三个模块：

【模块之一】"师德修养与教育法规"——"专家讲座"

职业认知所对应的退役运动员教师体育教学能力的行为指标为：理解教师职责，领会教师职业价值观。"教师是立教之本，兴教之源"，习近平同志这一论断指明了教师在教育事业中的"本""源"地位，充分肯定了教师的重要价值。教师的工作就是塑造灵魂、生命与人的工作，退役运动员成为体育教师后须树立高尚的师德理念，明确教育发展的责权框架并遵守教育法规，这也是新时代学校体育教师发展的明确指向。因此，从职业认知所对应的退役运动员教师体育教学能力的行为指标可推导出天津市退役运动员体育教学能力提升方案的培训专题是"师德修养与教育法规"。该专题属于教学认知能力维度，对调查数据的帕累托分析显示，天津市退役运动员初任教师时普遍认为职业认知方面的欠缺是制约其体育教学能力提升的 A 类主要制约因素之一，结合专家访谈收集到的资料，分析得出提高该方面能力适宜的研修形式为"专家讲座"，可通过中小学一线优秀教师和高校体育教育专家的理念传授，提升职业认知。

【模块之二】"中小学《体育与健康课程标准》解读"——"专题讲座与研讨"

课程认知所对应的退役运动员教师体育教学能力的行为指标为：领会学校体育与竞技体育的内涵区别，掌握体育学科知识以及《体育与健康》课程知识。退役运动员由于其特殊的专业运动经历，对竞技体育接触更多，而新时代学校体育也要积极鼓励"奥林匹克"运动精神的传递；另外体育学科知识是中小学体育教材的源头，是教学必备的基础知识，故退役运动员教师应结合《体育与健康课程标准》，解读教材理论知识，进一步提高自身已掌握的体育学科理论知识的系统性。因此，从课程认知所对应的退役运动员教师体育教学能力的行为指标可推导出天津市退役运动员体育教学能力提升方案的培训专题是"中小学《体育与健康课程标准》解读"，该专题属于教学认知能力维度，理论知识的提高除专家讲授外，还可增加学员研讨环节，促进教材解读，综合分析得出提高该方面能力适宜的研修形式为"专题讲座与研讨"。

【模块之三】"青少年身心发展与心理健康教育"——"专家讲座与案例研讨"

学生认知所对应的退役运动员教师体育教学能力的行为指标为：青少年身心特征及技能学习规律。学情分析是体育教师教学中的一项重要能力，准确而全面的学情分析需要教师系统分析学生的情况特点，进而结合教学内容展开教学。根据帕累托分析显示，学生认知属于 A 类主要制约因素。专业知识是教师专业标准的重要维度，关于学生的知识是教师专业知识的重要内容，我国 2021 年公布的《中小学教师专业标准（试行）》指出，关于学生的知识在教育知识领域主要包括了解学生身心发展的一般规律与特点等。因此,从课程认知所对应的退役运动员教师体育教学能力的行为指标可推导出天津市退役运动员体育教学能力提升方案的培训专题是"青少年身心发展与心理健康教育",培训中可增加学生特殊情况的典型案例研讨,故研修形式为"专家讲座与案例研讨"。

表20　教学认知维度提升方案的具体内容

教学认知维度			
目标	1. 领会学校体育教学内涵,理解教育工作的意义。提高对教师职业的认知,体会教师与运动员的职业区别,树立教师职业道德观念。 2. 理解课程标准的理念与精神实质;依据教学文件精神,分析处理教材内容从而确定具体的教学目标、教学任务、教学方案及进行教学改革实践。 3. 把握青少年学生的成长发育规律。与此同时,既要了解学生体育技能学习基础,也要了解学生的学习能力、运动兴趣、运动技能发展规律。		
模块	专题	研修形式	内容要点
职业认知	师德修养与教育法规	专家讲座	体育教师与运动员的职业区别的认识、教师职业价值观的领会
课程认知	中小学《体育与健康课程标准》解读	专题讲座与研讨	学校体育与竞技体育的内涵区别,教育学、心理学、生理学等体育学科知识的掌握,《体育与健康》课程理念与内容的分析
学生认知	青少年身心发展与心理健康教育	专家讲座与案例研讨	青少年学生生理及心理特征、青少年学生运动技能发展规律的特点

(二)教学设计维度的内容设计

教学设计能力是指教师以对教学内容和学生的理解为基础来设计总体的教学进程、教学方法和教学组织工作的能力,即教师在上课前对教学过程的各要素进行最优化组合的能力。该维度下的课程包括两个模块:

【模块之一】"《体育与健康课程》研课磨课"——"研课磨课"

整合能力所对应的退役运动员教师体育教学能力的行为指标为:根据教学文件精神编写教案,教学内容与学生特点的整合设计。从问卷调查得到的帕累托分析图可看出,整合能力排在天津市退役运动员体育教学能力制约因素的第二位,属重要制约因素。掌握教育知识领域的理论知识后,如何与实际教学科学整合并应用到教学设计中,这是天津市退役运动员教师需着重提高的。有效的教学需要根据《体育与健康课程》,将教育理论与学生特点科学整合。因此从整合能力所对应的退役运动员教师体育教学能力的行为指标可推导出天津市退役运动员体育教学能力提升方案的培训专题是"《体育与健康课程》研课磨课",研修形式为"研课磨课",即通过课程研磨,进行教学设计的实践训练。

【模块之二】"新时代学校体育的改革发展"——"专家讲座与研课磨课"

转化能力所对应的退役运动员教师体育教学能力的行为指标为:竞技体育训练向学校体育教学内容的"转化"。竞技体育训练经历是退役运动员转型体育教师的优势所在:高超的技术水平、专业的训练方式、丰富的比赛形式以及奥林匹克运动精神等要素正是新时代学校体育改革发展中需要积极融合的内容。然而现实情况是,许多热门项目的运动员在非体育传统特色学校进行体育教学时,技术得不到施展;冷门项目的运动员教学时,无法挖掘自身技能优势并将其合理转化为教学内容。这说明天津市退役运动员对于学校体育改革发展的方向问题还需进一步学习,进而运用到教学设计中。因此从转化能力所对应的退役运动员教师体育教学能力的行为指标可推导出天津市退役运动员体育教学能力提升方案的培训专题是"新时代学校体育的改革发展",研修形式为"专家讲座与研课磨课"。

表6-21 教学设计维度提升方案的具体内容

教学设计维度			
目标	1. 根据学生特点整合教学内容。将学生特点与教学过程的设计整合到一起,将教学内容、学生心理准备、学习环境整合到一起,即掌握教学策略的制订过程。 2. 进行自我背景分析,结合特殊的专业运动经历,将竞技体育训练模式有取舍地转化后融入体育教学的教案设计,促进"体教融合"中竞技体育与学校体育的结合。		
模块	专题	研修形式	内容要点
整合能力	《体育与健康课程》研课磨课	研课磨课	理解教学文件精神并编写教案、教学目标,教材顺序及内容,教学方法手段等与学生实际情况的结合
转化能力	新时代学校体育的改革发展	专家讲座与研课磨课	竞技体育训练方式向体育教学内容的转化、课堂体育比赛的设计、奥林匹克精神与学校体育

(三)教学实施维度的内容设计

教学实施维度主要培训目的是有针对性地提高教师通过实施各种教学行为进而解决教学问题的能力。从实施的手段看主要包括语言表达、运用教学媒体、布置器材场地

等,从实施活动的内容看,包括课堂管理、组织训练、呈现教材、学生学习评价等。该维度下的课程包括三个模块:

【模块之一】"中小学体育课堂教学实践课"——"参与式体验"

组织管理能力所对应的退役运动员教师体育教学能力的行为指标为:各项目技术教学的课堂管理与组织训练。对于体育教师而言,课堂教学中的组织与管理行为多样,除技能讲解外,还包括场地布置、队列队形调动、课堂秩序维持,另外还有运动队的训练组织等。这些教育行为也是教学过程的重要部分,发挥着隐性课程的功能。从问卷调查得到的帕累托分析图可看出,组织管理能力排在天津市退役运动员体育教学能力制约因素的第三位,属重要制约因素,教学实践能力应当从课堂实践中得到提升,天津市退役运动员应提前体验中小学体育课堂,参与其中。因此从组织管理能力所对应的退役运动员教师体育教学能力的行为指标可推导出天津市退役运动员体育教学能力提升方案的培训专题是"中小学体育课堂教学实践课",研修形式为"参与式体验"。

【模块之二】"体育教师的语言与行为规范"——"教学观摩与参与式体验"

语言表达能力所对应的退役运动员教师体育教学能力的行为指标为:教学中的讲解、示范、诊断及教学语言艺术。从问卷调查得到的帕累托分析图可看出,语言表达能力排在天津市退役运动员体育教学能力制约因素的第一位,这充分说明了被调查对象在该能力方面的劣势。体育教学常常是在较大的活动场所内进行技能讲授,这就要求教师有效地运用语言。体育教学语言艺术的运用有利于知识传授的效率、有利于激发学生兴趣、促进师生沟通等。体育学科具有十分特殊的教学语言规范,由于学生是通过身体练习来完成学习任务的,故"精炼简明"是其最大特点。因此从语言表达能力所对应的退役运动员教师体育教学能力的行为指标可推导出天津市退役运动员体育教学能力提升方案的培训专题是"体育教师的语言与行为规范",研修形式为"教学观摩与参与式体验"。

【模块之三】"'课余体育训练'实践课"——"教学观摩与参与式体验"

业余训练能力所对应的退役运动员教师体育教学能力的行为指标为:运动队的选材、训练与监督。"体教融合"的相关文件指出,全国中小学应开展丰富多彩的课余训练及竞赛活动,促进全体学生"学会、勤练、常赛"。退役运动员进入学校任教后,同时可发挥自身优势,承担学校运动队的组建与管理。作为校园教练员,退役运动员教师应根据青少年特点,制订科学健康的训练计划,要避免混用专业运动队内强度过高的训练模式。故退役运动员应通过练习,掌握校园运动队的培养宗旨及方向,提高自身的业余训练能力。因此从业余训练能力所对应的退役运动员教师体育教学能力的行为指标可推导出天津市退役运动员体育教学能力提升方案的培训专题是"'课余体育训练'实践课",研修形式为"教学观摩与参与式体验"。

表6-22 教学实施维度提升方案的具体内容

教学实施维度			
目标	1.掌握各类项目教学的基本教材教法,使教学得以顺利进行。表现为一是按照教学设计开展教学,二是合理布置场地器材,把控课堂,有效地组织管理好学生。 2.注重教学中的言语鼓励与语言艺术;提高教学讲解与示范的科学化,做到多种表达方式合理结合;时刻关注学生课堂学习进展并给出准确诊断。 3.组建运动队,掌握青少年非专业运动队的管理方法;带领队员制订训练计划、参训参赛;科学诊断队员训练负荷及身体情况。		
模块	专题	研修形式	内容要点
教学实施之组织管理	中小学体育课堂教学实践课	参与式体验	田径技术与教学、足球技术与教学、篮球技术与教学、乒乓球技术与教学、体操(健美操)技术与教学、武术技术与教学、体育拓展技术与教学、跳绳(踢花毽)技术与教学
教学实施之语言表达	体育教师的语言与行为规范	教学观摩与参与式体验	言语鼓励及肢体语言艺术、教学讲解与示范、课堂诊断能力
教学实施之运动训练	"课余体育训练"实践课	教学观摩与参与式体验	科学选材、根据学生特点制订并改进训练计划、医务监督

(四)教学调控维度的内容设计

教学调控主要是指教师能够妥善应对教学过程呈现的复杂性和多变性,在教学全过程中,采取各种调控措施,包括对内的自我调控和对外的学生调控,使自己的教学过程达到最优化,从而达到理想的教学效果。该维度下的课程包括两个模块:

【模块之一】"体育教学案例分析"——"案例研讨"

学生调控所对应的退役运动员教师体育教学能力的行为指标为:与学生沟通相处及教学评价。教师职业素养中很重要的一部分就是对学生的人文关怀,即从学生入手,关爱学生,尊重学生。积极的沟通意识也是体育教学能力的重要组成部分。相应地在教学评价中,教师也应使用个性化的评价方式。每个学生都是独特的个体,任教过程中常常会面对不同性格的学生,出现各种状况。针对这方面教学能力的提升,退役运动员教师可多了解正面与反面的经典案例,以求做到举一反三、胸有成竹。因此,从学生调控所对应的退役运动员教师体育教学能力的行为指标可推导出天津市退役运动员体育教学能力提升方案的培训专题是"体育教学案例分析",研修形式是"案例研讨"。

【模块之二】"优秀教师的成长分享"——"专家讲座与参与式体验"

自我调控所对应的退役运动员教师体育教学能力的行为指标为:提升个人技能的全面性、培养积极的教学情绪及良好的教学习惯。教师专业发展是一个自为、自觉、自控的过程。学校体育的基本任务是通过各种形式的体育锻炼增强青少年体质,因此体育教师须同时掌握多项体育技能。退役运动员常年钻研一项技能并达到高超水平,以致于对其他体育教学内容并不熟悉,故其任教中应保持良好的教学习惯,自觉提升自我,遇到教学瓶颈仍保持积极的教学情绪,这是成长为一名专业教师必不可少的过程。因此,从自我调控所对应的退役运动员教师体育教学能力的行为指标可推导出天津市退役运动员体育教学能力提升方案的培训专题是"优秀教师的成长分享",研修形式是"专家讲座与参与式体验"。

表6-23　教学调控维度提升方案的具体内容

教学调控维度			
目标	1. 时刻关注学生校内外行为及变化情况并及时做出处理,帮助学生身心调整为最佳状态;尽力激活学生学习所必需的经验,提供适当的学习资源;当堂对学生学习做出总结,及时点拨反馈。 2. 合理调整个人情绪,保证教师积极正面形象;逐步掌握多项基本体育技能;提高自我内在学习动机,定期进行教学反思,保持终身学习理念。		
模块	**专题**	**研修形式**	**内容要点**
学生调控	体育教学案例分析	案例研讨	与学生的沟通及相处、教学总结与评价
自我调控	优秀教师的成长分享	专家讲座与参与式体验	各种体育技能的实践练习、如何保持积极的教学情绪、如何进行教学反思及终身学习习惯的培养

(五)培训考核的设计

培训考核与评价是保障培训方案实施质量的监督性指标,也是改进培训工作的重要依据。培训考核与评价即对参训学员的学习质量和能力水平进行考核与评价,得出科学诊断,进而根据反馈信息找出问题,明确"能力提升计划"下一步的改进方向。"天津市退役运动员体育教学能力提升方案"考核评价的目的,一是通过过程性评价促进学员学习过程中的问题反思,加快其体育教学能力水平的提高;二是对学员学习方式及能力不足提出针对性意见,为后续教学能力的专业化发展指明方向;三是对方案的实施效果进行不断地测评与改进,最终优化并达到成熟。考核主要采取过程性评价和总结性评价相结合的方式,具体见表6-24所列:

表6-24　培训考核形式

序号	考核项目	考核办法	适用(建议)
1	过程性评价	考勤,课堂表现、学习态度、作业完成情况等	适用于任一培训形式
2	总结性评价 (理论学习内容)	课堂学习内容测试、专业教案设计等	专家讲座、专题研讨、教学观摩、研课磨课等
3	总结性评价 (实践体验内容)	研讨报告、观摩体会、课堂试讲表现、"案例课堂"教学分析等	参与式体验、案例研讨、教学观摩等

第四节　天津市退役运动员体育教学能力提升方案的实施建议

设计了完整的天津市退役运动员体育教学能力提升方案后,结合实际情况将设计的能力提升方案进行评价并提出实施建议,其中主要包括对实施对象的把握,内容的更新完善等,对研究结果进行评价是教育研究必经的过程,只有经过评价和实践的检验,研究结果才经得起推敲和使用。总结如下:

一、设计原则的体现

本研究设计天津市退役运动员体育教学能力提升方案遵循了科学性、实践性、主体性、发展性等原则,在实施过程中也需要坚持设计之初的原则理念。应在保证方案实施科学性的前提下,坚持退役运动员教师在培训中的主体性,同时根据参训学员的实际情况展开个性化的课程计划,使退役运动员经过培训后,体育教学能力得到有效发展。因此,从本研究设计体育教学能力提升方案到方案实施,再到最后的考核评定都应将本研究的原则一贯到底。

二、方案目标的体现

由于我国当前针对退役运动员的职业培训并没有完全系统化，对于退役运动员教师这一大群体的教学能力提升计划还没有完全成熟，本研究设计的针对退役运动员体育教学能力的提升方案可以为相关人员提供参考。本研究设计方案时围绕教学认知、教学设计、教学实施、教学调控四个维度分别提出相应的具体目标，以期为相关人员提供科学的、有参考价值的实施方案，为退役运动员到专业化体育教师的转变搭建起一座桥梁。

三、实施对象的把握

本研究的体育教学能力提升方案是针对"会练不会教"的退役运动员教师设计的，因此在对参训对象进行培训中要注意不同项目退役运动员的特点。比如：鉴于足篮排球、田径等项目在中小学体育中的广泛开展，这类专项的退役运动员在教学中自身技能更便于得到发挥；而射击、举重等项目在中小学体育教学发展处于劣势，这类专项的退役运动员的教学问题较突出。因此，针对劣势项目的退役运动员群体应开展针对性培训计划，帮助其挖掘自身体育经验优势，同时将劣势转化为优势，并创造性地设计出个性化教案。

四、内容的更新完善

本研究体育教学能力提升方案的内容是根据专家对退役运动员教师体育教学能力的价值取向以及天津市退役运动员教学能力现状而设计的。但随着"体教融合"的深化，国家对于学校体育教学促进青少年健康发展的越发重视，导致本方案的内容体系不一定能满足未来体育教师专业化的发展，因此，要注意退役运动员体育教学能力提升方案内容的更新与完善。

五、操作过程的把握

确定了体育教学能力提升方案的原则、目标、对象和内容后，具体的操作过程也十分重要，比如方案实施过程中的培训场所和培训学时问题。本研究方案的培训形式是理论知识传授和实践能力培养相互渗透的,另外由于体育学科教学的开放性和活动性,因此"参与性体验"的培训场所设置在室外体育场;"研讨"的场所也应尽量借鉴"案例教学"模式的课堂场所布置。关于培训学时,也应结合学员参训前的诊断性评价,综合设置各项子能力所对应的模块教学的课时数。总之整个操作过程需要认真科学对待。

六、效果评价的落实

在实施天津市退役运动员体育教学能力提升方案的过程中,对培训效果的评价是不可或缺的,应严格贯彻落实。可以通过授课专家或培训机构考核,另外结合学员自我评价、同伴评价等多种形式对学员学习效果进行评定,使其了解自身能力水平的进步情况。另外,任何一个合理有效的方案都要经历"设计—测评—修改—实施—再修改"的过程。因此,可以通过参训学员和授课教师进行调查,得到对方案的评价反馈信息,进而促进方案的进一步优化。

本章小节

随着"体教融合"的深入发展,越来越多退役运动员参与到学校体育工作。不可否认,退役运动员进入体育教师队伍在为学校体育的发展带来现实机遇的同时,也暴露出一些问题:退役运动员教师普遍会遇到"会练不会教"的教学问题,究其原因在于体育教学能力的欠缺。众所周知,时代的发展对于体育教师的教学提出了更高质量要求。因此,在现实困境与时代需求的交相融合中,退役运动员的体育教学能力现状受到学校、家长及教育部门等社会各界的关注:退役运动员教师应完成的教学任务决定的其体育教学能力的核心构成是什么? 其体育教学能力的不足集中体现在哪些方面? 其体育教学能力又该如何提升? 基于此,开展退役运动员体育教学能力提升方案的研究十分必要。

退役运动员体育教学能力结构,按照重要程度可依次分为:教学实施、教学设计、教学认知、教学调控等四个层面。这四个层面共囊括了职业认知、课程认知、学生认知、整合能力、转化能力、组织管理能力、语言表达能力、业余训练能力、学生调控、自我调控十项子能力。

调查天津市退役运动员初任体育教师的教学能力现状后发现:其在语言表达、组织管理、整合及转化能力、职业及学生认知方面有所欠缺;根据需求调查,其培训方案设计需重视:培训内容侧重实用性、培训方式多元化、培训师资多样化、培训评价规范化。

结合理论依据和现实依据,从教学认知、教学设计、教学实施、教学调控四个维度设计了天津市退役运动员体育教学能力提升方案,方案内容包括培训目标、培训形式、授课团队、培训课程、考核评价等。

天津市退役运动员体育教学能力提升方案的实施要注意:设计原则的体现、方案目标的体现、实施对象的把握、内容的更新完善、操作过程的把握及落实效果评价。

退役运动员体育教学能力提升计划应纳入"国培计划"。对于具有专业运动经历的体育教师,其背景特殊、所属人群数量日益增多,因此从师范教育、入职教育、在职教育到自我教育提升,都应更多的体现系统性和专业性,以保证其教学能力提升的针对性与有效性。

应建立退役运动员转型学校教练员岗管理体系。2020年9月,关于深化"体教融合"的政策文件已明确提出畅通退役运动员进校园任职制度。因此应科学建立配套的管理体系,关注岗位设置、组织管理、绩效考核、职称评定等相关研究,为该项制度的顺利推进、持续发展起到积极作用。

第七章　退役运动员转型体育教师的应对策略

第一节　落实运动员"体教融合"的培养模式

自 1985 年国家正式提出实施"体教结合"的模式以来,运动员的学历层次得到了显著提升,在一定时间内有效缓解了运动员退役后再就业的"门槛问题"。但是,随着市场经济体制的逐渐完善,社会改革边际逐渐扩大,原有的"体教结合"模式的弊端也逐渐显现,诸如相关利益群体(运动员、教练员、管理者等)在学训矛盾的博弈中,高度重视运动训练而忽视文化教育的问题;"体教结合"模式培养的运动员"有文凭、没水平"等问题,都是长期存在于竞技体育领域的"共识性现实问题"。造成上述"共识性现实问题"的根源在于:其一,"体教结合"模式的顶层设计没有秉持"以运动员为本的全面、健康、可持续发展"的发展理念,没有将体育作为教育来对待,没有将竞技运动训练作为教育的有机组成部分来看待;其二,在人才培养模式实施过程中,培养主体之间没有做到"培养目标一致""优势资源深度融合"和"培养过程有机衔接、相互渗透"等。"结合"是指两个事物或物体连接到一块,重在表面的连接,而"融合"是指两个事物或物体彼此进入对方,形成一个新物体。即"体教结合"是指体育与教育两者之间相关连接;"体教融合"是指体育与教育两者之间彼此进入对方,形成一个有机整体,从而实现培养目标和培养过程的有机统一和衔接。综上,建议将"体教结合"修正为"体教融合"。

"体教融合"培养制度重点是做好如下几方面的工作:其一,树立以运动员为本的思想,真正落实运动训练和文化教育;其二,运动员的整体培养过程要放在教育的大环境中,首先,确立九年义务教育和早期训练在运动员个体成长中的基础作用,杜绝"拔苗助长"等违反运动训练规律的现象;然后,要确立专业教育在运动员个体发展中的支柱性作用,结合体育产业等领域的人才需求实际,结合运动员拟接受的专业教育的意愿和可能完成的专业教育的实际,进一步优化专业教育的结构,改善"结构性失业"问题。

第二节　完善退役运动员社会保障政策

完善的退役运动员社会保障政策,是保证其融入社会的重要基础。但从访谈发现,社会保障政策在退役运动员保障方面还存在一些不足。例如,由于运动员退役后再就业单位性质多样化(企业单位、事业单位、个体工商户等),导致运动员在役期的养老保险与新单位养老保险的衔接出现诸多问题,严重影响退役运动员社会保障问题。因此,为了加速退役运动员社会融入,当前最重要的任务是做好退役运动员社会保障政策的完善工作。具体建议如下:首先,将运动员养老保险划入城镇养老保险体系,个人账户终身化,退役后账户的所有关系和账户资金都要全部转移,未就业的退役运动员可将账户所有关系和资金转移到户口所在地或居住地办理;其次,进一步完善退役运动员社会救助体系,建立以政府为主体,非政府组织和社区等多元主体参与的退役运动员社会救助系统,主动为运动员退役后生活、就业创业、心理调整、技能培训等提供帮助和帮扶;再次,通过社会募资和个人出资,帮助身体存在残疾或无工作能力的退役运动员办理失业保险;最后,制定适合保障退役运动员的专门法律法规,使其社会保障工作在"有法可依、规范有序、权责明晰"的前提下实实在在地落地。

第三节　完善退役运动员上学就业创业的保障政策

一、切实提高运动员文化教育水平

提高运动员文化教育水平核心是要解决入口和教育质量问题。首先,切实解决入口问题。目前,解决运动员文化教育问题主要依靠如下两条途径:一是免试进入高校学习。该"优惠政策"只是针对少数成绩较好的"塔尖"运动员,惠及面有限;二是通过国家体育总局单招考试进入体育专业院系学习。相关文件规定"具有运动员二级等级证书"的运动员可以通过参加国家体育总局组织的"单招考试"进入体育院校和综合大学体育院系的运动训练专业、武术与民族传统体育专业学习。该政策虽然能够惠及绝大多数运动员,但"专业比较单一"和"因部分单招考试的文化成绩不达标而无法进入高校学习"等现实问题依然存在。针对上述问题提出如下建议:一是进一步放宽免试入学条件,可将政策调整为:"曾获指定项目比赛全国前八名、亚洲前十名、世界前十六名,或获得运动健将等级的运动员可以免试进入高校学习";二是进一步增加单招专业的数量,条件成熟的情况下,体育经济管理专业和运动康复专业等可适度对符合条件的运动员开放;三是适度在高等职业院校增设与体育相关的单招专业,为一般水平的运动员提供更多的入学机会,此外还要切实解决教育质量问题。目前运动员教育质量不高,包括如下几个原因:一是"挂名现象"较为突出,高校没有将运动员作为大学生来对待,而是将运动员作为一个"特殊群体"进行了"特殊教育",通过"清考"等方式大幅度降低质量标准;二是教育教学过程不够科学,由于运动员学习基础较差,学校管理粗放、教学内容的实用性不高、教学方式方法的适应性不强等原因,导致运动员人才培养质量较低。针对上述问题提出如下建议:一是各类高校应严格执行人才培养质量标准和学位授予标准,严格监控人才培养过程,严把出口,切实提高培养和教学质量;二是要始终秉持"应用型人才"培养理念,针对退役运动员的学习基础和学习特点科学构建课程体系、采用有效教学策略和考核方式,让他们真正成为"有文凭、有水平"的社会高素质人才。

二、实施合理的退役运动员经济补偿政策

目前退役运动员经济补偿办法实行"一次性发放"的方式,但对于大部分理财能力较弱的退役运动员而言,很容易出现"无计划性和无目的性"地使用补偿资金,导致有限的补偿资金在短时间内消耗完毕,从而影响长远的经济水平和生活水平,同时也容易使退役运动员心里缺乏安全感,进而影响自身的社会融入。针对上述问题,在参照退伍军人"实施一次补偿与按月发放"相结合的经济补偿办法的基础上提出如下建议:一是退役运动员可以自主选择"一次性发放"或"首次发放与一定期限内按月发放相结合",后者经济补偿的总额要明显高于前者;二是"首次发放与一定期限内按月发放相结合",首次发放(建议按照一次性补偿经费的50%发放)的基础上,增设一定年限的拓展期,在拓展期内按月发放一定数额的经济补偿费用(按月发放费用标准需要进一步测算);三是政府对首次补偿后剩余资金委托社会机构进行资本运作实现资本增值(前提是资本保值),增值部分最终返还给退役运动员;四是各省应根据本地区的经济水平和消费水平等制定符合本省情况的首次性发放补偿标准和按月发放标准,同时加强对退退役运动员补偿资金的资本化运作的保底性、费用发放及时性与程序合法性,确保如期发放和补偿标准托底。

三、设立退役运动员创业的专项基金

在大众创业万众创新的背景下，创业将成为退役运动员主要的择业方式。本章发现，有一部分退役运动员虽有强烈的创业意愿，但受创业资金和技术等方面的限制，而未能实施创业。因此，为了鼓励和扶持更多的退役运动员创业，在创业起步初期和创业瓶颈期提供必要的专项经费扶持，即设立退役运动员创业专项基金。建议做好以下几个方面的工作：一是成立退役运动员创业专项基金管理部门，由国家体育总局和各省体育局等部门组成，负责对其进行专项基金的使用和监管；二是明确扶持对象。即由各级体育主管部门办理退役手续的运动员，过渡期的不包括在内；三是制定退役运动员专项基金申请条件，如创业项目必须是进行注册和税务登记的或者是注册资金控制在一定范围；四是划分退役运动员专项基金扶持方式，如短期无息借贷、长期低利息借贷、无偿资助或成果事例奖励等；五是明确退役运动员创业专项基金申请流程，必须先由退役运动员本人提出书面申请，并准备好申报材料，然后将材料交到所在省份体育局进行审核，审批通过后报再送国家体育总局进行备案。

第四节　完善退役运动员培训体系

一、建立退役运动员培训管理的信息化平台

就目前而言，针对退役运动员开展的各种培训工作存在的问题，建议由国家体育总局牵头建立"退役运动员培训管理信息化平台"，通过信息化管理平台，在退役运动员、培训单位、相关行业之间实现退役运动员个体信息（可公开的）、培训信息、人才需求信息的互联互通。信息化平台应包括基础信息系统、培训信息系统和大数据分析系统三部分，其中基础信息系统的主要功能是采集运动员各个阶段的一些基本信息，如性别、年龄、运动项目、入队时间、退役时间、所在省份、工作单位、就业创业意向等；培训信息系统的主要功能是收集培训需求、公布培训方案和信息、介绍培训内容、管理培训过程等；大数据分析信息系统的主要功能是收集体育产业领域的人才需求信息，提供退役运动员就业意向信息，同时对上述两个系统收集的数据进行深入挖掘。另外，为了确保收集数据的精

准性、数据及时更新和共享,应配套出台各种信息化平台管理制度,对平台运行过程中出现的各种问题进行监督和奖惩。

二、成立专门机构实施科学系统的培训

目前就退役运动员培训实施的具体情况而言,相当数量的培训存在培训主体单一(一般为各省体育局职业技能鉴定中心)、培训时间短(一般为5天)、培训缺乏系统性和连贯性(总局临时确定培训方向,对各省进行招标)、培训过程流于形式并缺乏必要的监控评价(运动员被动参与情况普遍)等问题,最终结果是退役运动员的培训形式大于内容。针对上述问题,提出如下建议:一是国家体育总局牵头成立专门的退役运动员培训中心,培训中心在全国体育专业院校中遴选出退役运动员培训基地,形成网络化培训体系,依托体育专业院校的学科专业优势开展系统的培训工作。二是合理布局培训基地的培训项目。根据各培训基地的学科专业优势,最多确定2—3个"专业培训项目",例如天津体育学院承担"体育教师培训项目""运动防护师培训项目""健身教练培训项目"等。三是各培训基地要以体育产业领域所需人才的人才需求规格为导向,科学构建符合未来岗位需求的课程体系和教学模式,切实提升退役运动员的实践能力。四是建立逐级递进的晋级培训,具体包括基础性培训、中等级培训和高等级培训。各等级培训内容设计要符合未来岗位需求和未来职业发展需要。五是各培训基地要紧密联合行业企业,探索实施订单式培养模式,协同完成退役运动员的培训工作。六是培训的经费来源于政府支持、行业企业赞助、运动员自身等途径。七是做好培训过程监控和结果评价,严格执行培训质量考核标准和合格证书发放标准。

第五节 完善退役运动员社会支持系统

一、构建多元主体相互协调的社会支持系统

退役运动员社会融入问题涉面较广,且目前关于退役运动员社会融入的支持体系还不完善,因此,建议进一步完善社会支持体系,即构建多元主体相互协调的退役运动员社会支持系统。该支持系统包括政府组织、非政府组织和个体三个主体。三个主体的内涵

和具体职责为：政府组织是指由国家权力机关组成的系统，如国家体育总局、各省体育局和人社局等。政府组织为退役运动员社会融入提供的支持主要包括：政策支持、公共性服务、组织协调、宣传教育和监督评价等方面。非政府组织是指除政府以外的其他社会组织，主要包括体育协会、团体和基金会等组织，非政府组织为退役运动员社会融入提供的支持主要包括：公共性服务、资金支持、技术性支持、物质支持、教育培训等方面。个体支持是指由血缘（父母、兄弟姐妹等）、地缘（邻里、老乡等）、业缘（教练员、队友等）和趣缘（共同的兴趣）等构成的支持系统。个体支持为退役运动员社会融入提供情感、心理、信息和物质支持等。当前退役运动员获得的支持以政府组织的政策支持为主，非政府组织的支持严重不足（较少的非政府组织提供了教育培训支持），个体的情感支持和信息支持为主。总体表现出支持主体单一、支持内容单薄、主体之间缺乏联动。进一步扩大支持主体、丰富支持内容、提高主体之间的联动是发展方向。

二、实施职责清晰与分层互补的社会支持

多元主体相互协调的社会支持系统中，首先，政府组织、非政府组织和个体三个支持主体的职责必须清晰，同时又要分层互补，这样才能保证支持实效。如政府组织的职责主要是做好退役运动员相关工作的顶层设计、完善相关政策、合理配置资源、沟通协调各部门、指导省市体育部门合理配置资源，同时对其他支持主体进行监督和评价等。非政府组织的职责主要是配合政府落实各项政策和任务，为运动员提供多样化支持和帮扶等。个体支持系统的职责主要是感情支持、物质支持（资金帮扶）和心理疏导等，弥补政府组织和非政府组织支持的遗漏和不足。其次，政府组织、非政府组织和个体三个支持主体的作用必须相互补充、各尽其责。如政府组织在支持系统中起主导作用，非政府组织在支持系统中起补充作用，个体在支持系统中起基础作用。同时，政府组织可以对非政府组织和个体支持系统进行宏观指导和监督，非政府组织和个体支持系统为政府组织提供信息反馈等。

第六节　帮助退役运动员改善家庭状况

一、实施退役运动员困难家庭"精准"帮扶计划

退役运动员困难家庭对获得帮扶的意愿十分强烈,但获得的帮扶却很少,大部分退役运动员没有获得过帮扶。因此,对家庭生活特别困难的退役运动员实施"精准"帮扶十分迫切,应制定实施"退役运动员困难家庭精准帮扶计划",主要流程主要包括:首先,退役运动员困难家庭的认定和困难等级判定。识别退役运动员困难家庭的程序应严格按照本人申请,省体育局核实、评议、复审和公示五个步骤执行。认定依据和判定标准应包括退役运动员身份和家庭收入水平两方面,其中退役运动员身份是指在各级运动队办理正式退役手续的运动员,在役期和过渡期的运动员均不在申请对象范围。家庭收入水平划分的标准是指低于居住地平均家庭收入水平。其次,根据每一位退役运动员家庭的实际情况划分出不同的困难等级,梳理致贫因素和潜在改善因素,制定"精准"的帮扶计划。在实施退役运动员困难家庭"精准"帮扶的过程中,应坚持好"精准性""动态性"和"造血性"三个原则。其中精准性是指根据每个退役运动员困难家庭的实际情况制定帮扶策略,做到一人(家庭)一策;动态性是指对帮扶对象的帮扶效果进行阶段性评估,随时调整帮扶策略;造血性是指帮扶过程中要坚持"扶贫不如扶智"的理念,要以提升退役运动员自身生存能力和专业技术技能为主,以直接提供物质和资金帮扶为辅助,不断提高退役运动员的可持续生存能力。

二、改善退役运动员家庭生活环境

退役运动员家庭状况除了包括经济状况外,还包括家庭生活环境。退役运动员家庭生活环境主要可以从以下三方面改善:一是发挥每个家庭成员的角色作用。不同的家庭成员可以让退役运动员获得不同角色的关爱、支持和帮助,这对于退役运动员健康心理状态和良好行为习惯的形成至关重要,对于结构不完整的家庭,现有家庭成员要承担起缺失成员的职责,做到"缺结构不缺感情"。二是建立和谐、民主、平等的家庭关系。和谐

的家庭关系主要体现在两方面,一方面是父母关系的和谐,和谐的父母关系能够为退役运动员树立良好的生活榜样,养成良好的生活习惯;另一方面是父母与子女关系的和谐,和谐的父子(母子)关系能够拓宽心理压力的排解途径,畅通情感和信息的交流渠道,形成共同面对困难和共同克服困难的合力,提高家庭整体的战斗力;三是采用民主的家庭教育方式。民主的教育方式是指对正确事情给予肯定,对于不良的行为给予批评指正,不能因为年龄问题而采用放任式或溺爱式的教育方式。

第七节　加强退役运动员的自身改善能力

一、持续提升自身能力

"外因是变化的条件,内因是变化的根本",退役运动员社会融入除了受社会因素和家庭因素影响外,最终还取决于自身因素。访谈发现,运动员自身能力是阻碍其融入社会的重要影响因素。对于如何提高退役运动员自身能力,建议做好以下三点:一是让退役运动员从思想上认识到自身能力在融入社会过程的重要性,打破以往退役运动员融入社会过程中的"等、靠、要"思想,树立只有通过自身努力才能更好地融入社会的意识;二是要做好自我诊断,客观评价自身能力素质、文化知识、技术技能的现状,客观分析机遇与挑战,深入剖析优势和短板,制订切实可行的自身能力提升计划;三是实实在在地落实自身能力提升计划,克服困难,坚持到底,保证自身"短板变长"和"长板更长"。

二、提早做好心理准备

退役是每个运动员必经的阶段。访谈发现,退役前运动员心理准备充分与否是影响其融入社会的重要因素,即运动员心理准备越充分,越有利于他们退役后融入社会。因此,在役期的运动员在明确职业生涯短暂性的前提下,要提早做好退役心理准备。提早做好退役心理准备应从退役意识和退役计划两方面入手。首先,运动员在役期时就应树立"积极的退役意识",退役前主动思考退役后可能面临的各种问题,并在退役前提前做好应对各种困难的准备,积极主动迎接退役,而非被动接受。其次,做好退役计划。在努力训练和创造优秀运动成绩的同时,还应争取更多的空余时间进行学习,充分思考自己应该在什么时间退役、退役前还有哪些工作没有完成、退役后要往哪个方向发展、退役后可能遇到的苦难是什么等,为退役后的职业生涯规划奠定基础。

三、合理规划职业生涯

退役运动员职业生涯规划应做好以下几点:第一,应从思想上提高对职业生涯规划重要性的认识,科学合理的职业生涯规划能够使自身的奋斗目标更加明确,行为更加积极主动,工作计划性和系统性更强,面对困难的抗挫抗压能力也会显著提升。第二,职业生涯规划的关键在于要正确认识自己(自我评估)和充分了解社会(机会评估),知道自己想做什么、能做什么、可以做什么。职业生涯规划中,全面客观的自我认知是进行职业生涯规划的基础,也是职业生涯规划起航的关键。第三,职业生涯规划只是一种"计划",规划目标能否实现的关键在于退役运动员能否将规划付诸实践,退役运动员自身能否按照规划努力完成每一项任务,将最终影响规划目标的实现。

参考文献

[1] 奚从清.角色论:个人与社会的互动[M].杭州:浙江大学出版社,2010:19-52.

[2] 奚从清.关于建立角色社会学的几个问题[J].中共长春市委党校学报,2004(03):56-60.

[3] 乔纳森·特纳.社会学理论的结构[M]浙江:浙江人民出版社,1987.

[4] 李波波.社会角色理论及其应用[J].桂林市教育学院学报(综合版),1995(02):41-42+31.

[5] 李季,张红.浅谈新时期公立医院社会角色期望[J].卫生软科学,2017,31(05):8-11.

[6] 朱涛."角色转换":隔代抚养中进城祖辈的角色困境及消解路径研究[J].西安建筑科技大学学报(社会科学版),2020,39(04):35-41.

[7] 张娟.新生代农民工城市融入困境及对策研究[J].安徽农业科学,2020,48(06):230-234.

[8] 邓潇君,王小丁.复杂性理论视角下的高校教师角色转换[J].文史博览(论),2013(02):82-83.

[9] 刘伟.社会工作在退役士兵角色转换中的作用研究[J].山西青年,2021(01):90-91.

[10] McHugh C, Hind K, Davey D, et al. Cardiovascular health of retired field-basedathletes:A systematic review and meta-analysis[J]. Orthopaedic journal of sportsmedicine, 2019, 7(8):2325967119862750.

[11] Darby Adam,Giza Christopher,Firempong Kwame,Wang Zhe. Chronic Neurobehavioral Symptoms in Retired Athletes and Military Veterans with a History of Head Trauma[J]. NEUROLOGY,2019,92(15):

[12] Zhang Y, Ma Y, Chen S, et al. Long-term cognitive performance of retired athletes with sport-related concussion:a systematic review and meta-analysis[J]. Brain sciences, 2019, 9(8):199.

[13] Lin Ching Hung,Tsao Li Yuan,Fang Chu Chun,Huang Chi Chang,Hsu Mei Chich. Effects of Impaired Glucose Metabolism-induced Inflammation on the Joint Function in Current and Retired Athletes[J]. MEDICINE AND SCIENCE IN SPORTS AND EXERCISE,2012,44:

[14] Mannes Zachary L,Waxenberg Lori B,Cottler Linda B,Perlstein William M,Burrell Larry E,Ferguson Erin G,Edwards Mary E,Ennis Nicole. Prevalence and Correlates of Psychological Distress among Retired Elite Athletes:A Systematic Review[J]. International review of sport and exercise psychology, 2019,12(1):

[15] Rice Simon M,Gwyther Kate,Santesteban-Echarri Olga,Baron David,Gorczynski Paul,Gouttebarge Vincent,Reardon Claudia L,Hitchcock Mary E,Hainline Brian,Purcell Rosemary. Determinants of anxi-

ety in elite athletes：a systematic review and meta – analysis［J］. British journal of sports medicine，2019，53(11)：

［16］Helen Hadiyan，Suzanne Cosh. Level of Physical and Motor Fitness Post Retirement and Maintenance of Athletic Identity Within Active Retired Athletes［J］. Journal of Loss and Trauma，2019，24(1)：

［17］Knights，Sherry，Ruddock – Hudson，OHalloran. The End of a Professional Sport Career：Ensuring a Positive Transition［J］. Journal of Sport Management，2019：

［18］Grove J R，Lavallee D，Gordon S. Coping with retirement from sport：The influence of athletic identity［J］. Journal of applied sport psychology，1997，9(2)：191 – 203.

［19］Botterill C. What"endings"tell us about beginnings［J］. Mental training for coaches and athletes，1981：164 – 165.

［20］Werthner P，Orlick T. Retirement experiences of successful Olympic athletes［J］. International journal of sport psychology，1986.

［21］Alfermann D，Stambulova N. Career transitions and career termination［J］. Handbook of Sport Psychology，Third Edition，2007，712 – 733.

［22］陈林祥.我国优秀运动员退役安置的现状及对策研究［J］.体育科学，2004(05)：8 – 11.

［23］张宜龙.论新时期退役运动员再就业现状及途径［J］.南京体育学院学报(社会科学版)，2004(01)：70 – 73.

［24］我国运动员退役安置系统特征、演化及调控机制——基于复杂适应系统理论［J］.北京体育大学学报，2021，44(04)：69 – 81.

［25］蔡新宇.我国退役运动员就业安置困境及加强职业教育的重要性［J］.当代体育科技，2017，7(25)：211 – 213.

［26］张爱渼慧，张爱淋慧.我国退役运动员就业困境与对策研究［J］.辽宁体育科技，2020，42(02)：126 – 128.

［27］李树文 . 嵌入理论与整合型社会工作在退役运动员职业转换工作中的探析［J］.贵州体育科技.2013，1，13 – 16.

［28］孟凡强，冯火红，崔颖波.我国退役运动员再就业保障的制度缺陷与对策思考［J］.南京体育学院学报(社会科学版)，2009，23(01)：69 – 72.

［29］邵继萍.退役运动员基本权利保障分析［J］.赤峰学院学报(自然科学版)，2015，31(05)：181 – 183.

［30］王晨.我国运动员失业保险问题的探讨［J］.学理论，2013(23)：176 – 177.

［31］田蒙蒙.新中国成立 70 周年运动员社会养老保险制度述评：历史、困境与重构［J］.体育科学，2020，40(04)：78 – 89.

[32] 王爱晶,郑丽萍.我国运动员后期文化教育问题研究[J].山西财经大学学报,2012,34(S2):12.

[33] 陈平,初奕剑,郑红军.我国水上项目退役运动员转换过渡期职业技能培训课程方案研究[J].吉林体育学院学报,2011,27(03):110-113.

[34] 陈志辉,李艳翎.我国部分省市退役专业运动员择业过渡期职业培训现状调查分析[J].天津体育学院学报,2009,24(06):539-542.

[35] 李光,张慧杰.我国退役运动员再就业职业培训研究[J].河北大学成人教育学院学报,2020,22(03):67-72.

[36] 刘阳.高职体育院校专业竞技运动员文化教育保障体系现状研究[J].青少年体育.2018(8):20-21.

[37] 肖秀显,周文军.高水平运动员退役后职业教育模式研究[J].广州体育学院学报.2013,31:119-123.

[38] 符明秋,张锡萍.我国优秀运动员的退役及其角色转换研究[J].北京体育大学学报,2009,32(01):141-144.

[39] 常娟.我国退役运动员角色转换的影响因素研究[J].北京体育大学学报,2018,41(07):49-55.

[40] 万炳军,梁慧敏.我国职业运动员转型策略梳理及其研究述评——基于文献回顾[J].四川体育科学学,2016,35(01):7-14+144.

[41] 孙立海,刘金波.我国优秀运动员退役的心理调整因素及角色转换研究[J].湖北体育科技,2007(03):317-319.

[42] PARK S,LAVALLEE D,TOD D,2013. Athletescareer transition out of sport:A systematic review[J]. Int Rev Sport Exerc Psychol,6(01):22~53.

[43] 刘乐融,唐东阳,邱莹,曾藕元.发挥优秀退役运动员专业优势 助力中小学校园竞技体育发展——兼论退役优秀运动员退役安置[J].体育科技文献通报,2021,29(07):66-68.

[44] 武培,董亚琦,李国栋,钟建伟."体教融合"政策的亮点、施行障碍与实践路径[J].四川体育科学,2021,40(03):113-117+127.

[45] 于文谦,李强,牛静,刘科.转型时期竞技运动员的退役与继续教育问题——以辽宁省为例调查分析与研究[J].体育科学,2004(07):16-18.

[46] 徐士韦,倪京帅,王家宏.体育强国语境下中国退役运动员转型保障制度创新研究[J].西安体育学院学报,2021,38(06):689-695.

[47] 潘胡波,杨洋,张婕.可持续发展理论下运动员退役转型的实然困境与应然路径[J].四川体育科学,2021,40(04):20-24.10.

[48] 胡咏梅,姚家新,依惠琴,等.退役运动员顺畅转型诱发因素及情商、职业倾向个性特征的研究[J].体育科学,2010,30(06):38-47.

[49] 李兆峰,潘帅.我国运动员职业发展壁垒与规避路径[J].运动,2018(19):27－28＋52.

[50] 李伟,焦宗元."体教融合"背景下对引入高水平运动员进校任教的思考[J].体育风尚,2021(10):241－242.

[51] 赵静.退役运动员转型到体育教师岗位优劣势分析研究[J].吉林省教育学院学报(中旬),2013,29(03):137－139.

[52] 宋文鹏.关于对退役运动员职业转换的研究——以转型体育教师为例[J].当代体育科技,2017,7(01):211＋213.

[53] 周慧敏,朱欢,李三三.优秀运动员退役转型路径探讨[J].体育研究与教育,2014,29(S1):33－35.

[54] 邓继英,刘石军,陈智."体教融合"背景下退役运动员任职体育教师的困境及路径研究[J].辽宁体育科技,2021,43(04):119－123.

[55] 陈成.退役运动员转型体育教师的对策研究[D].南京体育学院,2021.

[56] 陈清.基于教师职业定向的湖北省退役运动员发展对策研究[D].武汉体育学院,2021.

[57] 胡咏梅,闫昱新,魏琳,孙志文,谷丽颖,王晓庄.角色转换视角下退役优秀运动员创业成功的心理影响因素模型构建[J].天津体育学院学报,2023,38(01):99－104.

[58] 邹德新,姜翀.退役运动员就业质量影响因素的实证研究[J].体育学研究,2021,35(03):11－18.

[59] 邹德新,刘建.我国运动员社会保障制度的变迁与完善[J].首都体育学院学报,2010,22(04):13－19.

[60] 黄黎新.四川省中小学运动健康传播路径与效果研究——基于实验研究方法的实证分析[J].今传媒,2018,26(02):117－120.

[61] 杜运周,李佳馨,刘秋辰,赵舒婷,陈凯薇.复杂动态视角下的组态理论与QCA方法:研究进展与未来方向[J].管理世界,2021,37(03):180－197＋12－13.

[62] 齐鸣,方千华,王涛."体教融合"背景下我国退役运动员转型体育教师困境与纾解[J].体育文化导刊,2022(07):92－97.

[63] 顾阳,庞辉,李哺淳."体教融合"背景下退役运动员转型体育教师现状、机遇及路径[J].体育文化导刊,2022(12):105－110.

[64] 张晓丽,阎晋虎.人力资本和社会资本对中国退役运动员收入影响比较[J].上海体育学院学报,2020,44(04):31－40.

[65] 朱培榜.我国优秀运动员成功转型分析[J].体育文化导刊,2009(10):66－69.

[66] 朱培榜.影响我国优秀运动员文化素质的因素及对策[J].焦作师范高等专科学校学报,2009,25(03):82－83.

[67] 万来红,孙竞波.高校体育教师能力素质评价体系的构建与实践[J].武汉体育学院学报,2016,50

(11):87 - 91 + 100.

[68] 刘宗杰,胥红艳.体育教师能力培养与师资队伍建设研究[J].教育与职业,2012(33):79 - 80.

[69] 魏淑华,宋广文,张大均.不同职业认同水平教师对职业生活事件的社会认知加工特征[J].心理发展与教育,2017,33(01):45 - 55.

[70] 魏淑华,宋广文,张大均.我国中小学教师职业认同的结构与量表[J].教师教育研究,2013,25(01):55 - 60 + 75.

[71] 沈雨春.体育教师自我效能感对体育教学效果的影响[J].运动,2017(04):107 - 108.

[72] 熊亚红,李小兰.高校体育教师自我效能感、教学效能感与学生体育成绩的关系研究——以西北工业大学 18 名篮球教师为例[J].北京体育大学学报,2009,32(08):85 - 86 + 112.

[73] 虞重干,刘炜,匡淑平,谢燕歌,张霞,王鲁蛟.我国优秀运动员文化教育现状调查报告[J].体育科学,2008(07):26 - 36.

[74] 辛本禄,穆思宇.组态视角下企业服务创新绩效的影响因素研究——基于 fsQCA 的实证分析[J/OL].科学学与科学技术管理:1 - 27[2023 - 03 - 19].http://kns.cnki.net/kcms/detail/12.1117.

[75] 杜运周,贾良定.组态视角与定性比较分析(QCA):管理学研究的一条新道路[J].管理世界,2017(06):155 - 167.

[76] 万炳军.青少年运动员多元培养体系的协同与构建[M].科学出版社,2017.

[77] 国家体育总局、教育部联合印发《关于深化"体教融合"促进青少年健康发展的意见》_滚动新闻_中国政府网 http://www.gov.cn/xinwen/2020 - 09/21/content_5545376.htm.

[78] 陈平,郑红军.G71 对我国水上项目退役运动员职业技能培训自身意愿的研究[J].曲阜师范大学学报(自然科学版),2010,36(01):121 - 124.

[79] 郭剑.退役运动员如何更好地填补体育教师缺口[N].中国青年报,2019 - 10 - 29(004).

[80] 咸东进,陈金凤.美国体育教育专业国家标准分析[J].体育文化导刊,2015(05):159 - 162.

[81] 刘波,郭振,王松,陈怡莹,张贝尔."体教融合":新时代中国特色竞技体育后备人才培养的诉求、困境与探索[J].体育学刊,2020,27(06):12 - 19.

[82] 郑丽.论教师的执教能力[J].经济研究导刊,2008(18):232 - 233.

[83] 王小春.影响我国高校高水平田径运动教练员执教能力因素分析[J].西安体育学院学报,2007(02):102 - 105.

[84] 张锐铧.澳大利亚、新西兰的优秀运动员保障及其启示[J].体育文化导刊,2008(11):114 - 115.

[85] Koshiba Hiroya,Maeshima Etsuko. Influence of detraining on temporal changes in arterial stiffness in endurance athletes:a prospective study[J]. Journal of physical therapy science,2015,27(12).

[86] Ida S. Svendsen,Espen Tønnesen,Leif Inge Tjelta,Stein ørn. Training, Performance and Physiological Predictors of a Successful Elite Senior Career in Junior Competitive Road Cyclists[J]. International Jour-

nal of Sports Physiology and Performance，2018.

［87］曹杰. 美国肯塔基州大中小学运动员文化教育和运动训练结合的研究［D］. 北京体育大学，2012.

［88］Simpson，Ray H. Teacher self – Evaluation［M］. Newyork：Macmillan（The Psychological Foundation of Education Series），1966：97.

［89］Manning. Renfro C. The teacher evaluation handbook atep by step techniques&foetus for improving instructionEnglewood. Cliffs［M］. N. J. Prentice Hall . 1988：132 – 134.

［90］熊华军，刘兴华. 美国高校青年教师教学能力发展机制及其启示［J］. 比较教育研究，2015,37（01）：60 – 65.

［91］吴建喜，池建. 论我国竞技体育发展方式转变中体教结合向"体教融合"的嬗变［J］. 北京体育大学学报，2014,37（04）：88 – 93.

［92］王登峰. 新时代"体教融合"的目标与学校体育的改革方向［J］. 上海体育学院学报，2020,44（10）：1 – 4 + 12.

［93］毛振明，夏青，钱娅艳. 论"体教融合"的问题缘起与目标指向［J］. 体育学研究，2020,34（05）：7 – 12.

［94］宋文鹏. 关于对退役运动员职业转换的研究——以转型体育教师为例［J］. 当代体育科技，2017,7（01）：211 + 213.

［95］刘江. 优秀退役运动员当体育教师是双赢［N］. 重庆日报，2021 – 04 – 18（002）.

［96］邓继英，刘石军，陈智. "体教融合"背景下退役运动员任职体育教师的困境及路径研究［J］. 辽宁体育科技，2021,43（04）：119 – 123.

［97］赵静. 退役运动员转型到体育教师岗位优劣势分析研究［J］. 吉林省教育学院学报（中旬），2013,29（03）：137 – 139.

［98］谢冬兴. 退役运动员从事高校教学工作后角色及心理调适探讨［J］. 西昌学院学报（自然科学版），2010,24（04）：101 – 103.

［99］王利国，程传银. 运动员进中小学义务授课：必要性、可行性与实施建议［J］. 河北体育学院学报，2017,31（05）：54 – 58.

［100］江志英. 退役运动员适应高校体育教学工作现状的分析与研究——以南京部分高校为例［J］. 湖北体育科技，2016,35（01）：64 – 66.

［101］段炼，张守伟. 我国青少年足球教练员执教能力培养研究［J］. 沈阳体育学院学报，2019,38（02）：86 – 91 + 115.

［102］汪辉，陈秀，宋旭. "体教融合"背景下退役运动员从事体育公共服务的路径［J］. 渭南师范学院学报，2020,35（11），41 – 46.

［103］毛洪涛. 高校教师教学能力提升的机制探索［J］. 中国高等教育，2011（23）：35 – 37.

[104] 蔡宝来,王会亭.教学理论与教学能力:关系、转化条件与途径[J].上海师范大学学报(哲学社会科学版),2012,41(01):49 – 58.

[105] 熊贵营.试论体育教学能力的培养[J].苏州教育学院学报,2002(04):88 – 90.

[106] 谢辉.课程改革视野下高校体育教师教学能力发展研究[J].体育与科学,2010,31(05):97 – 99 + 79.

[107] 张娜,赵国华.体育教育专业学生教学能力系统的结构与培养[J].广州体育学院学报,2016,36(01):117 – 120.

[108] 练碧贞,王新龙,李辉.高等体育院校体育教育专业篮球方向毕业生教学能力现状及培养对策研究[J].北京体育大学学报,2014,37(05):92 – 97.

[109] 刘世清.互映射培训:中小学教师信息技术能力培养方案设计与培训方法创新的实践探索[J].中国电化教育,2004(02):23 – 25.

[110] 赵晗.员工培训方案设计研究[J].人口与经济,2007(S1):89 – 91.

[111] 张雪松.“80 后”员工入职培训课程设计[J].中国人力资源开发,2008(04):31 – 33.

[112] 吴全会,刘贵宝.创感时代的参与式教师培训方案设计与实施[J].全球教育展望,2015,44(02):54 – 58.

[113] 黄宁生.教师培训方案的设计与撰写——从“国培计划”某些申报方案的问题说起[J].中小学教师培训,2015(09):30 – 34.

[114] 李烁.中小学网管教师培训方案设计研究[J].中国电化教育,2009(01):47 – 50.

[115] 朱益明.论校本教师培训的方案设计[J].教育发展研究,2002(05):23 – 26.

[116] 吴全会,刘贵宝.创感时代的参与式教师培训方案设计与实施[J].全球教育展望,2015,44(02):54 – 58.

[117] 顾明远.教师的职业特点与教师专业化[J].教师教育研究,2004(06):3 – 6.

[118] 尹伊.中小学教师教育信息化应用能力培训的实践研究[D].河北师范大学,2014.

[119] 谭文丽.教师教育进行时——成都的实践与思考[M].教育科学出版社.2015.

[120] 安英.新时代数学教育展望——访徐斌艳教授[J].中学数学教学参考,2019(31):23 – 29.

[121] 冯晓辉.中学体育艺术类课程教师教学能力结构研究[J].武汉体育学院学报,2006(02):92 – 95 + 108.

[122] 魏聪.中学青年体育教师教学能力评价体系的构建研究[D].上海师范大学,2020.

[123] 王慧文.我国退役运动员社会融入问题研究[D].上海体育学院,2020.

[124] 何其志.我国体育硕士专业学位研究生案例教学评价指标体系的构建[D].天津体育学院,2021.

[125] 周等嵩.首都体育现代化综合研究总课题研究报告[M].北京.北京体育大学出版社 2009.

[126] 王沛,关文军,王阳.中小学教师教育教学能力的内涵与结构[J].课程·教材·教法,2010,30

(06):92 – 96.

[127] 申继亮,王凯荣.论教师的教学能力[J].北京师范大学学报(人文社会科学版),2000(01):64 – 71.

[128] 冯善斌.新课程理念下的教师教学能力[J].河北教育(教学版),2006(01):4 – 5.

[129] 卫建国.基础教育课程改革与理论实践.[M].北京:北京师范大学出版社.2012.

[130] 王宪平.课程改革与教师教学能力发展研究[M].上海:学林出版社,2009.

[131] 实用决策方法:层次分析法原理[M].天津:天津大学出版社,1988.

[132] 曲鲁平,杨元博,王健.京津冀学校体育现代化建设评价指标体系的构建[J].体育研究与教育,2021,36(03):49 – 56 + 65.

[133] 马雪明.帕累托分析法在高校体育教育建设及风险防控中的应用——评《体育教育学》[J].中国油脂,2020,45(11):157.

[134] 冷建全.归因视角下的老年体育锻炼风险致因研究[D].曲阜师范大学,2020.

[135] 寇健忠,林正锋.福建省游泳场馆管理风险的识别、评估与应对[J].邢台学院学报,2011,26(04):158 – 160 + 163.

[136] 韩焱.运用点缀语言 提高课堂效率[J].中等职业教育,2009(08):43 – 44.

[137] 王建程.基于优势视角的退役运动员转型体育教师的问题探究[J].当代体育科技,2021,11(21):229 – 231.

[138] 姚利民.影响有效教学的教师因素探析[J].高等教育研究学报,2004(01):4 – 6.

[139] 阮成武.小学教育概论[M].上海:华东师范大学出版社,2011.

[140] 郑继超,董翠香,董国永.习近平教师重要论述引领新时代体育教师发展的策略研究[J].体育学研究,2021,35(06):18 – 24.

[141] 梁永平.PCK 视域下教师的学生知识及其发展[J].教育科学,2013,29(05):58 – 63.

[142] 陆勤超.指向教师专业素养的教师研修课程研究[D].华东师范大学,2017.

[143] 高洁.课堂教学组织管理行为中蕴含的价值教育及实践——以挑选学生举手发言为例[J].教育研究,2015,36(08):12 – 21.

[144] 尤海臣,薛立.体育教学中语言艺术的运用及价值分析[J].教学与管理,2013,(12):152 – 153.

[145] 刘鹤.“体教融合”背景下江西省古典式摔跤竞技后备人才培养路径研究[D].江西科技师范大学,2021.

[146] 朱旭东.论教师专业发展的理论模型建构[J].教育研究,2014,35(06):81 – 90.

[147] 吕青,朱红兵.高校体育教师培训指标体系的构建研究[J].北京体育大学学报,2011,34(12):79 – 82.

[148] 胡中锋,李方.教育测量与评价[M].广州:广东高等教育出版社.1999:12.

［149］张晓玲.中小学体育教师 PCK 研究.［D］.上海体育学院,2018.

［150］国家体育总局.关于进一步加强运动员文化教育和运动员保障工作的指导意见［EB/LO］.［2016 –
04 – 11］.https：//www. sport. gov. cn/n315/n331/n401/c785866/content. html.

［151］张永忠.人大代表关于进一步拓宽退役高水平运动员担任学校体育老师渠道的建议［EB/LO］
［2019 – 10 – 20］.https：//mp. pdnews. cn/Pc/ArtInfoApi/article？ id = 8529503.

附　　录

附录 1

第一轮专家信息表

序号	姓名	职称	学校
1	杨××	教授	华南师范大学
2	李××	教授	曲阜师范大学
3	李××	教授	北京体育大学
4	周××	副教授	天津体育学院
5	申××	教授	青海民族大学
6	赵××	教授	天津体育学院
7	曲××	副教授	天津体育学院
8	张××	教授	清华大学
9	于××	副教授	枣庄学院
10	王××	副教授	天津体育学院
11	郑××	教授	山西师范大学
12	曹××	副教授	天津体育学院
13	刘××	副教授	天津体育学院
14	马××	教授	清华大学
15	马××	教授	河北师范大学
16	孙××	教授	天津体育学院
17	李××	副教授	天津体育学院
18	李××	教授	山东师范大学
19	杨××	副教授	天津体育学院
20	王××	副教授	河南师范大学

序号	姓名	职称	学校
21	汪××	副教授	福州大学
22	黄××	教授	厦门理工学院
23	李××	教授	山西师范大学
24	袁××	教授	西安体育学院
25	徐××	教授	福建师范大学
26	杨××	教授	北京师范大学
27	白××	副教授	天津体育学院
28	郭××	教授	天津体育职业学院
29	布××	教授	湖南师范大学

第二轮专家信息表

序号	姓名	职称	学校
1	李××	教授	山东师范大学
2	高××	教授	南开大学
3	刘××	教授	天津体育学院
4	李××	教授	曲阜师范大学
5	王××	教授	天津医科大学
6	李××	教授	山东师范大学
7	赵××	教授	天津体育学院
8	王××	副教授	中南民族大学
9	杨××	教授	华南师范大学
10	孙××	教授	河南师范大学
11	黄××	教授	厦门理工学院
12	秦××	副教授	天津体育学院
13	郑××	教授	山西师范大学
14	徐××	教授	福建师范大学
15	郭××	教授	天津体育职业学院

相互重要性判定——专家信息表

序号	姓名	职称	学校
1	李××	教授	山东师范大学
2	高××	教授	南开大学
3	刘××	教授	天津体育学院
4	李××	教授	曲阜师范大学
5	王××	教授	天津医科大学
6	李××	教授	山东师范大学
7	赵××	教授	天津体育学院
8	王××	副教授	中南民族大学
9	杨××	教授	华南师范大学
10	孙××	教授	河南师范大学
11	黄××	教授	厦门理工学院
12	秦××	副教授	天津体育学院
13	郑××	教授	山西师范大学
14	徐××	教授	福建师范大学
15	郭××	教授	天津体育职业学院

《专家效度问卷》专家信息表

序号	专家所属单位	姓名	研究方向	职称
1	天津体育学院	孙＊＊	运动心理学;运动员心理训练与调控	教授
2	天津体育学院	姚＊＊	运动行为与社会心理;运动员心理训练与调控	教授
3	天津体育学院	刘＊＊	羽毛球、网球教学理论与方法	副教授
4	福建师范大学	方＊＊	体育人文社会学	教授
5	福建师范大学	王＊＊	体育人文社会学	副教授
6	青海民族大学	申＊＊	民族传统体育理论与方法	教授
7	哈尔滨体育学院	王＊＊	田径训练理论与实践	副教授
8	天津商业大学	贾＊＊	体育发展战略;学校体育学	副教授
9	天津商业大学	刘＊＊	学校体育学	副教授
10	天津城建大学	王＊＊	网球教学理论与方法	教授
11	天津工业大学	乔＊＊	蓝球教学理论与方法	副教授
12	天津体育学院	闫＊＊	蓝球教学理论与方法	教授
13	天津体育学院	刘＊＊	田径教学理论与方法	教授

附录2 运动队保障工作调查问卷表

性别：

年龄：

是否有专业运动员经历：

1. 您认为贵单位运动员在训练中，积极主动性很高吗？

A. 很高　　　　B. 一般　　　　C. 不高

2. 您认为贵单位运动员的学历教育重点应放在哪里？

A. 重视基础教育阶段文化知识学习

B. 合理科学地安排学训关系

C. 引进运动队与高校联合办学的模式

D. 运动员退役后再参加学历教育

3. 在市场经济条件下，在我国退役运动员安置工作中，您认为需要重点解决的问题是？

A. 退役运动员安置政策的进一步完善

B. 退役运动员就业指导和培训计划需要完善

C. 加大经济补偿力度，进一步鼓励自主择业

D. 出国深造

4. 您认为在退役运动员安置工作中，最迫切需要去做的事情是？

A. 放宽就学范围，增加就业渠道，加强职业技能培训

B. 多部门联动，改善运动员就业环境

C. 进一步完善政策，鼓励自主择业和创业

D. 加大就业指导力度，帮助运动员获得新的就业机会

5. 根据您的了解，您认识哪些项目的运动员退役时没有就业压力？请列举。

6. 您认为开展职业技能培训对退役运动员有必要吗？

A. 有　　　　B. 没有　　　　C. 无所谓

7.您认为现在开展运动员职业技能培训内容的情况是?

A.重内容,轻形式

B.满足运动员的实际需要

C.缩短培训周期,紧跟时代需要

D.注重长远规划,并重培训实际效果

8.您认为运动员在训练中积极性很高是因为?

A.喜欢这个项目,有成就感

B.高报酬和奖金,有好的前途

9.您认为运动员在训练中积极性不高是因为什么原因?

A.不喜欢　　　　　　　B.报酬低和奖金少

C.没有成就感　　　　　D.没有好的前途

10.您认为是否应进一步加强我国运动员的文化教育?

A.是　　B.否　　C.无所谓

11.您认为对在役的专业运动员实行个性化的就业指导是否可行?

A.是　　B.否　　C.无所谓

12.如果可以针对专业运动员开展短期的就业指导培训,您会优先推荐哪些课程?

A.从事相关岗位培训,并保障自身权益

B.科学合理安排时间,制订计划

C.如何解决心理不适

D.如何设计职业生涯,怎样应对社会竞争

E.获取职业技能培训证书

13.您认为还有哪些专业适合退役运动员学习?

A.教育类培训机构　　　　B.产品运行

C.人力资源　　　　　　　D.工商管理

14.您认为优秀运动员的素质、能力应该具备哪些? 请列举。

附录3 退役运动员职业转型调查问卷

1. 您的性别：

A. 男   B. 女

2. 您的年龄：

A. 15 岁及以下   B. 16 – 25 岁

C. 26 – 34 岁   D. 35 岁以上

3. 您的学历是：

A. 初中及以下   B. 高中

C. 大学专科   D. 本科

E. 硕士及以上

4. 您训练的年限是_____年

A. 1 – 5 年   B. 6 – 10 年

C. 11 – 15 年   D. 15 年以上

5. 您的体育训练项目是：

6. 您的运动等级：

A. 国际级健将   B. 国家级健将

C. 一级运动员   D. 二级运动员

7. 目前您获得的最好的运动成绩：

A. 世界冠军   B. 亚洲冠军

C. 全国冠军   D. 省冠军

8. 您对国家以及省市对运动员退役后保障政策的了解程度：

A. 非常清楚   B. 比较清楚

C. 不太清楚   D. 不清楚

9. 您对目前转型期职业技能培训的了解程度：

A. 非常了解   B. 比较了解

C. 基本了解　　　　　　D. 不太了解

E. 毫不了解

10. 您认为您现在有必要进行职业技能培训吗?

A. 很有必要　　　　　　B. 一般必要

C. 说不清楚　　　　　　D. 不太必要

E. 很没必要

11. 退役后您希望从事的工作是(可多选):

A. 体育相关的教练　　　B. 体育系统及其他事业单位

C. 学校任教　　　　　　D. 高校继续深造

E. 自己创业　　　　　　F. 体育经纪人

G. 其他

12. 您认为在役期间加强文化教育对退役后就业选择帮助有多大?

A. 帮助非常大　　　　　B. 帮助比较大

C. 帮助一般　　　　　　D. 没有帮助

13. 根据当前的社会需求,您认为应该开设哪些职业技能培训(可多选)?

A. 与体育运动项目相关的技术技能

B. 以就业形势为目标的相关技能培训

C. 适合社会需求的职业技能培训

D. 与个人兴趣爱好相符的职业技能培训

E. 其他

15. 您通过何种途径获取职业技能培训信息:

A. 所属训练单位通知

B. 从互联网获得信息

C. 从教练或队友处获得的信息

15. 您参加过转型期职业技能培训吗?

A. 参加　　　　　　　　B. 未参加

16. 如果您参加过转型期职业技能培训,请回答以下问题:

(1)培训的时间形式:

A. 定期　　　　　　　　B. 不定期

（2）培训的次数：

A. 一次 B. 两次

C. 三次 D. 三次以上

（3）您认为培训时间应：

A. 两周以内 B. 一月以内

C. 三月以内 D. 三月以上

（4）您认为培训的内容应：

A. 技能为主 B. 知识文化为主

C. 综合素质为主

（5）您认为培训的组织方面应：

A. 体育局层面组织 B. 相关体育院校组织

C. 相关社会培训机构

（6）您认为培训的费用方面应：

A. 自费 B. 免费

C. 部分自费 D. 部分免费

17. 通过培训是否需要获得相关证书或者相关鉴定：

A. 是 B. 否

18. 您是否参加过社会培训机构举办的职业资格培训？

A. 是 B. 否

19. 您认为开展职业技能培训,您希望学习哪些知识(可多选)？

A. 交流沟通类 B. 计算机类

C. 社会学类 D. 体育运动相关的知识

E. 经济类 F. 就业指导类

G. 管理科学类 H. 其它

20. 在您看来,当前相关的培训存在的问题有哪些? （可多选）

A. 目标不明确 B. 缺乏科学性内容

C. 时间太短 D. 培训制度不完善

访谈提纲

1.您对国家退役运动员安置政策是否了解?

2. 您所在的地区对于退役运动员的安置是否出台了相关政策？和国家方面相关的政策对比，当地是否执行了这一政策？怎样执行？

3. 当前省体育局关于退役运动员转型期职业技能培训是怎么做的？包括内容、形式、时间等方面。

4. 您认为影响退役运动员转型期职业技能培训的主要因素是什么？

5. 您所在地区对退役运动员转型期职业技能培训是否有专项经费投入？

附录4　退役运动员进校任教的调查问卷

基本情况：

性别：

年龄：

运动项目：

训练年限年：

学历：

退役时间（年）：

您取得的最好运动成绩：

1. 您退役后进入校园担任体育老师的意愿是：

A. 非常愿意　　　　B. 愿意　　　　　　C. 不愿意　　　　　D. 无所谓

2. 您希望进入校园担任什么类型的体育老师：

A. 教练员　　　　　B. 体育课老师　　　C. 兼职体育老师

3. 您希望从事体育教师的学段为：

A. 幼儿园　　　　　B. 小学　　　　　　C. 中学　　　　　　D. 大学

4. 您的最高运动等级是：

A. 国际级运动健将　B. 国家运动健将　C. 一级运动员　　　D. 二级运动员

5. 您是否取得教师资格证书：

A. 已取得　　　　　B. 未取得

6. 您在退役之前是否从事过学校体育教学的相关经历：

A. 是　　　　　　　B. 否

7. 您是否了解已就业的退役运动员担任体育教师的情况：

A. 非常了解　　　　B. 比较了解　　　C. 了解　　　　　　D. 不了解

E. 非常不了解

8. 您对"体教融合"政策的认知情况：

A. 非常了解　　　　　B. 比较了解　　　C. 了解　　　　　D. 不了解

E. 非常不了解

9. 您认为您目前是否能够胜任体育教师：

A. 非常能够　　　　　B. 比较能够　　　C. 能够　　　　　D. 不能够

E. 非常不能够

10. 您认为进入校园担任体育教师应具备哪些能力(可多选)：

A. 教学能力　　　　　B. 沟通能力　　　C. 组织能力　　　D. 专业技术能力

11. 您认为自己是否具备担任中小学体育老师的相关能力：

A. 非常具备　　　　　B. 比较具备　　　C. 具备　　　　　D. 不具备

E. 非常不具备

12. 您是否愿意参加与体育教师相关的学习及培训：

A. 非常愿意　　　　　B. 比较愿意　　　C. 愿意　　　　　D. 不愿意

E. 非常不愿意

13. 您认为自己欠缺进入校园担任体育老师的哪些能力？

14. 您希望体育部门为您进入学校担任体育教师提供什么帮助？

附录5　教师群体的调查问卷

1. 您的性别是：

A. 女　　　　　　　B. 男

2. 您所在的学校是：

A. 双一流高校　　　B. 普通本科高校　　C. 职业院校　　D. 独立院校

3. 您的运动等级是：

A. 国际级运动健将　B. 国家运动健将　　C. 国家一级运动员　D. 国家二级运动员

4. 您所在学校开设的相关体育专业是：

A. 体育教育　　　　B. 社会体育指导与管理　　　C. 运动训练

D. 休闲体育　　　　E. 民族传统体育　　　　　　F. 运动人体科学

G. 其他：

5. 您的教龄是：

A. 1 – 2 年　　　　B. 3 – 4 年　　　　C. 5 年及 5 年以上

6. 您的学历是：

A. 本科以下　　　　B. 本科　　　　　C. 硕士　　　　D. 博士

7 您的职称是：

A. 初级　　　　　　B. 中级　　　　　C. 副高级　　　D. 正高级

8. 您目前从事的工作：

A. 教学　　　　　　B. 科研　　　　　C. 教学管理　　D. 训练

E. 教学兼科研　　　F. 教学兼管理　　G. 教学兼训练　H. 科研兼管理

I. 科研兼训练　　　J. 管理兼训练　　K. 其他：

9. 您选择从事高校体育教师的原因是：

A. 热爱体育教师职业

B. 能够获得较高的收入与一定的社会地位

C. 与自己专业相关,能够施展自己的才能

D. 工作稳定,有较长的假期

E. 父母期望

F. 其他:

10. 您未来 5 – 10 年职业发展的定位是:

A. 教学　　　　　　　B. 科研　　　　　　C. 教学管理　　　　D. 训练

E. 教学兼科研　　　　F. 教学兼管理　　　G. 教学兼训练　　　H. 科研兼管理

I. 科研兼训练　　　　J. 管理兼训练　　　K. 其他:

11. 您认为,从人力资本视角看,对于退役运动员转型高校体育教师,什么因素会产生助力或影响:

A. 学历　　　　　B. 环境　　　　　C. 家庭　　　　　D. 社会　　　　　E 其他

12. 您认为从体育技能资本视角看退役运动员转型高校体育教师会产生助力因素或制约因素?

A. 运动年限　　　　B. 参加过的赛事　　　　C. 项目社会认可程度

D. 运动等级　　　　E 其他

13. 您认为,从社会资本视角看,对于退役运动员转型高校体育教师,什么因素会产生助力或影响:

A. 队友之间的沟通交流能力　　　　B. 与教练的沟通交流能力

C. 学训间的能力　　　　　　　　　D. 职业培训和就业指导　　　　E 其他

14. 您认为,从文化资本视角看,对于退役运动员转型高校体育教师,什么因素会产生助力或影响:

A. 对所从事专项的理解　　　　　　B. 对项目规则的理解

C. 对运动相关知识的理解　　　　　D. 其他

15. 您认为体育教师应具备哪些教学能力:

A. 教学方案设计能力　　　　　　　B. 教学方法运用能力

C. 教学评价能力　　　　　　　　　D. 教学创新能力

E. 其他

16. 您认为提高体育教学能力,需要哪方面的培训:

A. 认知能力　　　　B 心理能力　　　　C. 教学特性的把握能力

D. 教学创新能力　　　　E. 其他

附录6 体育教学能力专家咨询问卷

一、专家基本信息

1.您的姓名：

2.您的学历：

3.您所在的学校：

4.您的教龄：

5.您的职称：

A. 讲师　　　　　　　B. 副教授　　　　　　C. 教授

6.您对退役运动员体育教学能力问题的熟悉程度：

A. 非常熟悉　　B. 比较熟悉　　C. 一般　　D. 不熟悉　　E. 非常不熟悉

二、专家问卷填写说明

以下问题附有若干个答案,请您在与您的情况或意见相符处的"□"内打"√",并附上相关修改意见及补充指标。

一级指标

一级指标	重要程度					修改意见
	很重要	重要	一般	不重要	很不重要	
A 教学认知能力	□	□	□	□	□	
B 教学设计能力	□	□	□	□	□	
C 教师实施能力	□	□	□	□	□	
D 教学调控能力	□	□	□	□	□	
请补充：						

二级指标

一级指标	二级指标	重要程度					修改意见
		很重要	重要	一般	不重要	很不重要	
A 教学认知能力	A1 职业认知	□	□	□	□	□	
	A2 课程认知	□	□	□	□	□	
	A3 学生认知	□	□	□	□	□	
	请补充：						
B 教学设计能力	B1 选择能力	□	□	□	□	□	
	B2 整合能力	□	□	□	□	□	
	B3 转化能力	□	□	□	□	□	
	请补充：						
C 教学实施能力	C1 组织能力	□	□	□	□	□	
	C2 思维能力	□	□	□	□	□	
	C3 表达能力	□	□	□	□	□	
	C4 保障能力	□	□	□	□	□	
	C5 训练能力	□	□	□	□	□	
	请补充：						
D 教学调控能力	D1 学生调控	□	□	□	□	□	
	D3 自我调控	□	□	□	□	□	
	D3 运动队管理	□	□	□	□	□	
	请补充：						

三级指标

二级指标	三级指标	重要程度					修改意见
		很重要	重要	一般	不重要	很不重要	
A1 职业认知	A1.1 对体育教师与运动员的职责区别的认识	□	□	□	□	□	
	A1.2 对教师职业价值观的领会	□	□	□	□	□	
	请补充：						
A2 课程认知	A2.1 对学校体育与竞技体育的内涵区别的领会	□	□	□	□	□	
	A2.2 对教育学、心理学、生理学等体育学科知识的掌握	□	□	□	□	□	
	A2.3 对《体育与健康标准》课程理念的理解	□	□	□	□	□	
	A2.4 对青少年体育教学方法策略知识的掌握	□	□	□	□	□	
	请补充：						
A3 学生认知	A3.1 了解青少年学生的年龄性别特征	□	□	□	□	□	
	A3.2 了解青少年学生学习风格的差异	□	□	□	□	□	
	A3.3 了解青少年学生运动技能基础	□	□	□	□	□	
	请补充：						
B1 选择能力	B1.1 教学表征方式的选择	□	□	□	□	□	
	B1.2 教学对话策略的选择	□	□	□	□	□	
	请补充：						
B2 整合能力	B2.1 根据学生特点调整教材顺序及内容	□	□	□	□	□	
	B2.2 根据学生学习基础合理运用教学策略	□	□	□	□	□	
	B2.3 将教学内容的精神特点融入教学过程	□	□	□	□	□	
	请补充：						

B3 转化能力	B3.1 将自身专项运动技能转化为运动指导能力	☐	☐	☐	☐	☐	
	B3.2 将专项体育的德育融入教学过程	☐	☐	☐	☐	☐	
	B3.3 将专项训练内容转化为大众锻炼形式	☐	☐	☐	☐	☐	
	B3.4 将竞技比赛形式转化为教学评价方式	☐	☐	☐	☐	☐	
	请补充：						
C1 组织能力	C1.1 评估及处理课堂突发事件	☐	☐	☐	☐	☐	
	C1.2 组建校运动队	☐	☐	☐	☐	☐	
	C1.3 协调组织竞赛各部门工作	☐	☐	☐	☐	☐	
	请补充：						
C2 思维能力	C2.1 根据过程反馈临时调整教学策略	☐	☐	☐	☐	☐	
	C2.2 把握课堂时间节奏	☐	☐	☐	☐	☐	
	C2.3 进行课堂导入，创设教学情境	☐	☐	☐	☐	☐	
	请补充：						
C3 表达能力	C3.1 技能讲解与多角度示范相结合	☐	☐	☐	☐	☐	
	C3.2 诊断学生问题清晰且准确	☐	☐	☐	☐	☐	
	C3.3 及时给予学生学习反馈	☐	☐	☐	☐	☐	
	C3.4 合理使用言语鼓励及肢体语言提示	☐	☐	☐	☐	☐	
	请补充：						
C4 保障能力	C4.1 掌握除自身专项外的多项体育技能	☐	☐	☐	☐	☐	
	C4.2 保持端正的教姿教态	☐	☐	☐	☐	☐	
	C4.3 合理布置场地器材	☐	☐	☐	☐	☐	
	C4.4 运用口令调动队列队形	☐	☐	☐	☐	☐	
	请补充：						

C5 训练能力	C5.1 具备科学选材能力	☐	☐	☐	☐	☐	
	C5.2 根据阶段性训练效果改进训练计划	☐	☐	☐	☐	☐	
	C5.3 对有潜力的学生进行兴趣培养	☐	☐	☐	☐	☐	
	请补充：						
D1 学生调控	D1.1 关注学生个体行为变化并做出处理	☐	☐	☐	☐	☐	
	D1.2 引导学习,唤醒学习兴趣	☐	☐	☐	☐	☐	
	D1.3 为学生提供机会展示学习效果	☐	☐	☐	☐	☐	
	请补充：						
D2 自我调控	D2.1 积极掌握除专项外的多项体育技能	☐	☐	☐	☐	☐	
	D2.2 保持积极的教学情绪	☐	☐	☐	☐	☐	
	D2.3 定期进行教学反思	☐	☐	☐	☐	☐	
	D2.4 培养自我学习意识	☐	☐	☐	☐	☐	
	请补充：						
D3 运动队管理	D3.1 带领队员参加竞赛	☐	☐	☐	☐	☐	
	D3.2 协调好学生课堂学习和课余竞赛的关系	☐	☐	☐	☐	☐	
	请补充：						

附录 7 体育教学能力结构体系的构建专家咨询问卷

一、专家基本信息

1.您的姓名：

2.您的学历：

3.您所在的学校：

4.您的教龄：

5.您的职称：

A.讲师　　　　B.副教授　　　　C.教授

6.您对退役运动员体育教学能力问题的熟悉程度：

A.非常熟悉　B.比较熟悉　　C.一般　　　　D.不熟悉　　　　E.非常不熟悉

二、专家问卷填写说明

以下问题附有若干个答案，请您在与您的情况或意见相符处的"□"内打"√"，并附上相关修改意见及补充指标。

一级指标

一级指标	重要程度					修改意见
	很重要	重要	一般	不重要	很不重要	
A 教学认知能力	□	□	□	□	□	
B 教学设计能力	□	□	□	□	□	
C 教学实施能力	□	□	□	□	□	
D 教学调控能力	□	□	□	□	□	
请补充：						

二级指标

一级指标	二级指标	重要程度					修改意见
		很重要	重要	一般	不重要	很不重要	
A 教学认知能力	A1 职业认知	□	□	□	□	□	
	A2 课程认知	□	□	□	□	□	
	A3 学生认知	□	□	□	□	□	
	请补充：						
B 教学设计能力	B1 选择能力	□	□	□	□	□	
	B2 整合能力	□	□	□	□	□	
	B3 转化能力	□	□	□	□	□	
	请补充：						
C 教学实施能力	C1 组织能力	□	□	□	□	□	
	C2 思维能力	□	□	□	□	□	
	C3 表达能力	□	□	□	□	□	
	C4 保障能力	□	□	□	□	□	
	C5 训练能力	□	□	□	□	□	
	请补充：						
D 教学调控能力	D1 学生调控	□	□	□	□	□	
	D2 自我调控	□	□	□	□	□	
	D3 运动队管理	□	□	□	□	□	
	请补充：						

三级指标

二级指标	三级指标	重要程度					修改意见
		很重要	重要	一般	不重要	很不重要	
A1 职业认知	A1.1 对体育教师与运动员的职责区别的认识	□	□	□	□	□	
	A1.2 对教师职业价值观的领会	□	□	□	□	□	
	请补充：						
A2 课程认知	A2.1 对学校体育与竞技体育的内涵区别的领会	□	□	□	□	□	
	A2.2 对教育学、心理学、生理学等体育学科知识的掌握	□	□	□	□	□	
	A2.3 对《体育与健康标准》课程理念与内容的分析	□	□	□	□	□	
	请补充：						
A3 学生认知	A3.1 对青少年学生生理及心理特征的了解	□	□	□	□	□	
	A3.2 对青少年学生运动技能发展规律的了解	□	□	□	□	□	
	请补充：						
B1 整合能力	B1.1 理解教学文件精神并编写教案	□	□	□	□	□	
	B1.2 根据学生学习基础选择教学目标	□	□	□	□	□	
	B1.3 根据学生特点调整教材顺序及内容	□	□	□	□	□	
	B1.4 根据学生学情预测并选择教学方法	□	□	□	□	□	
	请补充：						
B2 转化能力	B2.1 将竞技体育训练方式转化为体育教学内容	□	□	□	□	□	
	B2.2 将竞技体育的德育精神融入教学过程	□	□	□	□	□	
	B2.3 将竞技体育比赛形式转化为教学评价方式	□	□	□	□	□	
	请补充：						

C1 语言表达能力	C1.1 具备科学选材能力	☐	☐	☐	☐	☐	
	C1.2 根据学生特点制订并改进训练计划	☐	☐	☐	☐	☐	
	C1.3 具备医务监督能力	☐	☐	☐	☐	☐	
	请补充：						
C2 业余训练能力	C2.1 技能讲解与多角度示范相结合	☐	☐	☐	☐	☐	
	C2.2 诊断学生问题清晰且准确	☐	☐	☐	☐	☐	
	C2.3 合理使用言语鼓励及肢体语言提示	☐	☐	☐	☐	☐	
	请补充：						
C3 组织管理能力	C3.1 合理布置教学场地及调动队列队形	☐	☐	☐	☐	☐	
	C3.2 评估及处理课堂突发事件，保持课堂节奏	☐	☐	☐	☐	☐	
	C3.3 组建运动队并带领成员参与体育竞赛	☐	☐	☐	☐	☐	
	请补充：						
D1 学生调控	D1.1 关注学生个体学习行为变化并做出处理，唤醒学生学习兴趣	☐	☐	☐	☐	☐	
	D1.2 及时对学生进行教学总结及评价	☐	☐	☐	☐	☐	
	请补充：						
D2 自我调控	D2.1 积极掌握除专项外的多项体育技能	☐	☐	☐	☐	☐	
	D2.2 保持积极的教学情绪	☐	☐	☐	☐	☐	
	D2.3 定期进行教学反思并培养终身学习意识	☐	☐	☐	☐	☐	
	请补充：						

附录8 体育教师影响因素调查问卷

一、基本信息

1.您的性别：

A.男　　　　　　B.女

2.您的年龄：

A.20—30　　　　B.31—40　　　　　　C.41—50　　　　　　D.51—60

3.您运动员在役时所从事的运动项目＿＿＿＿＿＿＿＿

4.您的文化程度：

A.初中及以下　　B.中专或高中　　C.大专或本科　　D.硕士研究生　　E.博士研究生

5.您从事体育教师工作的年限：

A.3 年以下　　　　B.3—5 年　　　　C.6—10 年　　　　D.11—15 年

指导语：请您根据自身实际情况，对下列指标进行判断，并选择最符合的数字，在数字上画"√"。注意：请尽量不选中间项。

二、教师职业认同

序号	题目	完全不符合	比较不符合	一般符合	比较符合	完全符合
1	我为自己是一名体育教师而骄傲	1	2	3	4	5
2	我能够认真完成教学工作	1	2	3	4	5
3	我适合做教师工作	1	2	3	4	5
4	从事体育教师职业能够实现我的人生价值	1	2	3	4	5
5	我认为体育教师是一个很重要的角色	1	2	3	4	5

序号	题目	完全不符合	比较不符合	一般符合	比较符合	完全符合
6	我在乎别人如何看待教师群体	1	2	3	4	5
7	我认真对待职责范围内的工作	1	2	3	4	5
8	我积极主动地创造和谐的同事关系	1	2	3	4	5
9	当看到或听到颂扬教师职业的话语时我会很自豪	1	2	3	4	5
10	我认为教师职业对促进人类个体发展十分重要	1	2	3	4	5
11	为了维护学校的教学秩序,我会遵守那些非正式制度	1	2	3	4	5
12	我认为教师工作对促进学生的成长与发展很重要	1	2	3	4	5
13	当有人无端指责教师群体时,我感觉自己受到了侮辱	1	2	3	4	5
14	我熟知《体育与健康》课程理念与内容	1	2	3	4	5
15	我能够区别领悟体育教师与运动员职责的区别	1	2	3	4	5

三、社会关系

序号	题目	完全不符合	比较不符合	一般符合	比较符合	完全符合
1	我总是可以受到朋友的帮助	1	2	3	4	5
2	我父母的受教育程度很高	1	2	3	4	5
3	我父母的社会关系非常广泛	1	2	3	4	5
4	我经常参与不同圈子之间的交流与聚会	1	2	3	4	5
5	我认为我的社会地位很高	1	2	3	4	5
6	我在役时从事的运动项目普及度很高	1	2	3	4	5
7	我遇到困难时可以及时支持我的朋友	1	2	3	4	5
8	我的父母可以对我的职业发展产生帮助	1	2	3	4	5
9	当地政府经常为我们开展相关培训	1	2	3	4	5
10	我有许多从事体育教师行业的朋友	1	2	3	4	5
11	我的父母身体都很健康	1	2	3	4	5

四、人际交往

序号	题目	完全不符合	比较不符合	一般符合	比较符合	完全符合
1	我总是能顺利地结交新朋友	1	2	3	4	5
2	我很在意自己的人缘	1	2	3	4	5
3	我很积极地向老教师请教问题	1	2	3	4	5
4	我和单位领导相处得很融洽	1	2	3	4	5
5	我和单位同事相处得很融洽	1	2	3	4	5
6	我会在社交场合感到紧张	1	2	3	4	5
7	我在单位经常感到孤独或失落	1	2	3	4	5
8	我很少和同事进行沟通	1	2	3	4	5
9	我总是独自一人吃饭	1	2	3	4	5
10	当别人向我寻求帮助时,我毫不迟疑	1	2	3	4	5

五、家庭支持

序号	题目	完全不符合	比较不符合	一般符合	比较符合	完全符合
1	我的家人给予我所需的精神支持	1	2	3	4	5
2	遇到棘手的事情,我的家人会帮我出主意	1	2	3	4	5
3	我的家人愿意倾听我的想法	1	2	3	4	5
4	我的家人给予我情感支持	1	2	3	4	5
5	我与我的家人能够开诚布公地交谈	1	2	3	4	5
6	我与我的家人分享我的兴趣爱好	1	2	3	4	5
7	我的家人能时时察觉到我的需求	1	2	3	4	5
8	我的家人善于帮我解决问题	1	2	3	4	5
9	我与家人感情深厚	1	2	3	4	5

六、体育教师自我效能感

序号	题目	完全不符合	比较不符合	一般符合	比较符合	完全符合
1	我能够针对不同的学生使用不同的教学方法	1	2	3	4	5
2	我在课堂上能够运用各种方法或技巧吸引学生注意力	1	2	3	4	5
3	我设计的教学活动能够有效提高学生的运动能力	1	2	3	4	5
4	我能够利用音像、多媒体、网络信息等丰富的教学资源	1	2	3	4	5
5	我对学生的进步给予肯定和鼓励	1	2	3	4	5
6	我能迅速平息学生的吵闹	1	2	3	4	5
7	我能保证体育课堂的教学秩序	1	2	3	4	5
8	我能合理安排每天的工作任务	1	2	3	4	5
9	我能关注每位学生的情感,帮助他们建立体育学习的成就感和自信心	1	2	3	4	5
10	我能营造和谐愉快的教学氛围	1	2	3	4	5
11	我能有效地和家长进行沟通	1	2	3	4	5
12	我能平等地和学生讨论问题	1	2	3	4	5

七、个性特征

序号	题目	完全不符合	比较不符合	一般符合	比较符合	完全符合
1	我遇到挫折时能很快恢复	1	2	3	4	5
2	我有信心承担好新的工作责任	1	2	3	4	5
3	我很愿意尝试有挑战性的工作	1	2	3	4	5
4	我总能看到事情美好的一面	1	2	3	4	5
5	我总是抱怨工作不顺心	1	2	3	4	5
6	我遇到困难时第一反应是抱怨	1	2	3	4	5

八、文化教育情况

序号	题目	完全不符合	比较不符合	一般符合	比较符合	完全符合
1	我能熟练掌握体育与健康教师的相关知识	1	2	3	4	5
2	我经常接受系统的体育教育专业课程培训	1	2	3	4	5
3	我经常参加体育学术交流会议	1	2	3	4	5
4	我经常参加体育教师的相关培训	1	2	3	4	5
5	我经常参加一些运动项目的教练员培训	1	2	3	4	5
6	我非常了解各种各样的运动项目	1	2	3	4	5

九、运动成绩

序号	题目	完全不符合	比较不符合	一般符合	比较符合	完全符合
1	我在役期间从事的运动项目大众普及度很高	1	2	3	4	5
2	我获得过国家级竞赛的前三名	1	2	3	4	5
3	我获得过省级竞赛的前三名	1	2	3	4	5
4	我的运动等级是国际级或国家级健将	1	2	3	4	5
5	我的运动等级是一级运动员	1	2	3	4	5
6	我的运动等级是二级运动员	1	2	3	4	5
7	我经常参加国内外的大型比赛	1	2	3	4	5

十、伤病健康状况

序号	题目	完全不符合	比较不符合	一般符合	比较符合	完全符合
1	我经常在运动时感到关节不适	5	4	3	2	1
2	我经常在运动时感到心脏不适	5	4	3	2	1
3	我经常因为运动损伤而去医院治疗	5	4	3	2	1
4	我曾经因为心脏问题停训或停赛过	5	4	3	2	1
5	我经常在训练中出现眩晕的状况	5	4	3	2	1
6	我在训练中总是高血压或者低血压	5	4	3	2	1
7	我在比赛或训练时通常都会佩戴护具	5	4	3	2	1
8	我需要经常服用药物来调理身体	5	4	3	2	1

附录9 退役运动员转型体育教师影响因素调查问卷

【第一部分】专家基本信息

1. 您的姓名：

2. 您所在的学校：

3. 您的职务/职称：

4. 您的研究方向：

【第二部分】量表的设计

模块	题目	完全不合理	比较不合理	一般合理	比较合理	完全合理
教师职业认同	我为自己是一名体育教师而骄傲	1	2	3	4	5
	我能够认真完成教学工作	1	2	3	4	5
	我适合做教师工作	1	2	3	4	5
	从事体育教师职业能够实现我的人生价值	1	2	3	4	5
	我认为体育教师是一个很重要的角色	1	2	3	4	5
	我在乎别人如何看待教师群体	1	2	3	4	5
	我认真对待职责范围内的工作	1	2	3	4	5
	我积极主动地创造和谐的同事关系	1	2	3	4	5
	当看到或听到颂扬教师职业的话语时我会很自豪	1	2	3	4	5
	我认为教师职业对促进人类个体发展十分重要	1	2	3	4	5
	为了维护学校的教学秩序,我会遵守那些非正式制度	1	2	3	4	5
	我认为教师工作对促进学生的成长与发展很重要	1	2	3	4	5
	当有人无端指责教师群体时,我感觉自己受到了侮辱	1	2	3	4	5
	我熟知《体育与健康》课程理念与内容	1	2	3	4	5
	我能够区别领悟体育教师与运动员职责的区别	1	2	3	4	5

修改意见：

模块	题目	完全不合理	比较不合理	一般合理	比较合理	完全合理
社会关系	我总是可以受到朋友的帮助	1	2	3	4	5
	我父母的受教育程度很高	1	2	3	4	5
	我父母的社会关系非常广泛	1	2	3	4	5
	我经常参与不同圈子之间的交流与聚会	1	2	3	4	5
	我认为我的社会地位很高	1	2	3	4	5
	我在役时从事的运动项目普及度很高	1	2	3	4	5
	我有遇到困难时可以及时支持我的朋友	1	2	3	4	5
	我的父母可以对我的职业发展产生帮助	1	2	3	4	5
	当地政府经常为我们开展相关培训	1	2	3	4	5
	我有许多从事体育教师行业的朋友	1	2	3	4	5
	我的父母身体都很健康	1	2	3	4	5

修改意见:

模块	题目	完全不合理	比较不合理	一般合理	比较合理	完全合理
人际交往	我总是能顺利地结交新朋友	1	2	3	4	5
	我很在意自己的人缘	1	2	3	4	5
	我很积极地向老教师请教问题	1	2	3	4	5
	我和单位领导相处得很融洽	1	2	3	4	5
	我和单位同事相处得很融洽	1	2	3	4	5
	我会在社交场合感到紧张	1	2	3	4	5
	我在单位经常感到孤独或失落	1	2	3	4	5
	我很少和同事进行沟通	1	2	3	4	5
	我总是独自一人吃饭	1	2	3	4	5
	当别人向我寻求帮助时,我毫不迟疑	1	2	3	4	5

修改意见:

模块	题目	完全不合理	比较不合理	一般合理	比较合理	完全合理
家庭支持	我的家人给予我所需的精神支持	1	2	3	4	5
	遇到棘手的事情,我的家人会帮我出主意	1	2	3	4	5
	我的家人愿意倾听我的想法	1	2	3	4	5
	我的家人给予我情感支持	1	2	3	4	5
	我与我的家人能够开诚布公地交谈	1	2	3	4	5
	我与我的家人分享我的兴趣爱好	1	2	3	4	5
	我的家人能时时察觉到我的需求	1	2	3	4	5
	我的家人善于帮我解决问题	1	2	3	4	5
	我与家人感情深厚	1	2	3	4	5

修改意见:

模块	题目	完全不合理	比较不合理	一般合理	比较合理	完全合理
体育教师自我效能感	我能够针对不同的学生使用不同的教学方法	1	2	3	4	5
	我在课堂上能够运用各种方法或技巧吸引学生注意力	1	2	3	4	5
	我设计的教学活动能够有效提高学生的运动能力	1	2	3	4	5
	我能够利用音像、多媒体、网络信息等丰富的教学资源	1	2	3	4	5
	我对学生的进步给予肯定和鼓励	1	2	3	4	5
	我能迅速平息学生的吵闹	1	2	3	4	5
	我能保证体育课堂的教学秩序	1	2	3	4	5
	我能合理安排每天的工作任务	1	2	3	4	5
	我能关注每位学生的情感,帮助他们建立体育学习的成就感和自信心	1	2	3	4	5
	我能营造和谐愉快的教学氛围	1	2	3	4	5
	我能有效地和家长进行沟通	1	2	3	4	5
	我能平等地和学生讨论问题	1	2	3	4	5

修改意见:

模块	题目	完全不合理	比较不合理	一般合理	比较合理	完全合理
个性特征	我遇到挫折时能很快恢复	1	2	3	4	5
	我有信心承担好新的工作责任	1	2	3	4	5
	我很愿意尝试有挑战性的工作	1	2	3	4	5
	我总能看到事情美好的一面	1	2	3	4	5
	我总是抱怨工作不顺心	1	2	3	4	5
	我遇到困难时第一反应是抱怨	1	2	3	4	5

修改意见:

模块	题目	完全不合理	比较不合理	一般合理	比较合理	完全合理
文化教育情况	我获得了体育与健康教师资格证	1	2	3	4	5
	我是本科毕业	1	2	3	4	5
	我是研究生毕业	1	2	3	4	5
	我参加过许多体育教师相关培训	1	2	3	4	5
	我是高中或专科毕业	1	2	3	4	5
	我获得了某个项目的教练员证	1	2	3	4	5
	我对除自己专项以外的运动项目也很了解	1	2	3	4	5

修改意见:

模块	题目	完全不合理	比较不合理	一般合理	比较合理	完全合理
运动成绩	我在役期间从事的运动项目大众普及度很高	1	2	3	4	5
	我获得过国家级的竞赛成绩	1	2	3	4	5
	我获得过省级的竞赛成绩	1	2	3	4	5
	我的运动等级是国际级或国家级健将	1	2	3	4	5
	我的运动等级是一级运动员	1	2	3	4	5
	我的运动等级是二级运动员	1	2	3	4	5
	我经常参加国内外的大型比赛	1	2	3	4	5

修改意见:

模块	题目	完全不合理	比较不合理	一般合理	比较合理	完全合理
伤病健康状况	我没有做过韧带重建手术	1	2	3	4	5
	我的关节劳损不严重	1	2	3	4	5
	我没有因为运动损伤而进行过手术	1	2	3	4	5
	我没有因为心脏问题停训或停赛过	1	2	3	4	5
	我没有高血压或低血压	1	2	3	4	5
	我没有在训练中出现过晕厥的状况	1	2	3	4	5
	我在比赛或训练时不需要佩戴护具	1	2	3	4	5
	我因为训练患有腰部或膝盖等关节问题	1	2	3	4	5
	我不需要随身携带哮喘喷雾	1	2	3	4	5
	我目前不需要服用任何药物	1	2	3	4	5

修改意见:

附录 10　运动员退役安置政策情况调查（退役运动员部分）

一、基本情况

1.您的性别为：

A.男　　　　　B.女

2.您的年龄为：

A.16 周岁以下　　　　　B.16—20 周岁　　　　　C.21—25 周岁

D.26—30 周岁　　　　　E.31—35 周岁　　　　　F.36—40 周岁

G.40 周岁以上

3.您的学历为：

A.中专　　　B.大专　　　C.本科　　　D.研究生及以上

4.您所从事的体育项目：

A.重竞技项目　　　B.球类项目　　　C.田径项目　　　D.冰上项目

E.雪上项目　　　F.射击射箭项目　　　G.自行车项目　　　H.击剑项目

I.游泳项目　　　J.棋类项目

5.您的运动技术等级为：

A.国际健将级　　　B.国家健将级　　　C.国家一级　　　D.国家二级　　　E.其他

6.您在运动队的服役年限为：

A.1 年以下　　　B.1—2 年　　　C.3—4 年　　　D.5—6 年

E.7—8 年　　　F.9—10 年　　　G.10 年以上

7.您于(　　)年办理退役手续

A.2014　　　　　B.2015　　　　　C.2016

二、退役安置情况

8.您退役的原因是：

A.运动伤病　　　B.上学进修　　　C.年龄偏大　　　D.成绩下降　　　E.其他

9.您觉得退役后自己在哪方面还存在不足(　　　)

A.业务素质　　　B.文化素质　　　C.其他

10.您目前的就业情况：

A.就业　　　　　B.创业　　　　　C.继续深造学习　　　D.待业

11.您退役后是系统内安置,还是自主择业：

A.系统内安置　　B.自主择业　　　C.其他

12.如您处于就业和创业阶段,您目前所属行业：

A.机关事业单位　B.体育相关行业　C.个体经商　　　D.企业职员　　　　E.其他

13.如您处于继续深造学习阶段,您对国家关于教育资助政策的了解情况：

A.全面准确地了解　　　B.大概了解　　　C.一般了解　　　D.不了解

14.如您处于待业阶段,您未实现自主择业的原因：

A.觉得自己文化程度不够　　　　　　　B.就业、创业信心不足

C.没有明确的目标,不知道做什么合适　　　D.资金不足

15.您认为运动项目对运动员退役安置的影响关系：

A.影响关系很大　B.影响关系一般　C.没有影响　　　D.不清楚

16.您认为退役运动员就业困难主要原因是什么：

A.学历低　　　　B.社会偏见　　　C.自身技能储备少

D.身体伤病　　　E.其他

17.如您已经就业,您认为自己能否胜任目前的工作：

A.能　　　　　　B.不能

18.您认为自己在工作中的优势是：

A.工作精力充沛　B.工作积极性高　C.工作中自信心比较强　　D.能够团结协作

19.您认为自己在工作中有哪些困难：

A.不能理解领导的意图　　B.职业技能欠缺　　C.文化理论水平不能满足工作需要

D.其他

20. 您对现有的退役运动员自主择业经济补偿政策是否满意:

A. 满意   B. 不满意

21. 您对退役后的社会保障政策是否满意:

A. 满意   B. 不满意

22. 您对现有的文化教育政策是否满意:

A. 满意   B. 不满意

23. 您对现有的就业扶持政策是否满意:

A. 满意   B. 不满意

24. 您在退役后是否参加过就业指导培训:

A. 有   B. 没有

25. 您退役后再就业是否存在心理上的不适应:

A. 有   B. 没有

26. 您认为我国退役运动员安置工作应重点解决的问题是(可多选):

A. 退役运动员就业扶持政策需进一步完善

B. 退役运动员文化教育需要进一步提高

C. 退役运动员职业指导、培训机制和内容的完善

D. 鼓励自主择业,加大自主择业经济补偿力度

27. 您是否知道有针对退役运动员的职业技能培训? 如果知道,是哪些职业技能培训?

A. 知道   B. 不知道

培训内容是:

_____

28. 您认为开展职业技能培训对退役运动员有必要吗?

A. 有   B. 没有

29. 您希望运动员退役后应增加哪些方面的社会保障?

30. 您希望运动员退役后开展什么类型的就业培训?

31. 您认为运动员退役后在就业创业方面有哪些需要帮助的地方?

附录 11　运动员退役安置政策情况调查（在职教练员部分）

1.您的性别为：

A.男　　　　　　　　B.女

2.您的年龄为：

A.25 周岁以下　　　　B.25—30 周岁　　　　C.31—35 周岁

D.36—40 周岁　　　　E.41—45 周岁　　　　F.46—50 周岁

G.50 周岁以上

3.您的学历为：

A.中专　　　　　B.大专　　　　　C.本科　　　　　D.研究生及以上

4.您所执教的体育项目：

A.重竞技项目 B.球类项目 C.田径项目 D.冰上项目 E.雪上项目

F.射击射箭项目 G.自行车项目 H.击剑项目 I.游泳项目 J.棋类项目

5.您是否有过专业运动员经历：

A.有　　　　　　　　B.没有

6.您在运动队的职教时间：

A.1 年以下　　　　B.1—2 年　　　　C.3—4 年　　　　D.5—6 年

E.7—8 年　　　　F.9—10 年　　　　G.10 年以上

7.您有没有对运动员退役安置工作进行过指导或提出建议？

A.有　　　　　　　　B.没有

指导和建议的内容：

_____

8.您对现阶段退役运动员安置政策是否满意？如果有不同的观点,请提出您的建议。

A.满意　　　　　　　B.不满意

建议内容：

_____

9. 您认为现阶段退役运动员安置政策,迫切需要解决的事情是(可多选):

A. 放宽就业范围,增加就业渠道

B. 职业技能培训多样化,加大就业指导力度,帮助运动员获得新的就业机会

C. 建立体育人才市场

D. 增加自主择业补偿标准,鼓励自主择业

10. 您认为开展职业技能培训对退役运动员有必要吗?

A. 有　　　　　　　　B. 没有

11. 您认为对现役运动员在其他方面进行职业技能培训与比赛训练的冲突大不大? 二者能否有机结合?

A. 冲突不大　　　　B. 有冲突,但可以有机结合

C. 有冲突,一定程度影响了比赛训练

D. 冲突非常大,严重影响比赛训练

12. 您认为现役运动员需要哪些职业技能培训?

A. 与从事运动项目相关的技能培训

B. 就业形势好的运动项目的技能培训

C. 运动员本人感兴趣的体育行业以外的职业技能培训

D. 其他

请注明:

_____

13. 您认为开展运动员职业技能培训重要的是(可多选):

A. 重内容,轻形式

B. 满足运动员的实际需要

C. 缩短培训周期,紧跟时代需要

D. 注重长远规划,并重培训实际效果

14. 您认为对现役的专业运动员开设短期的职业或就业技能培训是否可行:

A. 是　　　　　　　　B. 否

15. 您认为对现役的专业运动员实行个性化的就业指导是否可行:

A. 是　　　　　　　　B. 否

16. 您对运动员退役安置政策还有哪些意见和建议?

建议:

附录 12　访谈提纲

访谈提纲（教练员）

1. 您培养的运动员退役后社会融入顺利吗？

2. 在运动员培养过程中能否考虑到其退役后的工作生活？

3. 您认为在保障运动员群体退役后社会角色转换的过程中应重视那些方面？

4. 您在参与运动员的培养过程中采取了哪些有利于运动员退役后角色转化的办法？

5. 您认为目前"退役运动员进校园"工作开展现状如何？

6. 您认为为使退役运动员适应学校体育工作应提高其哪几方面能力？

7. 您认为退役运动员为达到体育教师标准应如何提高自身能力？

8. 您认为退役运动员体育教学能力欠缺的制约因素是什么？

9. 您认为退役运动员进入学校任职应承担什么样的教学任务？这些教学任务决定了其应具备哪方面能力素质？

10. 您认为退役运动员社会融入过程中的阻碍有那些？

11. 您认为目前运动员最缺的品质是哪些？

12. 请通过自身的经验说明优秀运动员应具备哪些能力要素。

13. 请介绍一下贵单位退役运动员的就业状况。

14. 您对不同类型运动员退役后的角色转化有什么具体建议？

15. 请您展望一下天津市退役运动员群体社会角色转化的未来趋向。

访谈提纲（管理人员）

1. 您认为作为专业运动员需要具备的知识包括哪些？

2. 您感觉目前运动员最缺的知识是什么？

3.请通过自身的经验说明优秀运动员应具备哪些能力要素。

4.请通过自身的经验说明优秀运动员应具备哪些品质。

5.请介绍一些自己了解的运动员退役就业状况。

6.请谈谈转型成功后的退役运动员的经验。

7.请谈谈运动员适合从事哪些工作。

8.请谈谈对运动员就业指导必要性的认识。

9.请谈谈教练员在运动员再次就业过程中发挥的作用。

10.结合您的工作经历和退役运动员实际情况,您认为退役运动员社会融入评价应包括哪些方面?

11.您认为当前我国就业指导机制是否完善? 您认为当前产生运动员流动问题的原因有哪些?

12.您认为政策的变化对当前退役运动员人才流动的影响有哪些?

13.您如何看待当前退役运动员的择业机制?

14.您对当前运动员的人力资本产权有何改进建议?

15.您认为建立运动员利益表达与仲裁机制是否有助于解决运动员流动?

16.您认为当前我国运动员培养理念存在哪些问题?

17.相关部门对运动员退役后的安置政策有哪些变化?

18.运动员退役后在教育和职业的培训方面有哪些措施?

19.您认为影响我省退役运动员就业的因素有哪些?

20.您对我省退役运动员就业的总体认识及看法?

访谈提纲(运动员)

1.您的运动经历是什么样的? 可以简单介绍一下吗?

2.您认为作为专业运动员应具备哪些能力?

3.您运动生涯给您带来的优势是什么?

4.您认为性别、运动项目、运动等级、运动年限等因素对您现在的影响大吗?

5.您感觉目前的运动员最缺的品质是哪什么里?

6.您觉得在比赛和训练之余,学习什么内容对退役后的工作最有帮助?

7.请通过自身的经验说明优秀运动员应具备哪些能力要素。

8.请通过自身的经验说明优秀运动员应具备哪些特征。

9.请介绍一下贵单位退役运动员的就业状况?

10.请谈谈转型成功后的退役运动员的经验。

11.您认为运动员适合从事哪些工作?

12.请谈谈对运动员就业指导必要性的认识。

13.请谈谈教练员在运动员再次就业过程中发挥的作用。

14.请简单介绍一下自己二次就业的有关设想和打算。

15.您在在役和退役的过程中是否进行过职业规划与人生发展规划?

16.您对自身的专业或职业运动员身份有何认识?

17.您在流动过程中遇到过哪些问题?您认为是否符合您的意愿?

18.您认为影响您退役的原因主要有哪些?

19.您是否了解国家有关运动员退役的相关政策?

20.您认为影响您二次就业的主要原因是什么?

21.您在退役过程中都获得过哪些人的帮助?对您影响最大的是谁?

22.您认为当前运动员退出过程都存在哪些问题?您有哪些建议?

23.请介绍您目前的工作(学习)的基本情况。

24.在当专业运动员期间,您是否考虑任何与退役有关的事情?什么时候开始考虑的?您是否学习过任何"退役后有用的知识"?通过什么途径?

25.您退役时是否具有计划性?导致您退役的原因是什么?

26.在当专业运动员期间,您与除队友以外人员的交往得多吗?

27.您主要是通过什么方式进入新工作(学习)岗位的?您得到过哪些人的帮助?

28.退役后,您参加了由体育部门主办的岗前专业培训吗?如果您参加了,您认为这个培训对您现工作(学习)岗位的作用如何?

29.您在现工作(学习)岗位的业务技能与知识主要是通过什么途径获得的?

30.现在的单位是否进行过年度考核?如果有,您的考核或考评结果是?

31.您与工作(学习)的同事、上下级关系如何?

32.对您退役后适应新工作(学习)岗位影响最大的因素是?

33.退役后,您遇到的困难是什么?这一困难是怎么解决的?

34.如果把退役当作一个事件,您觉得从退役到现在有怎样的一个过程?

35.从退役到现在重新定位,您有什么样的收获与感悟?

36. 您对国家、省、市体育局对运动员退役的政策措施了解吗？您有何期望或建议？

访谈提纲（退役运动员转型进校园）

1. 您是否愿意进入校园担任体育教师？

2. 您希望进入校园后主要担任的教学任务是什么？

3. 您想要提高哪些方面的体育教学能力？

4. 这些有待提高的体育教学能力是否阻碍您职业发展？

5. 您认为在体育教学能力的培训中，应该提高哪些能力？

6. 您为什么想要提高这些能力？

7. 您认为对知识结构的掌握程度是否影响您的职业发展？

8. 您认为心理问题对您的职业发展有影响吗？

9. 您最希望学校在职业发展资源中加大投入哪些资源？

10. 您认为退役运动员进入校园担任体育教师的优势有哪些？

11. 您认为退役运动员进入校园担任体育教师的劣势有哪些？

12. 您认为退役运动员进校任教的困难主要有哪些？

13. 您最期望在培训中提高哪些方面的能力？

14. 您认为学校在发展制度层面的不合理对您职业发展产生了哪些影响？

15. 您认为怎样才能更好地促进退役运动员进校任教？这一过程中需要解决的重点问题是什么？

16. 您认为退役运动员教师区别于普通体育教师在授课方面有什么差异？

17. 您在授课中有哪些方面是从专业队借鉴的呢？

18. 您是如何看待高校体育教师职称评审条件的？

19. 您是如何看待对于带队训练和进行科学研究的时间存在冲突的问题的？您的建议是？

20. 您认为贵校的后勤保障完善吗？请问原因是？您的建议是？

访谈提纲（用人单位）

1. 您认为优秀退役运动员进校任教是否可行？您的依据是什么？

2. 您认为目前优秀退役运动员进校任教的困难和障碍是什么？

3. 您认为优秀退役运动员进校任教的政策扶持有哪些？缺少哪些政策扶持？

4. 您认为怎样才能解决优秀退役运动员进入校园担任体育教师的困难和障碍？

5. 您认为目前教学计划及目标需不需要聘用优秀退役运动员？

6. 您认为您的学校是否希望聘用优秀退役运动员担任体育教师？

7. 您认为退役运动员在应聘体育教师时的优劣有哪些？

8. 您认为在聘用退役运动员担任体育教师有哪些政策上的困难？

9. 您认为怎样才能解决这些困难？

访谈提纲(体育教师)

1. 目前教学计划及目标需不需要聘用优秀退役运动员？

2. 您认为优秀退役运动员是否能胜任体育教师？

3. 您认为退役运动员在应聘体育教师时的优劣有哪些？

4. 您认为在聘用退役运动员担任体育教师有哪些政策上的优势？

5. 您认为目前优秀退役运动员进校任教的困难和障碍是什么？

6. 您认为优秀退役运动员进校任教的政策扶持有哪些？

7. 您认为怎样才能解决优秀退役运动员进入校园担任体育教师的困难和障碍？

8. 您希望进入校园后主要承担的教学任务是什么？

9. 您认为怎样才能更好地促进退役运动员进校任教,需要解决的重点问题是什么？

结束语

　　《关于在学校设置教练员岗位的实施意见》的出台是落实"体教融合"战略的关键一步,其既能解决体育教师人才匮乏的困境,也能为运动员开辟新的就业安置渠道。研究发现,当前退役运动员向学校教练员的职业转型中面临着能力培养错位、人才选拔错位和保障对象错位等突出问题。在学校教练员队伍选拔过程中,应当通过动态均衡的岗位配置和灵活自主的职业支持,推动退役运动员向学校教练员的岗位转轨;在学校教练员队伍培养过程中,应当扬长补短,推进退役运动员向学校教练员的德能接轨;在学校教练员队伍发展过程中,应当统一职称评审和工资待遇标准,推进退役运动员向学校教练员的体制并轨。岗位转轨、德能接轨、体制并轨共同构成了退役运动员转型学校教练员的政策实践机制。

　　"体教融合"是事关新时代教育事业、体育事业和健康事业的重大命题。2023 年 1月,国家体育总局、中央机构编制委员会、教育部、人力资源和社会保障部四部门联合出台了《关于在学校设置教练员岗位的实施意见》(以下简称《实施意见》),鼓励退役运动员在义务教育阶段学校、普通高中、职业院校和普通高校担任教练员,继续发挥专长,加强学校体育工作力量,提升青少年体育锻炼质量和水平。这项政策既是实现"体教融合""培养德智体美劳全面发展的社会主义建设者和接班人"战略目标的重要举措,也是通过"体教融合"的思路和方法,具体解决体育问题和教育问题的有效手段。一是解决体育领域中退役运动员的转型和再就业问题。长期以来,由于运动员培养模式的短板和退役运动员保障政策的欠缺,运动员再就业问题一直未得到妥善解决,山东和上海等地的调查研究发现,退役运动员的再就业情况不容乐观。二是解决教育领域中学校体育教学人才的短缺问题。在"体教融合"和"双减"政策的大背景下,中小学体育老师存在很大缺口,急需补充从事体育教学的人才力量。运动员退役时多处于青年阶段,并且身怀绝技,是非常优质的教育资源。因此,该项政策力图推动退役运动员向学校教练员转型,实现教育系统和学校体育系统的资源共享和体系融合,这样既能改变教育事业中体育人才资源匮乏的局面,也能为运动员开辟新的就业渠道,可谓一举多得。目前,退役运动员转型学校教练员已在安徽、四川和陕西等地开展试点并取得了一定成效,但同时也存在不少问题。一是选拔人数非常有限,覆盖面很低,比如安徽省试点期间一共只招聘了 39 人,无法满足"加强学校体育工作力量"的要求。二是岗位设置方式比较单一,主要采取编制内新设置专职教练员岗位的方式,而设置兼职教练员和购买体育类社会服务不足。三是没有探索出可复制推广的成熟经验,不能为全国性政策实践提供明确指导。实际上,由于长期以来形成的体制惯性和文化课教学短板,退役运动员转型学校教练员必然会遇到身份转轨、德能接轨、体制并轨等一系列问题和挑战。同时,"体教融合"背景下学校教练员的培养理念、选拔机制、培训机制、协调机制、评价机制的形成也需要不断地探索和完善。本书主要从学校教练员队伍的选拔、培养、发展三个方面,聚焦《实施意见》施行后退役运动员向学校教练员转型过程中可能遇到的问题,探索实现退役运动员职业转型的有效机制,为各地研究制定符合当地实际情况的实施细则等相关工作提供有益参考。